Début d'une série de documents en couleur

ARMAND DAYOT

LE LONG
DES ROUTES

(RÉCITS ET IMPRESSIONS)

DEUXIÈME MILLE

PARIS
ERNEST FLAMMARION, ÉDITEUR
26, RUE RACINE, PRÈS L'ODÉON

Dernières Publications à 3 fr. 50 le volume.

AICARD (JEAN). — Jésus. Poème	1 vol.
— Notre-Dame-d'Amour. Roman	1 vol.
— Diamant noir. Roman	1 vol.
— Don Juan ou la Comédie du siècle	1 vol.
— L'Été à l'Ombre	1 vol.
ARÈNE (PAUL). — Friquettes et Friquets. Roman	1 vol.
— Le Midi Bouge	1 vol.
ARMELIN (G.). — Le Livre d'Or de 1870	1 vol.
AUBERT (CHARLES). — Pantomimes Modernes. Illustrées	1 vol.
BOISSIÈRE (JULES). — Fumeurs d'Opium	1 vol.
BONVALOT (GABRIEL). — L'Asie inconnue. Ouvrage couronné par l'Académie française. Portrait et carte	1 vol.
BOUKAY (MAURICE). — Nouvelles Chansons. Illust. et Musique	1 vol.
CAHU (TH.). — Le Soldat Français à travers l'Histoire. Illust.	1 vol.
— Vendus à l'Ennemi!	1 vol.
— La Rançon de l'Honneur	1 vol.
CÉALIS (ÉDOUARD). — De Sousse à Gafsa	1 vol.
CHANCEL (J.). — Les Plaisirs gratuits de Paris. Illustré	1 vol.
DANRIT (CAPITAINE). — La Guerre de demain. Ill. de P. de Sémant.	6 vol.
(Guerre de Forteresse, 2 vol.; En Rase Campagne, 2 vol.; En Ballon, 2 vol.)	
— Journal de Guerre du Lieutenant Von Piefke. Illustré	2 vol.
DAVENEL. — Vendeuses d'Amour	1 vol.
DOCQUOIS (GEORGES). — Bêtes et Gens de Lettres	1 vol.
DRUMONT (ÉD.). — De l'Or, de la Boue, du Sang. Ill. de G. Coindre.	1 vol.
FLAMMARION (CAMILLE). — La Fin du Monde. Illustré	1 vol.
— Uranie. Illustré	1 vol.
FLERS (R. DE). — Vers l'Orient. Ouvrage couronné par l'Académie française. Illustr.	1 vol.
GÉRARD (Dr). — Le Médecin de Madame. Roman professionnel	1 vol.
GUIRAUD (CH.). — Sa Femme. Roman	1 vol.
— La Conversion de Jacques Ferney. Roman spirite	1 vol.
HOUSSAYE (ARSÈNE). — Souvenirs de Jeunesse	2 vol.
JANNINE. — Confidences de Femmes	1 vol.
JUNG (EUGÈNE). — Mademoiselle Moustique. Mœurs tonkinoises. Illustré	1 vol.
KIST (HENRY). — Par les Femmes. Roman parisien	1 vol.
— L'Amour à nu	1 vol.
— Chères Pécheresses	1 vol.
LAMBERT (ALBERT). — Sur les Planches. Études de mise en scène.	1 vol.
LAURENT (D'). — Sensations d'Orient. Le Caire. La Judée. La Syrie.	1 vol.
MAC RAMEY. — Amours de Sable. Roman	1 vol.
MAEL (PIERRE). — Petit Ange. Roman	1 vol.
MAYGRIER (RAYMOND). — Le Dernier Bohème. Roman	1 vol.
MALOT (HECTOR). — Le Roman de mes Romans	1 vol.
— (Mme) L'Amour dominateur. Roman	1 vol.
MAIZEROY (RENÉ). — Sœur Lise	1 vol.
MARTINEAU (A.). — Madagascar	1 vol.
MARTRIN-DONOS. — Légendes de Provence	1 vol.
NACLA (Vtesse). — Il ! Le choisir, le garder (conseils à une jeune femme)	1 vol.
RENARD (JULES). — Poil de Carotte	1 vol.
RICHARD (OAP). — Cantinières et Vivandières françaises. Illust.	1 vol.
RICHE (DANIEL). — Les Ressources secrètes. Roman	1 vol.
— Trouble d'Âme. Roman	1 vol.
RICHEBOURG (ÉMILE). — Le Secret d'une Tombe	1 vol.
— La Jolie Dentellière	1 vol.
SALES (PIERRE). — L'Enfant du Péché	1 vol.
— Passions de jeune fille	1 vol.
SILVESTRE (ARMAND). — Contes Tragiques et Sentimentaux. Illustrés	1 vol.
SIMON (JULES). — Derniers Mémoires des Autres. Illust.	1 vol.
YANN NIBOR. — Nos Matelots. Préface de J. Claretie. Nombreuses illustrations	1 vol.
— Chansons et Récits de Mer. Ouvrage couronné par l'Académie française. Ill.	1 vol.

PARIS. — IMP. E. FLAMMARION, RUE RACINE, 26.

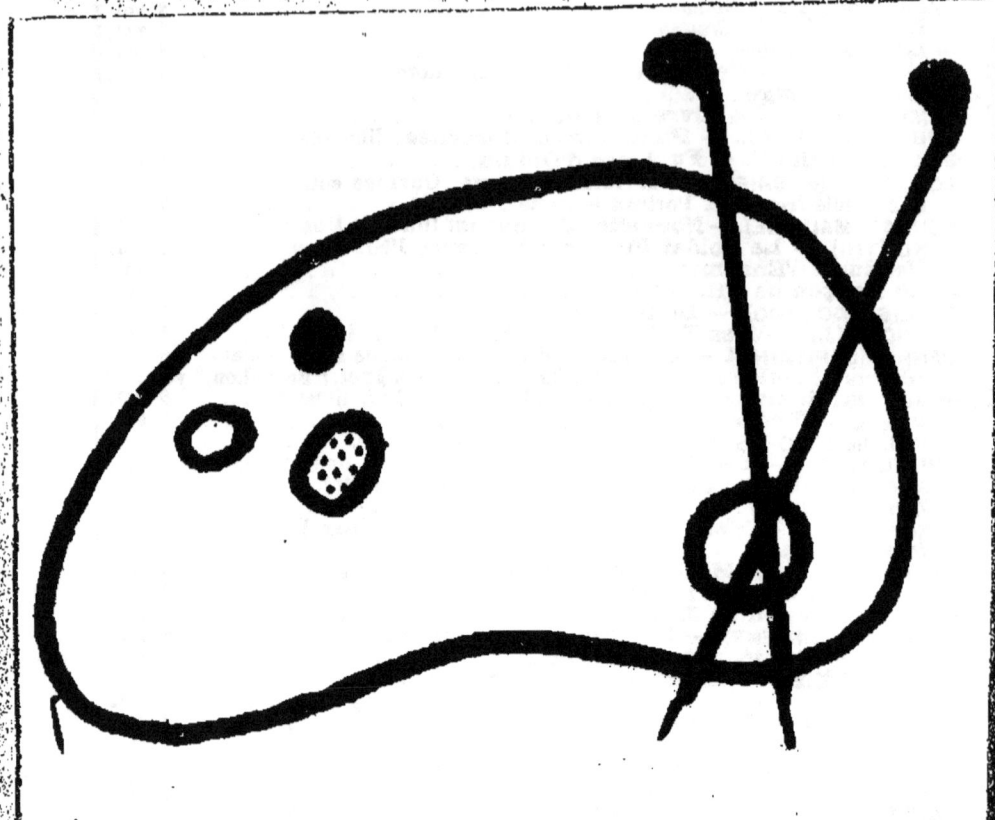

Fin d'une série de documents en couleur

8-Z
14600

LE LONG DES ROUTES

OUVRAGES DU MÊME AUTEUR

Tableaux et Statues. (Jean Mériem)......... 1 vol.
Le Salon de 1884 (Baschet, éditeur)........... 1 —
Les Médaillés du Salon de 1886. (Magnire, éditeur)..................................... 1 —
Le Salon de 1890 (Boussod et Valadon, éditeurs). 1 —
Le Salon de 1891 (Baschet, éditeur).......... 1 —
Le Salon de 1892 (Baschet, éditeur).......... 1 —
Les Courses de taureaux en Espagne. (Baschet, éditeur)..................................... 1 —
Un Siècle d'art. (Plon et Cie, éditeurs).......... 1 —
L'Aventure de Briscart, nouvelles. (Charpentier, éditeur)..................................... 1 —
Les Maîtres de la Caricature au XIX siècle. (May et Motteroz, éditeurs).................. 1 —
Raffet et son œuvre. (May et Motteroz, éditeurs). 1 —
Charlet et son œuvre. (May et Motteroz, éditeurs). 1 —
Napoléon raconté par l'Image. (Hachette, éditeur). Ouvrage couronné par l'Académie française. 1 —
1812. (Flammarion, éditeur)................... 1 —
La Révolution française, d'après les estampes et les documents du temps. (Flammarion, éditeur).. 1 —
Journées révolutionnaires (1830-1848), d'après les estampes et les documents du temps. (Flammarion, éditeur)........................ 1 —

POUR PARAITRE PROCHAINEMENT

La Figure de la Femme dans l'Art.

EN PRÉPARATION

Fouché.
Les Fermiers généraux chez eux.

ÉMILE COLIN. — IMPRIMERIE DE LAGNY.

ARMAND DAYOT

LE LONG
DES ROUTES

— RÉCITS ET IMPRESSIONS —

PARIS
ERNEST FLAMMARION, ÉDITEUR
26, RUE RACINE, PRÈS L'ODÉON

Tous droits réservés.

Je te dédie, ma chère femme, mon vaillant compagnon de route, ces pages que, pour obéir à ton seul désir, j'ai réunies sous cette couverture de livre, pages rapidement écrites, trop rapidement sans doute, un peu partout...

A. D.

LE LONG DES ROUTES

LA BARRICADE

A François Coppée.

Parti de la gare de Lyon, par une nuit de décembre, au milieu d'une tempête de neige traversée de rafales cinglantes, je débarquais le lendemain à Marseille, à dix heures du matin, sous un ciel clair et bleu. C'était comme un réveil en plein rêve, un rêve inondé de soleil, baigné d'azur, enveloppé d'une immense gaîté.

La joie de vivre est faite de ces contrastes, de ces changements imprévus qui, brusquement, donnent au cours de nos idées, trop apaisées, une orientation nouvelle, fouettent nos désirs, exaltent nos songeries.

Donc, j'errais librement sur la Cannebière, où se pressait déjà une foule bruyante et joyeuse, parée de ses habits du dimanche.

Au bout d'une heure de délicieuse flânerie, un peu partout, le long des quais, sous les platanes du cours Belzunce, sous les ormes des allées de Meilhan, à travers les ruelles tortueuses parfumées de fritures à l'huile et à l'ail, flâneries coupées de haltes devant les étalages des photographes où l'œil avide du passant cherche toujours, bien vainement d'ailleurs, le type caractéristique de beauté locale, je prenais place à une petite table, recouverte d'une nappe très blanche, dans un des restaurants populaires qui s'ouvrent sur le *Vieux-Port*.

Ici, pensai-je, après un regard circulaire dans la salle encombrée de naturels du pays aux voix tonnantes, aux carnations enflammées, aux gesticulations familières, ici je suis bien seul, seul au milieu de la tumultueuse indifférence d'une foule inconnue, et, tout en dégustant de frais coquillages, je vais pouvoir enfin rêver à loisir, laisser filer ma pensée dans l'air bleu, sur l'aile des mouettes, pendant qu'oscillent doucement les mâts et les vergues des grands navires, avec une sorte de balancement rhythmique, lent, berceur, presque caressant comme celui de l'*Invitation au voyage*.

Et je me frottais voluptueusement les mains...

Sur ma table s'entassaient, dans une fraîche et chatoyante harmonie de couleurs, les plus jolis fruits de la mer : les oursins, les violets, les clovisses les prères... auxquels succèdera bientôt la plus copieuse des bouillabaisses.

Que diable, on ne déjeune pas tous les jours sur le *Vieux-Port !*

De ma place, je le voyais, le Vieux-Port, avec ses eaux noires et huileuses, sa forêt de mâts, ses massifs de vergues et de huniers, ses broussailles et ses lianes de cordages, ses pavillons multicolores brillants, comme des fleurs, sous la caresse du soleil et dans la clarté du ciel.

Ce singulier paysage qu'une brise prochaine va disperser par lambeaux sur l'immensité bleue de l'océan, a pour fond une colline lumineuse qui le défend des vents du large, et sur laquelle s'élève une maison de style toscan, entourée de quelques cyprès. Et la simple vue de cette petite colline, vêtue de soleil, violemment zébrée par l'ombre bleue des arbres noirs, couronnée de sa villa blanche, livre mon âme aux plus nostalgiques souvenirs.

Cette fois, me voici emporté dans le rêve, bien loin, bien loin... loin des rafales de neige et des brouillards froids, loin aussi du Vieux-Port. Et, par delà les mâts des vaisseaux, par delà la petite colline ensoleillée, les cyprès noirs et la maison blanche, je me surprends à revivre dans les divins pays autrefois entrevus : Lissa, Curzola, Lacroma,... vertes, blondes ou roses, suivant les heures du jour ou les caprices du soleil. Perles de l'océan ! Iles bénies, aux fronts couronnés de lauriers-roses, aux flancs voilés de pampres, dont la ceinture est faite de blancs villages de pêcheurs, endormis sous les cyprès, au fond des baies calmes, et dont les pieds trempent dans une mer éternellement limpide.

Tout le long de la large route d'azur, au fond

de laquelle se dresse, comme un autel inviolé, l'inoubliable Raguse, doux fantôme de ville, cadavre de pierre couché au bord des flots, sous l'écume des fleurs, cité morte aux palais muets, aux rues dallées de marbre et que trouble seulement le vol criard des hirondelles, on vous rencontre, on vous frôle, îles charmantes aux maisons blanches, aux cyprès noirs, aux lauriers-roses, puis on vous voit disparaître dans la cendre mauve des crépuscules, dans la pourpre des couchants d'or, dans les ténèbres bleues. Et l'on vous regrette, et l'on vous pleure...

*
* *

« Pardon ! monsieur, avec votre permission », dit tout à coup une voix retentissante, qui, brusquement, mit un terme à mon pèlerinage rétrospectif le long des côtes dalmates.

Avec une familiarité toute provençale, une inconscience triomphante, un personnage très corpulent et de belle humeur venait de s'asseoir à ma table, et déjà, il repoussait doucement du doigt ma tasse à café, et dictait, d'un accent terrible, le menu de son déjeuner au garçon attentif. Puis, en silence, il me regarda avec un large sourire, un sourire de lune.

A mon tour, je crus devoir, en homme bien élevé et instinctivement sociable, esquisser une aimable grimace.

Du coup, l'intrus engagea la conversation :

— Té, dit-il, vous avez l'air *brave*, vous ! Voulez-vous un bon cigare ? Il est sec et bien roulé. Vous m'en direz des nouvelles... Garçon ! après la bouillabaisse, un *nossi-bé*, bien soigné, fumant. — Zou !...

J'aurais eu vraiment mauvaise grâce à refuser un cigare aussi cordialement offert.

Au bout d'un quart d'heure, mon compagnon de table m'avait conté sa vie. Je connaissais son passé, j'étais au courant de son existence présente et il souffrait visiblement de ne pouvoir me faire lire dans son avenir.

J'appris qu'il était *commis voyageur en savon* qu'il était riche de six enfants « tous très bien tirés », qu'il s'appelait Trophime Bouscarle, qu'il était né aux Martigues, et que madame Bouscarle « une digne femme » avait vu le jour à Trinquetaille.

Incidemment, mon ami Bouscarle, après avoir d'ailleurs effleuré de sa vertigineuse loquacité les sujets les plus divers, m'apprit qu'il avait fait la campagne de 1870, dans le 128ᵉ de ligne, et, avec angoisse, je vis l'instant, où, nouveau Tartarin, il allait se livrer devant moi à l'interminable énumération de ses actions d'éclat, faire le déballage de ses héroïques prouesses.

J'eus peur.

Aussi, grande fut ma surprise, lorsque d'une voix sourde, avec un accent très imprévu de réelle mélancolie, et comme s'il répondait à une pensée obsédante, il prononça ces simples paroles en se levant de table : « Mais d'ailleurs, à quoi bon parler de ces choses... Oh ! vraiment non, ce n'était pas la peine de tuer de sa propre main trois Prussiens, dont un officier de la garde royale, et de recevoir une balle dans le ventre, pour se voir si vite oublié ! » Puis, il se tut, se leva et me tendit la main.

Ce fut mon tour de l'interroger.

Pourquoi ce brusque départ lui dis-je? Parlez-moi de ce fait d'armes dont vous fûtes le héros. J'aurais grand plaisir à vous entendre. Et je m'efforçai mais vainement de le retenir

« A quoi bon? A quoi bon? répétait-il, en régularisant avec une coquetterie non dissimulée, la fente de son large chapeau tyrolien. Ça me serre la gorge et me fait tourner le sang. Adieu ! »

Je compris qu'il était inutile d'insister et je me levai à mon tour.

A la porte du restaurant Trophime me tendit de nouveau la main, et, avec un air quasi mystérieux : « Puisque vous serez demain à Paris, faites-moi donc le plaisir d'aller souhaiter le bonjour, de ma part, à mon vieil ami Zurcher, aujourd'hui gardien au square Tournon, là-bas du côté de Ménilmontant. Vous le reconnaîtrez facilement à son nez crochu, et à sa croix de la légion d'honneur. Il a eu de la chance celui-là. Mais aussi quel soldat ! Ah ! il ne l'a pas volée, son étoile. C'était mon sergent au 128e. C'est un Lorrain froid et silencieux, et peut-être aurez-vous du mal à le faire causer. Insistez, et si vous pouvez obtenir qu'il vous conte le rôle joué dans la matinée du 2 décembre 1871, par la 2e compagnie du 3e bataillon du 128e, vous n'aurez pas perdu votre temps. »

Là-dessus, poignée de main finale et disparition

de Trophime Bouscarle dans la foule de plus en plus compacte des promeneurs du dimanche.

*
* *

De la Porte-Maillot à l'hôpital Tenon, la route est longue.

Depuis près d'une heure, mon fiacre suivait l'interminable avenue de la République, escaladait les pentes gazonnées du Père-Lachaise, roulait à travers les ruelles coqueluchardes de Ménilmontant, puis longeait, dans sa course cahotée, des espaces vides recouverts d'une herbe maigre que les lamentables chevaux des chiffonniers rongeaient de leurs longues dents jaunes, et où s'ébattaient, au milieu de débris de toutes sortes, des enfants haillonneux, pâles et coiffés de cheveux raides et sans couleur.

Voici la place Gambetta, l'avenue Gambetta... puis deux vastes édifices à l'aspect triste et froid, un hospice et une mairie, séparés l'un de l'autre par un jardin public, qui paraît étranglé entre les deux grandes bâtisses, et où se profilent quelques arbres aux branches noires.

Le fiacre s'arrête.

« Nous y sommes », me dit le cocher d'un air satisfait et grognon.

J'avoue, et la chose paraîtra peut-être singulière au lecteur, que, seulement en ce moment, l'idée me vint que Trophime Bouscarle était peut-être bien un sinistre mystificateur. Serais-je l'innocente victime d'un commis-voyageur facétieux ?

Mais non! Cet excellent Trophime avait l'air si *brave*, comme on dit là-bas. Et, soufflant sur cette pensée importune, je pénétrai dans le jardin.

Ici, pas de rieuses troupes d'enfants aux riches vêtements, aux longs cheveux bouclés et flottants, au teint de rose, aux yeux brillants, se poursuivant autour de belles nounous noblement impassibles sous leur manteau royal et leur diadème de soie; mais quelques femmes du peuple pauvrement vêtues, aux yeux tristes, aux joues pâles et creuses, comme affaissées sur les bancs du square, leurs maigres nourrissons au sein, et regardant, mères douloureuses et inquiètes, les grandes murailles de l'hôpital, leur éternel horizon.

Un gardien, coiffé d'un képi galonné d'argent, et vêtu d'une longue tunique d'un vert sombre, courait, esclave du devoir et en faisant claquer ses mains, après un chien, surpris au moment où, très irrespectueusement, il levait la patte dans l'enceinte sacrée.

Je regardai l'homme. Il répondait bien au signalement donné. Un vrai voltigeur de Raffet : nez en bec d'aigle, joues creuses, moustache courte et rude, dure mâchoire.

— Est-ce bien vous, Zurcher? lui demandai-je, en l'arrêtant brusquement dans sa course.

— Eh oui, monsieur, c'est moi, me répondit-il, avec un geste d'humeur, en montrant le poing au chien, qui, assis sur le derrière, à la porte du jardin, et comme assuré à cette place de la protection d'une puissance amie, le regardait, la gueule ouverte, la langue pendante, avec une sorte de satisfaction narquoise.

— Je te connais, sale bête ! hurla le garde. Et malheur à toi si je t'y reprends ! Tenez, monsieur, croyez-moi, ce sont ces f... cabots de barrière, venus comme les puces on ne sait d'où, qui sont les plus effrontés. Manque absolu d'éducation. Ce sont les voyous de la race. Regardez-moi c't' horreur ?... Brrrr !...

Et maintenant, monsieur, je suis à vos ordres, dit-il en soulevant son képi et en s'épongeant le front. Qu'y a-t-il pour votre service ?

— Zurcher, n'étiez-vous pas, en 1870, sergent au 128e de ligne ?

— Si fait, monsieur. Colonel : Dumont ; lieutenant-colonel : Desforge. Ce dernier est même aujourd'hui divisionnaire. Le colonel est mort le lendemain de la guerre. J'étais de la 2e compagnie du 3e bataillon.

— C'est bien ça.

Avez-vous gardé le souvenir exact du fait d'armes auquel vous prîtes une part si glorieuse dans la matinée du 2 décembre 1871 ?

— Ah ! je vous crois... Mais, au fait, pourquoi toutes ces questions ? A qui ai-je l'honneur de parler ? Que me voulez-vous ? Serait-ce un *interview*, comme on dit aujourd'hui ? Oh, alors, *motus*, car on me soupçonnerait d'intriguer pour obtenir de l'avancement, et je ne veux pas de ça...

— Zurcher, repris-je, je viens à vous de la part d'un de vos anciens soldats, un de vos amis.

— Son nom ?

— Bouscarle.

— Trophime Bouscarle? Comment, vous connaissez Trophime? Oh! alors... Ah! un bon celui-là; peut-être un peu blagueur, c'est le pays qui veut ça, mais solide au feu. C'était le boute-en-train de la compagnie. Ce qu'il m'a fait faire de pintes de bon sang avec ses histoires!... Au combat du 2 décembre, il s'est battu comme un vrai lion et c'est miracle qu'il soit revenu. Cet excellent Trophime! Comment va-t-il? C'était un bon. Aussi bien que moi il méritait la croix. On ne lui a même pas donné la médaille. C'est raide tout de même...

Zurcher s'animait peu à peu au réveil de ses souvenirs et j'attendais, confiant, le moment où le vieux soldat allait enfin me faire le récit du fameux fait d'armes dont il fut le principal héros.

— Mais, reprit-il brusquement, pourquoi désirez-vous connaître, de ma bouche, même, le récit du combat du 2 décembre? Je ne suis pas, moi, comme l'ami Trophime, habile à conter. Renseignez-vous donc plutôt au ministère. Il doit y avoir des rapports détaillés là-dessus.

Je sortis alors de mon portefeuille un petit papier et je le tendis au vieux soldat.

En voici le contenu :

Extrait de l'historique du 128ᵉ de ligne.

. . . .

« Le 2 décembre, au point du jour, les Allemands débouchèrent de Noisy-le-Grand, où ils s'étaient massés toute la nuit, et attaquèrent vigoureusement notre flanc gauche.

» La 2ᵉ compagnie du 3ᵉ bataillon (capitaine Dureste) qui occupait le nord du village de Bry, fut débordée par des masses sortant d'un grand parc boisé, qu'on n'avait pu occuper, faute de monde. Le capitaine Dureste, le lieutenant Forestier, le sergent-major Laferrière, et une quarantaine d'hommes furent tués. Il y eut une cinquantaine de blessés...

» Le sergent Zurcher continua la défense... »
C'était tout.

— Voilà qui est tout de même un peu bref, dit le vieux soldat en me rendant le papier.

Je remarquai qu'une légère rougeur passait sur la peau dure et ridée de son visage.

— Et puis, en somme, poursuivit-il, comme se parlant à lui-même, je n'ai fait que mon devoir, comme tant d'autres, le mieux que j'ai pu, voilà tout. Mais pour vous être agréable, monsieur, je vais cependant vous donner quelques détails, d'un certain intérêt, je crois, et oubliés, bien involontairement sans doute, par l'historien du 128ᵉ.

Il disait cela d'une voix heurtée, un peu rageuse. Je lui offris un cigare, qu'il refusa, et, l'un près de l'autre, nous arpentâmes les allées presque désertes du square, sous l'œil atone des convalescents de l'hospice, dont on pouvait voir, collées aux vitres des grandes baies, les pâles figures ornées de bonnets de coton.

⁎
⁎ ⁎

Le 1ᵉʳ décembre, commença Zurcher, à 8 heures du soir, par une nuit très noire, nous avions pris nos positions de grand'gardes, à l'entrée de Petit-Bry, à deux kilomètres à peine d'un bois occupé depuis peu par deux bataillons du 17ᵉ saxon de la garde royale. Nous nous attendions à être enlevés d'un moment à l'autre, mais la consigne était formelle : « Se maintenir, coûte que coûte, jusqu'à l'ordre de rallier le gros du régiment. »

Ce qui voulait dire en bon français : « Se faire tuer plutôt que de battre en retraite. »

Nous étions en tout cent quinze hommes, dont deux officiers et deux sous-officiers : le capitaine Dureste, le lieutenant Forestier, le sergent-major Laferrière et moi.

Après le commandement de « halte! » fait d'une voix sourde, le capitaine rassembla les sous-officiers et caporaux et chuchota pour ainsi dire ces mots :

« Au lever du jour, nous aurons sans doute à défendre l'entrée de cette rue contre l'attaque d'une des meilleures troupes de l'armée allemande. Nos ennemis croient ce village abandonné et ils veulent s'en faire un solide point d'appui pour la journée de demain qui sera chaude. Jamais plus belle occasion ne fut offerte à des soldats de prouver leur dévouement à la Patrie. La lutte sera vive, mais nous triompherons. Silence et courage ! Voilà le mot d'ordre. Et maintenant, à l'œuvre pour construire deux barricades parallèles et situées à deux cents mètres l'une de l'autre. Sans bruit, déménagez vivement le mobilier des bourgeois de Petit-Bry, et en avant la bâtisse ! »

Ainsi parla le capitaine et ses ordres furent fidèlement exécutés.

Afin de dissimuler le plus longtemps possible notre présence aux Allemands massés dans le bois, nous nous mîmes à l'ouvrage, dans le plus profond silence, et sans lumière.

Trophime lui-même, d'ordinaire si bavard, était fermé comme une tombe. Et cependant, que de motifs de rire et de plaisanter, car on se cognait dans la nuit, on roulait dans les escaliers, et c'était à tout instant des jurons étouffés au milieu de culbutes comiques.

Bref, au bout de deux heures, les barricades barraient l'entrée du village. Elles étaient faites de matériaux bizarres, d'objets de toutes sortes : madriers, tables, chaises, fauteuils, matelas, lits démontés, bottes de paille, tables de nuit, etc. La plupart de ces derniers meubles étaient même couronnés de leur accessoire principal.

C'était, disaient les déménageurs, pour offrir le thé à la garde royale.

Le moral des troupes était bon.

Quand tout fut prêt, le capitaine assigna à chacun son poste de combat et, la main sur la gâchette de nos chassepots, nous attendîmes.

* *

Le terre était couverte de neige, le ciel noir, et une bise glacée nous coupait la peau.

On eût entendu voler une mouche derrière la barricade où, serrés les uns contre les autres, nous échangions, à voix très basse, nos pensées.

A chaque demi-heure, deux hommes, chargés par le capitaine d'explorer les environs du bois, revenaient, à pas de loup, prendre leur place dans le rang, sans avoir rien vu, rien entendu...

— Zurcher, me souffla le capitaine à l'oreille, c'est votre tour. Poussez le plus loin possible, mais de la prudence. Méfiez-vous du craquement de la neige, et surtout pas de fausse alerte. Partez seul.

Et je partis seul.

Tenez, monsieur, j'ai plusieurs fois vu la mort de très près, mais je n'ai jamais entendu battre mon cœur aussi fort que pendant cette sacrée ballade nocturne. J'ai senti même un moment que mes dents claquaient. Il y avait du froid, mais aussi un peu de peur là-dedans. Que voulez-vous? on n'est pas parfait. Et puis, j'aime faire mes coups au grand jour. Or, la nuit était d'un noir d'encre et le terrain si glissant que parfois je roulais dans un fossé d'où je me relevais couvert de boue et de neige, tout honteux de ma chute et tremblant d'avoir donné l'éveil à l'ennemi. Le capitaine avait dit : « Poussez le plus loin possible », et, à quatre pattes, brisant mes ongles sur la terre dure, je me traînai, je rampai jusqu'à la lisière du bois.

Pas un bruit ; seulement une sorte de vaste soupir, de plainte immense et prolongée, causée par le passage du vent dans les branches.

Je demeurai là couché pendant quelques minutes, croyant par instants voir bouger les arbres, et croyant aussi entendre, à travers le bourdonnement de mes oreilles et le toc toc de mon cœur, le bruit lourd d'une troupe en marche...

Puis, en rasant les murs, et après de nouvelles chutes dans la nuit, je ralliai la barricade et je fis mon rapport au capitaine qui répondit : « C'est bien ! Attendons encore. Ça ne peut plus être long. »

Il était cinq heures et demie du matin.

C'est alors que le capitaine dit au caporal Larivière :

« A votre tour, caporal. »

Et voilà Larivière en route.

Pauvre caporal !

Vingt minutes environ après son départ, vingt mortelles minutes, car nous sentions tous que l'heure tragique approchait, et, à vrai dire, nous l'attendions avec impatience, ne fût-ce que pour nous réchauffer un peu, un cri perçant, une sorte d'appel déchirant traversa la nuit. Puis plus rien. Pas un coup de fusil. Le silence. Le silence de la mort.

Evidemment le caporal avait été surpris et tué à coups de baïonnette. Mais l'éveil était donné.

« Attention ! dit le capitaine d'une voix forte ; voici

l'ennemi... Il va y avoir du coton. Du sang-froid et de l'œil. Au premier signal de retraite, rassemblement général derrière la deuxième barricade. Que chacun fasse son devoir, et vive la France!

Un immense cri de : « Vive la France ! » sortit de toutes les poitrines.

Presque aussitôt, une voix rude, impérieuse, jeta ce mot dans la nuit : « Halt ! »

Puis un court silence, de quelques secondes à peine...

« Feuer ! » commanda la même voix.

Une terrible décharge éclata, illuminant la nuit et nous laissant entrevoir une troupe nombreuse, immobile au milieu de la route et commandée par un grand officier maigre. Puis tout retomba dans les ténèbres.

Le tir, forcément mal dirigé dans cette ombre, ne causa aucun mal.

« Chut ! » fit le capitaine qui devinait notre impatience.

« Feuer ! » clama de nouveau la voix.

Cette fois, l'ennemi n'avait pas tiré au jugé, et il y eut de la casse.

Quelques balles avaient troué notre barricade faite de matériaux peu résistants. Des plaintes partirent des rangs.

A travers les ténèbres, de moins en moins opaques, la masse des ennemis se dessinait, vaguement. Elle avançait, avec une prudence inquiète...

« A notre tour, mes amis, dit le capitaine. Dans le

tas. » Et levant son sabre, dont la lame brilla comme un éclair, il cria d'une voix terrible : « Feu ! »

Ce fut le dernier cri du capitaine.

Pour jeter ce suprême commandement, il s'était dressé tout droit sur la barricade, offrant, comme une cible, sa poitrine aux Allemands. J'étais près de lui. Il tomba dans mes bras, raide mort, d'une balle au cœur.

Notre décharge s'était confondue avec une troisième décharge de l'ennemi, qui ne perdait pas son temps.

Cette fois, nous eûmes à déplorer la mort de notre brave capitaine, victime de son héroïque imprudence, celle du sergent-major Laferrière et la mise hors de combat d'une douzaine d'hommes.

Quand la fumée se fut dissipée, nous pûmes constater que les pertes de l'ennemi étaient très sensibles.

L'officier qui commandait le détachement donnait des ordres d'une voix furieuse. La terre était couverte de morts et nous entendions très distinctement les plaintes et les cris des blessés.

Nous étions d'ailleurs à deux cents mètres à peine les uns des autres.

C'est alors que le lieutenant Forestier, qui avait pris le commandement de notre compagnie, nous dit : « Feu à volonté !

» Et je vous réponds, monsieur, que nous nous en payâmes, de la peau de Prussien.

Derrière notre affût, nous pouvions viser tout à notre aise et presque tous nos coups portaient.

Faut croire que ça ne leur allait pas, car bientôt, comme des lapins affolés, ils disparurent dans le bois d'où ils étaient sortis.

— Ceci, nous dit le lieutenant, n'est que le début de la fête. L'ennemi, peu satisfait de la façon dont nous l'avons reçu, va revenir plus nombreux. Cette retraite n'est qu'apparente. Ça va chauffer. Allons, du poil, mes amis, et vive la France !

« Vive la France ! » hurla la barricade.

Le lieutenant avait vingt ans à peine. C'était un tout petit jeune homme frêle, au teint blanc et rose, à la moustache naissante, aux yeux bleus. Un gosse.

Mais cette allocution fut faite d'une voix vibrante, et avec un air crâne, qui accrochait un sourire de satisfaction aux moustaches des briscards et donnait du cœur aux conscrits. Pauvre petit lieutenant !

Mais je continue. Donc, les Prussiens se sont enfoncés dans le bois.

Sur l'ordre du lieutenant, les cadavres du capitaine et du sergent-major, ainsi que tous les blessés, furent portés derrière la deuxième barricade. Puis nous reprimes notre poste de combat, l'œil ouvert, l'oreille aux aguets, le doigt sur la gâchette.

*
* *

Le jour se levait, triste et gris. De gros flocons de neige commençaient à tomber. Des vols de corbeaux tournoyaient au-dessus de nos têtes, avec des cris lugubres. C'était le seul bruit. De temps à autre, un éternuement partait de la barricade, dont les défenseurs étaient gelés jusqu'aux moelles. Un grand silence, plein de menaces, avait succédé au bruit du combat...

Ces détails, voyez-vous, monsieur, me reviennent en ce moment à la mémoire avec une étrange précision. Je vois encore à mes côtés un jeune soldat dont les dents claquaient comme des castagnettes et qui ne cessait de répéter : « Les cochons ! les cochons ! Qu'ils viennent donc que je me réchauffe ! » Et les cochons sont revenus et l'ont refroidi pour toujours. Cela est bien triste.

Tout à coup une sonnerie de marche partit du côté du bois. Le rassemblement des troupes ennemies était terminé. Elles venaient à nous.

L'heure était solennelle. Une sombre énergie se lisait sur tous les visages. Nous étions décidés à lutter jusqu'à la mort.

La neige tombait plus fort, obscurcissant l'air, nous fouettant la figure, se collant à nos moustaches, pendant que les malins corbeaux, qui flaireraient une copieuse ripaille, battaient des ailes au-dessus de la barricade.

L'allure rapide de la colonne ennemie, dont nous vîmes bientôt apparaître la tête, à trois cents mètres environ, au tournant de la route, nous apprit tout de suite que l'assaut allait être donné.

« Du poil ! Du poil ! » répétait le petit lieutenant en cherchant sa moustache. Puis, levant son sabre : « Vive la France, et feu à volonté ! » Et la fusillade s'engagea.

Les Prussiens tombaient comme des quilles. Par

contre, leur tir était sans résultat, car nous avions appris, à nos dépens, à nous dissimuler derrière notre affût.

Bientôt les ravages causés par notre feu furent si grands qu'un trouble très visible se manifesta dans les rangs de l'ennemi qui s'était arrêté net, séparé de notre barricade par un véritable monceau de morts et de blessés. Les officiers furieux empoignaient les hommes au collet, les poussaient à coups de poignée de sabre dans le dos, les menaçaient de leurs revolvers, juraient comme des possédés. Et pendant ce temps nous tirions dans le tas, que c'était une bénédiction.

Enfin les chefs eurent raison de l'hésitation de leurs hommes, qui, devenus furieux à leur tour, s'élancèrent sur la barricade.

Ah ! monsieur, quel grabuge ! Il fallait voir ça.

Jusqu'au moment de l'assaut, nous avions tiré sans arrêt, couvrant la terre de morts et de blessés. Puis, ce fut la baïonnette qui entra en jeu. Pas un Prussien ne put franchir la barricade. On se battait au milieu des cris, des plaintes. Nos bras étaient las de crever les peaux, de broyer les crânes. Nos baïonnettes étaient tordues...

Mais, voilà que des coups de fusil partent des fenêtres des maisons voisines et couchent par terre un bon tiers des défenseurs de la barricade, entre autres notre petit lieutenant. C'était comme une pluie de balles qui nous tombait du ciel. Les Prussiens avaient pris possession des maisons après avoir massacré jusqu'au dernier les quelques soldats qui les gardaient, sur l'ordre du capitaine. La situation devenait intenable. Il n'y avait plus qu'à détaler.

Appelé par la mort des officiers et du sergent-major au commandement des débris de la compagnie, je jetai, au bruit de la fusillade, l'ordre de rallier la deuxième barricade.

Il était temps. Abrités derrière les jalousies et les volets des fenêtres les Prussiens nous canardaient à coup sûr. En nous voyant fuir, ils poussèrent un cri de rage, pendant que leurs camarades prenaient possession de la barricade abandonnée à laquelle ils mirent le feu, sans se soucier des blessés qui se traînaient sanglants au milieu des débris.

Bientôt ce fut un immense brasier d'où s'élevaient des cris sauvages, des éclats de rire et des hurlements de douleur...

C'était horrible. Mais patience !...

*
* *

Grâce à un brusque tournant de la route qui masqua notre retraite, nous fûmes bien vite en sûreté, derrière la deuxième barricade. Nous nous attendions à y être vivement rejoints.

Il n'en fut rien. L'ennemi, refroidi peut-être par le premier accueil, semblait vouloir renoncer à la poursuite, ainsi que l'indiquait une sonnerie de rassemblement. Mais ce n'était, sans doute, qu'un court temps d'arrêt pour relever ses morts et ses blessés.

En toute hâte je donnai les ordres nécessaires et je me tins prêt à tout événement.

L'attitude de mes hommes était superbe. Pas un n'avait faibli. Tous ne demandaient qu'à venger leurs officiers et leurs camarades restés là-bas. J'étais sûr d'eux et fier de les commander. Mais quel vide dans les rangs ! De cent cinquante nous étions réduits à soixante, parmi lesquels cinq blessés, dont deux assez grièvement. Total, cinquante-cinq combattants. Trophime manquait à l'appel.

. . . .

Ici Zurcher interrompit brusquement son récit pour procéder à l'expulsion d'un ivrogne qui s'était allongé sur un des bancs du jardin, dans une nonchalante et molle attitude. Mais il m'eut bien vite rejoint et reprit ainsi :

— Cependant le temps s'écoulait, et, si aucun ordre de rappel ne nous venait du quartier général, aucun bruit n'indiquait aussi le retour agressif de l'ennemi. Que faire ?

Nous attendîmes une heure dans le plus complet silence. En fin de compte, je voulus voir clair et je fis signe à un homme de s'approcher.

C'était un gars de la Ferté-Beauharnais, un braconnier de la Sologne, rusé comme un renard, vif comme une loutre.

— Lombardin, lui dis-je, tu vas partir seul, sans bruit, voir de quoi il retourne, là-bas...

— Entendu, sergent.

Et l'homme partit, ployé en deux, comme s'il fouinardait sous les taillis, et armé seulement de son sabre-baïonnette.

La neige qui tombait à gros flocons, de plus en

plus serrés, voilait sa marche et favorisait sa périlleuse mission.

Au bout d'un quart d'heure il surgissait au milieu de nous, tout pâle dans le brouillard neigeux, et un doigt sur la bouche. Nous nous serrâmes près de lui.

Voici son rapport :

« Nous les tenons, les salauds. Mais il faut aller vite. Le bataillon s'est replié dans le bois, laissant derrière lui une seule compagnie qui s'est installée dans la grande maison qui domine la barricade. Et ils ne s'y embêtent pas, les bougres ! Un lieutenant les commande. A l'heure où je vous parle, il fume tranquillement son cigare au rez-de-chaussée, étendu sur un matelas, le nez en l'air... Je l'ai vu. Puis j'ai entendu aussi qu'on rigolait dans les étages au-dessus, et qu'on choquait des verres. « Les » Prussiens, me suis-je dit, fêtent leur victoire... » M'est avis, sergent, qu'il faut leur tomber dessus. C'est le moment. »

— Mais ils ne se sont donc pas gardés? répliquai-je.

— Si fait, dit Lombardin, avec un air malin, mais cette brouillasse de neige ne vaut rien pour les sentinelles.

Et, sans un mot de plus, il sortit lentement de son fourreau la lame de son sabre-baïonnette. Elle était du plus beau rouge.

Je serrai la main du brave Lombardin et rapidement, d'une voix basse, je jetai cet ordre :

— Enlevez vos godillots les amis. On se chauffera

les petons plus tard. En avant, sans bruit, avec Lombardin pour guide. Et que toute la besogne se fasse à l'arme blanche...

Pour plus de sûreté, je fis ôter les cartouches des fusils. Puis, en silence, tous les hommes enlevèrent leurs chaussures.

Leurs pieds nus disparaissaient dans la neige.

A la file indienne, et en rasant les murs, nous suivîmes Lombardin. C'était comme une procession d'ombres. Je marchais à cinq pas du guide, en tête de la petite colonne.

Bientôt, sur un geste bref du chef de file, nous fîmes halte.

Nous étions à dix pas de la porte d'entrée de la maison occupée par l'ennemi, et qu'un angle de mur dissimulait encore à nos yeux.

On entendait distinctement le bruit des verres et les rires.

Je regardai mes hommes. Leurs doigts se crispaient sur leurs armes et ils avaient des regards fous.

Alors, prêchant d'exemple, je m'élançai. . . . . Notre attaque fut si brusque que l'officier n'eut le temps ni de se lever ni de saisir son revolver. D'un coup de crosse je lui brisai le crâne, pendant que Lombardin lui fouillait les côtes avec sa baïonnette.

Les camarades n'étaient pas restés en arrière. Ils montaient l'escalier, s'y écrasaient. C'était à qui arriverait le premier. Et bientôt ce fut là-haut un charivari effroyable, fait de cris, de jurons, de piétinements, de bris de vaisselle. Parfois éclatait la détonation sèche d'un revolver.

Lorsque je pus à mon tour gravir l'escalier, je vis un terrible spectacle.

Ah! mes bougres de lascars s'en étaient payé du Prussien!

Le parquet était déjà couvert d'ennemis morts ou mourants. Ce n'étaient que poitrines trouées, ventres ouverts d'où coulaient les entrailles, crânes défoncés, cervelles éparpillées, bouches vomissant le sang dans des hoquets d'agonie. Non, il est impossible de se figurer boucherie pareille. Et, au milieu de ce charnier, des êtres à moitié fous frappant, frappant sans cesse, tuant avec rage, les dents serrées.

Le sang faisait au parquet un tapis rouge qui bientôt recouvrit l'escalier et où mes soldats trempaient leurs pieds nus.

Vainement je tentai d'arrêter le massacre. Mes hommes avaient absolument perdu la raison. Ils songeaient à leurs camarades brûlés vifs sur la barricade, comme sur un bûcher, et ils frappaient sans pitié. C'était du délire sanglant. Ils ne s'arrêtèrent de tuer que lorsqu'ils n'eurent plus que des cadavres devant eux.

Les trois pièces du premier étage étaient encombrées de morts. Peu des nôtres figuraient au tableau, comme disait Lombardin, car les Prussiens n'avaient pas eu le temps de prendre leurs fusils. L'attaque avait été foudroyante.

Tenez, monsieur, je suis peu sensible de ma

nature, mais tout cela m'avait serré le cœur et je me surpris à maudire la guerre.

— En route, dis-je à mes hommes, et sans traîner. Il n'y a plus rien à faire ici. L'ennemi a sans doute entendu le bruit de la lutte et va revenir en nombre. Retournons à la deuxième barricade. La place est meilleure pour la défense. Et puis, c'est l'ordre de notre brave capitaine.....

— A moi! dit tout à coup une voix partie du grenier.

Je montai d'un saut et je vis Lombardin qui, son fusil à la main, l'œil féroce, me montrait du doigt un coin sombre, encombré de vieille ferraille et de débris de toutes sortes.

— On a remué là derrière, dit-il d'une voix dure.

Voulant prévenir un nouveau carnage, j'appelai un soldat du nom de Pfeiffer, originaire de Bitche, et qui parlait allemand.

— Il y a là des Prussiens, lui dis-je ; promets-leur la vie sauve, de ma part, s'ils se rendent.

Ils ne se le firent pas dire deux fois, et bientôt nous vîmes sortir de derrière les décombres, d'abord un, puis deux, puis trois... puis trente-cinq de ces fameux Saxons de la garde royale... De beaux hommes fort bien équipés, ma foi. Ils portaient une tunique bleue à parements rouges, un pantalon gris-fer fourré dans des bottes courtes, et étaient, comme les soldats prussiens, coiffés du casque à pointe avec, en plus, la croix de la garde et l'écusson de Saxe.

Mais ils paraissaient frappés d'épouvante et fort

peu disposés à la résistance. Tous demandaient grâce et sortaient de leurs poches des cigares, de grosses pipes de porcelaine, qu'ils nous offraient avec des gestes suppliants. Quelques-uns même tendaient leurs gourdes à nos soldats, qui, subitement calmés, les acceptaient de grand cœur et les remerciaient avec effusion.

Mais le temps pressait. Un séjour plus prolongé dans la maison pouvait devenir désastreux. La prise était bonne ; il fallait la mettre en lieu sûr et sauver les malheureux débris de la compagnie. Je fis descendre les prisonniers, deux par deux, dans la double ligne de ma petite troupe, puis, en toute hâte, nous enlevâmes nos blessés et les corps de nos officiers.

La première barricade n'était plus qu'un grand tas de cendre où l'on voyait plusieurs cadavres carbonisés.

Plusieurs blessés avaient pu se traîner à quelques mètres du brasier. Nous en relevâmes douze, parmi lesquels Trophime qui avait une balle dans la poitrine.

Mais voici le plus drôle de l'histoire.

Comme les brancardiers faisaient défaut, et que je ne voulais absolument pas désarmer les flanqueurs, je donnai l'ordre aux Allemands de porter les blessés. Et ils obéirent avec une résignation parfaite. En toute hâte, à l'aide de quelques planches épargnées par le feu, nous improvisâmes des civières, et, en route pour rejoindre le régiment.....

Notre colonne se composait de trente-cinq

hommes, sans compter les prisonniers et les blessés. Il y avait encore du déchet.

Je vous assure, monsieur, que c'était un singulier et touchant spectacle, que celui de ces soldats allemands, très visiblement satisfaits de n'avoir plus à se battre, et portant nos blessés avec des précautions infinies.

Des deux côtés la colère était tombée, et je commençais à croire que tous les hommes sont frères, comme on dit ici à Ménilmontant, et que la guerre est un affreux malentendu entre les peuples égarés.

Après un assez long et pénible trajet dans une neige de plus en plus épaisse, nous vîmes venir à nous, au grand trot, plusieurs cavaliers accompagnés d'un porte-fanion. C'était le général Ducrot lui-même, accompagné de son état-major.

Il nous fit signe de nous arrêter. Je m'avançai vers lui et, sur sa demande, je contai brièvement ce qui s'était passé. A mon dernier mot il donna un ordre rapide à un de ses officiers qui partit au galop. Je compris qu'il s'agissait de faire réoccuper en toute hâte, et avec des forces considérables, l'entrée du village.

Puis il descendit de cheval, me tendit les deux mains, m'embrassa, et attacha sur ma poitrine sa croix de la Légion d'honneur, une toute petite croix de fantaisie, ornée de brillants, et que je ne porte que dans les grandes occasions.

— Sergent Zurcher, me dit-il, pendant que tous les officiers portaient la main à leur visière, vous et vos hommes avez bien mérité de la Patrie. La

3ᵉ compagnie du 2ᵉ bataillon du 108ᵉ sera citée à l'ordre du jour de toute l'armée...

Ma foi, j'étais si profondément remué que mes yeux étaient pleins de larmes. Je poussai d'une voix étranglée le cri de « vive la France ! » Tous mes hommes criaient de même, et je crois, ma parole d'honneur, que les prisonniers allemands, vivement impressionnés par cette scène, crièrent avec eux.

Et voilà, monsieur, la fin de mon histoire... Bientôt l'attaque des Prussiens devenait générale et la bataille de Champigny s'engageait sur toute la ligne. J'y pris part avec les débris de ma pauvre compagnie, et, quand sonna l'heure de la retraite, à la nuit tombante, j'étais étendu, au beau milieu d'un champ, la cuisse déchirée par un éclat d'obus. Les brancardiers ne me relevèrent qu'au premier jour. J'étais sans connaissance, étendu dans une mare de sang. Que voulez-vous, c'est la guerre...

*
* *

Le vieux soldat m'avait fait ce récit presque à voix basse, comme honteux de sa confidence. Et Ce récit, je l'ai fixé aussitôt, d'un trait rapide, sur les feuillets de mon album, cherchant à lui garder la forme vive, heurtée et même parfois brutale qu'il prenait dans la bouche du narrateur.

Quand je me levai, pour envoyer, de ma voiture, un dernier salut à Zurcher, il m'avait déjà tourné le dos et, la canne levée, il s'avançait, en poussant des cris terribles, à la rencontre d'un bataillon compact de chiens de toutes tailles, lancés à la poursuite d'une chienne minuscule et éperdue, légion haletante de prétendants d'origines très diverses, qui, sans nul souci des règlements de police, bousculaient orageusement les plates-bandes municipales. Et les convalescents de l'hospice, collant leurs faces pâles aux vitres des grandes baies, contemplaient avec un sourire mélancolique ce spectacle très animé.

LE LAC

A Georges Leygues.

Toujours l'éternel zigzag à travers les arides montagnes sur lesquelles un implacable soleil de juin agite des voiles de feu. La côte poudreuse gravie le but semble prêt d'être atteint. Mais voici de nouveau l'angle droit de la route, et le lac bleu de Scutari, profondément encaissé dans son décor alpestre, et dont nous touchions les bords, s'éloigne encore, toujours.

De grands aigles aux ailes largement ouvertes, planent au-dessus de nos têtes, à de vertigineuses hauteurs, dans l'air embrasé. Une vibration lumineuse monte de partout, des poussières blanches, des herbes brûlées, des rocs incendiés, avec la stridulente chanson des cigales perdues dans les maigres et pâles feuillages des térébinthes et des lentisques. C'est comme la vapeur aveuglante de la terre en fusion.

Tout à coup, une voix jeune, pure, fraîche comme le chant d'une source, monte à quelques pas de nous d'un entassement de rochers cyclopéens, sur lesquels se profilent de maigres silhouettes de chèvres en quête d'une nourriture problématique.

— Arrêtons-nous un instant, dit notre interprète, le brave capitaine Stefanoff. Je vais chercher l'oiseau. Il chante un des plus jolis airs du pays serbe : *La plaine de Drinoplie*, vieille chanson toujours très populaire.

Et le capitaine, sautant à bas de son cheval, disparaît dans le massif de roches plein de cavernes ombreuses.

Il en ressort bientôt tenant par la main une jeune fille étrangement belle, d'une âpre beauté. Ses pieds sont nus et à travers les déchirures de ses haillons éclatants on voit luire l'or de sa chair. Sous les mèches folles de ses cheveux brillent de larges yeux noirs qu'elle fixe sur nous avec une sorte d'inquiétude farouche, pendant que le capitaine l'invite à chanter.

Les sollicitations sont longues, pressantes, presque suppliantes, et la jeune sauvage ne cède que lorsqu'aux prières succèdent les menaces.

Elle jette alors aux étrangers un regard sombre et d'une voix tremblante, mais pleine d'un indicible charme, elle nous chante ces strophes dont le rhythme est comme scandé par le cri des aigles qui semblent lui répondre du haut du ciel.

« *La plaine de Drinoplie est immense. Au milieu de la plaine pousse une vigne solitaire, et la garde de cette vigne est confiée à la jeune et belle Leila Blazevic.*

» *Or, voilà que survient un jeune et beau cavalier monté sur un cheval noir aux jambes fines.*

» *Arrête-toi, jeune cavalier! Arrête-toi et emporte-moi bien loin sur ton cheval noir.* »

» *— Impossible la belle! Impossible. La plaine de Drinoplie est trop vaste. Cette longue route te fatiguerait.*
» *La rivière de Bizer est trop profonde. Elle te ferait peur.*
» *Ma vieille mère est méchante, elle te gronderait.* »

» *— Oh non! oh non! beau cavalier sur ton cheval noir emporte-moi.*
» *Je traverserai la plaine de Drinoplie en te chantant.*
» *Je franchirai le Bizer en te regardant.*
» *Je plairai à ta vieille mère en te caressant...* »

Hélas! ceci n'est que la pâle traduction de la brûlante chanson serbe, chantée par la belle et sauvage Monténégrine sur son autel de rochers et sous le vol tournoyant des aigles.

* *

Encore des zigzags sur les flancs des montagnes, de brusques descentes dans les gorges profondes, des circuits sans nombre autour des cuvettes formées par les chaînes des mornes. Et toujours l'énervante et monotone complainte des cigales.

Parfois des groupes de Monténégrins, qui se rendent de Rieka au marché de Cettinjé, nous croisent sur la route. Les hommes magnifiquement vêtus, étincelants de dorures, devisent gaiement entre eux le fusil sur l'épaule, la main dans la ceinture, la cigarette aux lèvres, pendant qu'à quelques mètres derrière, dans le nuage de poussière soulevé par le pas des maîtres, suit, se traîne le lamentable troupeau des femmes, toutes courbées sous de lourds fardeaux, silencieuses, accablées.

Enfin nous voici sur les bords du lac. Nos chevaux y boivent à longs traits. Cette fois plus de perspective mensongère.

Le petit yacht à vapeur, très gracieusement mis à notre disposition par S. A. le prince Daniel, nous attend au quai de Rieka, avec son équipage composé de six hommes.

Après le salut de bienvenue des notables de la ville, le compliment des jeunes filles et l'offre de superbes bouquets de fleurs à nos compagnes de route, le bateau quitte la rive au milieu des acclamations de la foule massée sur le quai. Et nous répondons à ces enthousiastes manifestations avec une affectueuse dignité où perce la douce illusion d'une toute-puissance éphémère.

Je passe l'inspection des armes. Tout va bien. Voici les hammerless calibre 12 pour les ibis, les courlis et les hérons, et la carabine Martini pour les pélicans. Oh! tuer un pélican à balle! Quel rêve, pour un vulgaire chasseur de perdreaux!...

Le bateau glisse lentement à travers une immense prairie verte et blanche faite de larges feuilles de nymphéas, si pressées qu'elles cachent aux regards les eaux du lac, et couvertes de fleurs largement épanouies et qui étincellent au soleil comme des coupes d'argent.

Des poissons que notre passage effraye sautent hors de l'eau et demeurent étendus sur les feuilles. Voici un vol de hérons. Mais mieux vaut, sans tirer, gagner le large où se tiennent les pélicans qu'un coup de feu, répercuté par les prodigieux échos du lac, pourrait faire envoler.

La zône paralysante des nénuphars est bientôt franchie et, à une allure plus rapide, nous naviguons en eaux libres.

Nous frôlons un vieux fort en ruines, dont les débris se dressent sur une petite île devenue, depuis 1878, terre monténégrine. Deux canons, d'un modèle tout récent, allongent leurs gueules d'acier du côté de Scutari. Quelques artilleurs gardent la position et nous saluent du drapeau. Nous répondons au salut et de plus en plus vite, nous nous éloignons des rives, ou plutôt des énormes falaises qui encadrent le lac et aux flancs desquelles s'accrochent des villages de pêcheurs monténégrins et albanais.

D'un côté les clochers surmontés de la croix, de l'autre les minarets et les vastes cimetières musulmans dont les stèles de marbre escaladent en rangs pressés les pentes, se répandent dans les vallées, descendent jusqu'aux bords du lac. — Invasion blanche de la Mort.

Dans l'azur limpide du lac où dorment tant de cadavres et dont les rives virent tant de sanglants combats, le croissant et la croix se mirent, aujourd'hui l'un près de l'autre, au milieu de l'universelle paix des choses.

Seule la figure de l'homme exprime la menace.

Parfois passent près de nous de longues barques noires, hautes sur l'eau, à la proue aiguë et tranchante, sortes de jonques funèbres, que dirigent des hommes vêtus de blanc. Ce sont des Albanais. Silencieusement, sans un mot de salut, ils passent, ou plutôt ils glissent le long de notre bord, en maniant avec une extraordinaire habileté leurs grandes rames de gondoliers, et en nous jetant de mauvais regards noirs, pendant qu'avec un sourire railleur, nos Monténégrins caressent la crosse de leurs longs revolvers d'acier.

L'un près de l'autre, la croix et le croissant se mirent dans la limpidité bleue du lac dont les rives virent tant de sanglants combats, mais la haine éternelle qui gronde dans le cœur des hommes se reflète toujours dans la grimace cruelle des visages.

Nous les retrouverons bientôt, à la nuit tombante, les Albanais souples et félins, sur les places de Podgoritza, larges espaces nus où s'élevaient naguère des bazars, des mosquées, des quartiers entiers que la guerre a rasés, puis le lendemain encore, nous les rencontrerons à travers les ruines de Docléa la romaine, endormie sous son manteau de figuiers sauvages, et dans les rues tortueuses de Pûz dont les murs troués par le canon, et sur lesquels flotte le drapeau monténégrin, s'écroulent chaque jour dans les eaux bleues et profondes de la Zéta.

Nulle part, en aucun lieu du monde, l'image des horreurs de la guerre n'apparaît plus sinistre aux yeux attristés du voyageur.

Ce fut autour des villes de Nicsick, de Pûz, de Kolasin, de Podgoritza, étendues dans les vertes vallées de la Zéta et de la Moratcha, dont les flots tumultueux roulèrent tant de cadavres, que se livrèrent les plus terribles combats de l'automne de 1876. Régions riches et fertiles que les Monténégrins, au prix d'héroïques efforts, ont réussi à arracher à l'éternel ennemi, et à joindre au maigre et aride territoire national. Soutenus par les réguliers de Mouktar-Pacha et de Dervish-Pacha, les habitants de Pûz et de Podgoritza préférèrent s'ensevelir sous les ruines de leurs villes que de se rendre. Le brave Vladika-Nikita-Petrovitch conduisait lui-même ses Monténégrins au combat, et plus tard, pendant les heures de paix, il a dans des strophes ardentes, que chantent aujourd'hui ses soldats, raconté les exploits des héros de ces terribles batailles.

L'intervention de l'Europe put, seule, mettre fin à cette effroyable boucherie qui « changea en rouges torrents les eaux bleues de la Zeta ».

Mais si par le traité de Berlin et la menace de Dulcigno, les puissances obligèrent les Turcs à livrer au vainqueur la vallée conquise, elles ne poussèrent pas la bienveillance de l'intervention jusqu'à lui faire attribuer, par le vaincu, une indemnité spéciale destinée à la reconstruction des villes, des mosquées, des ponts écroulés. Et, comme l'Etat monténégrin est encore aujourd'hui fort pauvre, et que les canons, les fusils, les revolvers poussent seuls avec vigueur, et grâce à la générosité politique de la Russie, dans la dure aridité de ses montagnes, les traces de la guerre sont demeurées dans leur effrayante horreur, tout comme au lendemain des combats.

La fumée des incendies s'est perdue dans l'azur du ciel, le sang a séché, et les coups de bec des corbeaux, et les rafales d'hiver ont émietté, dispersé les crânes fixés sur les pointes aiguës des rochers, mais aucun effort n'a été fait pour relever les villes détruites, et, sous la surveillance vigilante des garnisons monténégrines, les vaincus d'hier, invinciblement attachés à leurs foyers, vivent, dépossédés de tout et le cœur toujours plein d'espoirs farouches, sous les ruines noircies de ce qui fut leurs demeures et que la nature, l'éternelle triomphante, recouvre déjà de la parure verte de ses mousses, de ses lierres et de ses myrtes.

Quelques nouveaux ponts ont été cependant jetés sur la Moratcha. Mais, ô comble du sacrilège! plusieurs d'entre eux sont faits de matériaux sacrés arrachés aux cimetières musulmans que le vent de la guerre a bouleversés. De telle sorte que pour passer d'une rive à l'autre, les descendants de ceux dont les sépultures ont été profanées sont encore obligés de fouler aux pieds les stèles où figurent les noms des ancêtres.

Nous serions profondément surpris si ce genre de profanation architecturale, peu propre assurément à apaiser les colères et à adoucir les regrets, était connu du prince Nikita, *le Juste*.

**

Trêve aux digressions historiques... Nous voilà

bien loin du lac. Revenons-y. Aussi bien la promenade est délicieuse. Pas une brise, pas une vague. Mais la douce fraîcheur des eaux nous enveloppe et nous défend contre l'ardeur toujours vive du soleil.

Un des matelots, debout à l'avant, a fait signe au timonier de stopper. Des pélicans sont en vue. Ils s'ébattent dans les roseaux, à trois cents mètres du yacht. Vite, une légère embarcation est mise à l'eau. J'y prends place avec deux rameurs, et bientôt nous filons, rapides. « Surtout, m'avait dit le capitaine, pas de bruit, pas un mot. Il n'est pas, sur tout le lac, d'oiseau plus sauvage, plus craintif que celui que vous allez tirer. Estimez-vous heureux, si vous pouvez l'approcher à cent cinquante mètres. »

Nous voici à deux cents mètres environ des pélicans qui, tranquilles, avec de larges battements d'ailes, évoluent dans les roseaux, pêchent, s'emplissent les goîtres de poissons.

Pour leurs petits, peut-être? pensai-je. Et le souvenir des beaux vers de Musset me causa un attendrissement passager. Oh! bien passager.

Mais notre approche est bientôt signalée par un cri rauque, une sorte de hennissement poussé par l'une des deux bêtes. Nous sommes à cent cinquante mètres environ du gibier. Le capitaine ne s'est pas trompé. Les matelots bordent leurs avirons. J'épaule, et longuement, mais non sans émotion, je vise...

Le coup part, la balle siffle et coupe un roseau tout près de l'énorme oiseau.

J'ai manqué mon pélican.

. . . .

En poussant d'affreux cris, auxquels répond le chœur effrayé de milliers d'oiseaux perdus dans les roseaux et dans les bois qui trempent dans le lac, les deux pélicans s'élèvent lourdement au-dessus des eaux, puis, en décrivant dans leur vol une suite de vastes cercles, montent, montent très haut, bien au-dessus des montagnes, deviennent d'imperceptibles points noirs, puis se perdent, se fondent dans l'azur.

J'enrage. Bien inutilement, je leur adresse encore deux balles pendant leur céleste ascension, et, la mine basse, je regagne le yacht.

Fort heureusement, la consolation est souvent voisine de la peine, et je ne tardai pas à oublier mon oiseau, pendant que, mollement étendu sur une chaise de rotin, j'écoutais, en fumant d'excellentes cigarettes bosniaques, le bon capitaine Stefanoff, devant qui je venais de m'extasier sur le bleu d'améthyste du lac, me conter la poétique et jolie légende que voici :

*
* *

« Satan, fit le capitaine, ayant été précipité du haut du ciel, après la création du monde, pour avoir, dans son orgueil jaloux, refusé de chanter les louanges de Dieu, le Seigneur Tout-Puissant voulut, après cette manifestation de révolte, connaître les ambitions et les désirs de tous les Esprits soumis à sa loi. Il les rassembla donc autour de son trône et, très paternellement, posa à chacun cette question :

» — Voyons, mon enfant, que désirez-vous encore ?

» Tous, sauf une *Vila* (1), toute jeunette, délicieusement jolie avec ses longs cheveux blonds, son teint de rose et ses yeux bleus, mais très femme, bien que pur Esprit, répondirent :

» — Ce que le Seigneur a fait est bien fait. Que son œuvre soit bénie de tous !

» — Moi, dit ingénuement la Vila avec un charmant sourire qui eût ensorcelé tout autre que le Père Eternel, je ne souhaite qu'une chose : c'est de voir changer la couleur de mes yeux et de mes cheveux. Seigneur Dieu, pour qui tout est possible, donne-moi des yeux noirs pleins d'éclairs et une chevelure sombre, symbole de force et d énergie...

» — Jeune insensée ! Coupable coquette ! interrompit le Père Eternel en fronçant terriblement les sourcils...

» Il n'en dit pas plus long.....

» Aussitôt les yeux bleus de la Vila devinrent deux flots de larmes. Pendant des siècles et des siècles coulèrent de ses yeux vides de vrais ruisseaux qui formèrent le lac d'Oskodar (2).

» Un beau jour, en se penchant du haut du ciel sur le monde, comme un père sur le berceau de son fils, le Créateur fut frappé par la beauté du lac de Scutari et la limpidité bleue de ses eaux.

» — Tiens ! s'écria-t-il, voilà un coin merveilleux que j'ignorais.

(1) Nymphe des eaux.
(2) Nom turc du lac de Scutari.

4.

» — Eh quoi, Seigneur! lui dit un des plus influents personnages de la suite divine, avez-vous donc oublié la pauvre Vila dont vous avez jadis, dans votre juste courroux, si sévèrement puni la coupable coquetterie. Ce beau lac est fait des larmes qu'elle verse depuis plusieurs siècles...

» Ah! j'y suis, s'écria le Père Eternel, créateur du ciel et de la terre, en se frappant le front avec une expression de douloureuse surprise. Pauvre petite Vila! Vite, qu'on me l'amène!

» Bientôt, la Vila, dont les yeux creux étaient deux intarissables sources, fut en présence de Dieu.

» — Jeune coquette, dit, avec un sourire compatissant, le Souverain Maître de toutes choses, tu as assez expié ta faute. Je te rends la vue. Et maintenant, penche-toi du côté de la terre et regarde. Que vois-tu?

» — Je vois, Seigneur, un lac admirable, un grand lac bleu encaissé dans de hautes montagnes. Une partie de ses rives, située entre deux rivières, est bordée d'une frange d'or par les maïs et les blés murs. Que l'azur de ce beau lac est limpide et pur, et comme ces blondes moissons ondulent gracieusement sous les caresses de la brise! Je voudrais, Seigneur, vivre pendant l'éternité dans ce coin béni.

» — Eh bien, Vila, ces couleurs bleues et blondes, couleurs de tes yeux et de tes cheveux sont celles que tu dédaignais jadis. Apprends donc, et souviens-toi toujours, que tout ce qui est sorti de la main de Dieu est beau et sacré.

» La jeune Vila, à qui des siècles de tristesse et de

larmes n'avaient d'ailleurs enlevé aucun de ses charmes, s'inclina gracieusement, sans mot dire, craignant encore de trop parler.

» — Et maintenant, poursuivit le Seigneur, que ton rêve se réalise! Tu as assez longtemps souffert. Je te donne le lac d'Oskodar. Pars.

» Ce pur miroir du ciel est aussi très propre à refléter ta beauté, ajouta le bon Dieu, avec un bienveillant sourire de satisfaction, et à toute heure il te rappellera l'éternelle et divine perfection de mon œuvre. »

. . . .

Ici le capitaine Stefanoff s'arrêta et alluma une cigarette.

Des ombres mauves glissaient déjà du haut des montagnes, s'allongeaient sur les eaux, envahissaient peu à peu le lac.

Avec une prudente lenteur, le vieux timonier aux lourdes moustaches blanches, muet, l'œil fixe, dirigeait le yacht vers la fiévreuse embouchure de la Moratcha, le long des bois aquatiques, pleins de nuits et de battements d'ailes, le long des prairies de nénuphars dont les larges fleurs étoilées vont bientôt se fermer, lors de la très prochaine éclosion des étoiles, ces fleurs du ciel.

Et je m'attendais, au milieu de cette paix mystérieuse du ciel, de la terre et des eaux, à voir tout à coup surgir du beau lac, dont elle est l'âme, la jeune Vila, toute blanche sous le ruissellement de ses cheveux d'or, la bouche souriante et les bras tendus dans un geste d'appel.

LA PEUR

A Georges Hugo.

Très bravement, je plongeai mes regards dans la petite fontaine de Coatnoz, ouverte sous le ciel bleu comme l'œil bleu de la terre. Mais je ne vis qu'une grosse grenouille verte singulièrement acrobatique, de longues herbes fines et délicates que le battement régulier de la source faisait doucement onduler, et mon image qui ne m'inspira aucune folle passion, aucune velléité chimérique... Rien de plus.

Alors tous les détails du récit de Job Cadic me revinrent à l'esprit avec une obsédante précision.

*
* *

Tout d'abord que je vous présente mon ami Job.

Je le connus au mois de septembre dernier, alors que rôdeur des landes et des grèves, libre de moi, je fuyais le snob et cherchais le rustre.

Job m'apparut un beau matin, au détour d'un

sentier de douaniers, sur la falaise, colossal sous son tricot bleu qui moulait son torse d'hercule. Il portait son bras droit en écharpe.

— Qui t'a arrangé comme ça? lui dis-je.

— Qui? Personne, foi de Dieu, me répondit-il en faisant rouler ses épaules d'un air menaçant. Cela m'est arrivé en tombant dans la cale, le jour même du départ *pour Islande*. Il a fallu me débarquer ici, comme un propre-à-rien, un mal bâti. Si encore je pouvais être bon à quelque chose! mais à quoi? Il faut ses deux mains pour travailler en mer et je ne peux même pas filer le maquereau dans la baie, comme les camarades. Le médecin me dit bien que j'en ai à peine pour quatre ou cinq mois, et que sûrement je serai de la prochaine campagne. Mais d'ici là que de longues heures d'ennui à passer sur ces falaises, en regardant s'éloigner les voiles, ou bien le derrière sur une épave, au milieu des femmes qui tricotent...

— Job, lui dis-je en interrompant ses doléances, je te prends à mon service. La chasse ouvre dimanche. Trouve-toi chez moi à cinq heures du matin. Tu porteras ma carnassière et nous battrons la campagne ensemble. Ça te fera passer le temps.

— Entendu, fit Job. C'est pas tout à fait mon métier, mais je ferai de mon mieux.

Il fut exact au rendez-vous, et, chaque jour, mais de préférence à l'heure où je prenais le café, sous la petite tonnelle de mon jardinet, tout enguirlandée de chèvrefeuille, Job venait chercher les ordres.

Il surgissait brusquement sur une petite colline, hérissée d'ajoncs, qui dominait ma maisonnette. Parfois, obéissant à une inspiration d'ordre mythologique, je lui faisais signe de demeurer immobile sur ce piédestal géant, si bien fait pour lui. Et, très docile au commandement, mais aussi très inconscient du rapprochement évoqué par son apparition, Job s'arrêtait un moment, s'appuyait sur la massue dont il se servait pour secouer les broussailles, et souriait, d'un sourire olympien, dans sa barbe d'or courte et frisée, pendant que son énorme silhouette se détachait sur la colline en pleine lumière. Puis, nous prenions le café, et en route pour les folles battues.

*
* *

Or, un soir que nous revenions, le front bas, les jambes molles et la langue très sèche d'une course prolongée à travers les landes incendiées par un chaud soleil de septembre, la fontaine de Coatnoz brilla près de nous, toute pleine d'étoiles. J'y courus pour y boire ; mais Job, me saisissant vivement par le bras, me dit d'une voix tremblante :

— Oh ! pas là, pas là... marchons encore un peu. Nous serons bientôt à la ferme de Jean Kerbic...

Je le regardai. Il était livide.

— Job, lui dis-je, il y a là-dessous une histoire de revenants. Tu vas me conter ça.

— Je veux bien, mais partons vite, ne restons pas ici.

Et il se fourrait les pouces dans les oreilles.

Jusqu'à la ferme nous marchâmes rapidement,

l'un près de l'autre, en silence. Il se collait à moi comme un enfant craintif.

Une bolée de cidre, généreusement offerte par le fermier, et bue avec une satisfaction visible, lui remit le cœur en place. Nous partîmes.

Devinant mon impatience, Job, sans autre préambule, commença ainsi :

« Il y a de cela cinq ans... Ah ! ce n'était pas par une nuit pareille. Il gelait à pierre fendre. La lune brillait large au ciel et éclairait la terre toute blanche.

» Cette année-là encore, je n'avais pu m'embarquer pour Islande, faute d'avoir trop fait la noce le jour du départ et de m'être endormi dans un fossé, pendant que, toutes voiles dehors, *la Clotilde* quittait la rade.

» Et, comme aujourd'hui, pour tuer le temps, je regardais la mer, je buvais des bolées et j'embrassais les filles... Cela vaut toujours mieux que de couper du trèfle ou de ramasser des pommes de terre.

» A cette époque habitait tout près d'ici, à Poulgraz, un riche fermier, Yvon le Du, mort aujourd'hui, et dont la fille, Marie Joseph, était jolie comme une pomme. Nous nous convenions l'un l'autre, c'était certain, et j'aurais pu, je crois, en faire ma femme, si, quittant la barre du gouvernail pour le manche de la charrue, je m'étais résigné à prendre la direction de la ferme. Mais j'aime pas me coucher dans une armoire. Je ne dors bien que dans le roulis. Bref, *Marijob* s'est mariée à un lourdaud de l'intérieur des terres qui, paraît-il, mène fort bien la suite des affaires du père le Du, la rend heureuse et lui fait cadeau d'un gosse tous les ans.

» A la fin de l'hiver de 1892, je fréquentais très assidûment la ferme de Poulgraz. J'y soupais souvent, et parfois je ne partais que très tard, après d'interminables parties de loto, avec Yvon le Du, parties toujours arrosées de nombreux petits verres d'eau-de-vie.

» Le 21 février (je n'oublierai jamais cette date), je quittai la ferme à minuit. Il faisait grand clair de lune, la terre était couverte de neige, le froid terrible. Cependant j'avais très soif. Le tord-boyaux du vieux le Du me brûlait le ventre et la gorge. La fontaine de Coatnoz était sur ma route. Je m'y dirigeai. Mais au moment d'y tremper mes lèvres, je reçus une petite tape sur l'épaule.

» En même temps j'entendis une plainte... Comme ceci, tenez. »

Et Job poussa entre ses dents serrées un cri douloureux, pareil à un appel de cauchemar.

« D'un bond, poursuivit-il, je fus debout. Mais je ne vis rien, rien. Je n'entendis plus rien. La lune riait au ciel comme pour se f..... de moi. Pas une brise n'agitait les branches. Pas un souffle dans l'air.

» Bon! pensai-je, voilà que je suis saoûl; et je me remis en posture pour boire.

» Cette fois, je ne reçus pas une tape, mais l'appel se renouvela plus fort, plus déchirant, plus désespéré. J'entendis mon nom, je reconnus la voix; c'était celle de mon meilleur ami, Fanch Gouasdoué, embarqué pour Islande, à bord de *la Clotilde*. Elle disait : « Viens aussi, toi... viens donc !... »

» Je voulus me relever, mais je ne pus y parvenir : mes genoux étaient cloués dans la neige. Alors je pensai que j'étais vraiment saoûl, et je me mis à rire très fort, et à gueuler des chansons. Puis, par bravade, et aussi pour me donner du courage, je criai : « A ta santé, mon vieux Fanch ! » Et j'approchai mes lèvres de l'eau, aussi limpide et aussi claire qu'en plein jour.

» Ah ! monsieur ! Dans la fontaine, une tête de mort, celle de Gouasdoué, me regardait avec un mauvais sourire. Elle avait de longs cheveux et une longue barbe, mais, comme dans les têtes de noyés, les lèvres et les yeux avaient disparu, mangés par les poissons.

» Une peur folle me prit. Retrouvant mes jambes, je m'élançai à travers champs, nu-tête, les deux mains sur les oreilles, car les appels avaient repris, plus pressants, plus nombreux, emplissant toute la campagne. Ce n'était pas une voix éplorée qui demandait du secours, mais vingt, vingt-cinq...

» On eût dit un chœur plaintif, fait de cris, de prières, de lamentations. Tous ceux de *la Clotilde* : Gouasdoué, le Bihan, Guézennec, le Goïc, Kervarec, Perennez, Audrain, Kernaounet, le Treust, Morvan... tous, tous, jusqu'au mousse, le pauvre petit Joson le Gac, le seul soutien de sa vieille grand'mère, tous appelaient au secours.

» Des souffles froids me passaient sur le cou, et j'entendais parfois comme des claquements de sabots derrière moi. Alors je courais plus vite encore, criant, moi aussi, pour ne pas entendre, sautant les fossés, escaladant les talus, roulant dans les ornières des chemins creux...

» — Ah ! l'horrible nuit ! fit Job, en se signant.

» Du haut d'une colline, j'aperçus enfin ma maison. Une lumière y brillait. Ma mère, que ma longue absence inquiétait, m'attendait sans doute. Et toujours, et de plus en plus pressantes, les voix chuchotaient à mes oreilles, pleuraient, m'appelaient, pendant que, lancé à toute vitesse, comme emporté par le vent, ruisselant de sueur malgré le froid, je m'approchais du but.

» La porte était entr'ouverte. Je la poussai violemment d'un coup d'épaule et, sans forces, presque sans voix, je tombai à genoux, pendant que ma mère commençait à me reprocher ma conduite. Elle me croyait pris de boisson.

» — Ma mère, lui dis-je, taisez-vous. Poussez le verrou de la porte, allumez deux chandelles devant l'image de *Notre-Dame-de-Bonnes-Nouvelles* et prions. Ceux de *la Clotilde* sont en péril.

» Et, jusqu'au lever du jour, nous priâmes. Ma mère disait les Litanies de la Sainte Vierge, et moi je répétais : Priez pour eux, priez pour eux...

» Mais jamais *la Clotilde* n'est revenue, et les tombes du petit cimetière de Perros attendront longtemps les corps des pêcheurs, dont les âmes seules sont de retour au pays et errent, en peine, au clair de lune... »

— Voilà, dis-je à mon compagnon, une bien lugubre histoire, et je m'étonne, que tu gardes, après cette aventure, l'envie de retourner en Islande, dans ces mers terribles, où des vents furieux secouent, brisent, éparpillent, comme des flocons d'écume vos légères et fragiles goëlettes.

— Que voulez-vous, me dit Job Cadic, ici ou là, c'est toujours la même fin, et mieux vaut encore être ballotté d'un pôle à l'autre, au fond des mers, que d'être mangé par les vers dans une boîte de bois. J'aime pas être à l'étroit.

Et puis j'y rencontrerai peut-être mes vieux camarades de *la Clotilde* et d'autres encore, bien d'autres..... Et nous roulerons tous ensemble pendant l'éternité.

UNE VISITE A LA MALMAISON

A Maurice Barrès.

Quelques mois encore, quelques semaines peut-être, et la Malmaison, avec son vaste jardin peuplé de souvenirs, sera vendue aux enchères publiques, tout comme un terrain vague ou un vulgaire immeuble de rapport ! Et l'avide et brutale spéculation, armée de la pioche du démolisseur, fera sans doute tomber ces murs témoins de si grandes choses, et ces arbres centenaires, ces charmilles, ces bosquets de lilas, à l'ombre desquels Prud'hon peignit Joséphine, dans tout le charme de sa grâce nonchalante de créole, et J.-B. Isabey, Bonaparte se promenant solitaire et rêveur dans les grandes allées du parc..... (1)

« Là, nous apprend Isabey, dans un récit de son

(1) Cet article était écrit avant l'acquisition, toute récente, de la Malmaison, désormais sauvée de la ruine et destinée, grâce à la générosité de M. Osiris, à devenir propriété de l'Etat.

séjour à la Malmaison, j'exécutai le premier portrait en pied du général Bonaparte. Du matin au soir, je le voyais se promener solitairement dans le parc, les mains derrière le dos, absorbé dans ses conceptions ; il me fut aisé de saisir son expression pensive et la physionomie de sa tournure. Ce portrait terminé, je le montrai au général. La ressemblance lui en plut ; il me félicita surtout de pouvoir travailler ainsi sans faire poser mon modèle. »

Avant cette profanation, contre laquelle devrait protester énergiquement le sentiment national, j'ai voulu revoir l'illustre demeure On y va en moins de trois quarts d'heure, par le tramway à vapeur qui fait le service de la barrière de l'Etoile à Saint-Germain. C'est un très rapide et très suggestif pèlerinage.

*
* *

Voici, toute rongée par la rouille, la large grille qui se développe devant la façade, et dont les portes dorées s'ouvrirent jadis toutes grandes devant le flot des brillantes escortes.

Partout des écriteaux blancs avec ces mots : « Terrains et matériaux de démolition à vendre. »

La neige tombe lentement à gros flocons d'un ciel bas et plombé. Une brise glaciale courbe la cime des grands arbres ! Un profond silence règne dans ces lieux abandonnés. La première impression est des plus douloureuses, et mon cœur se serre involontairement au milieu de cette mortelle tristesse des choses.

Une fillette à la figure maussade me promène à travers les salles désertes et délabrées du château, signalant d'une voix sèche et avec la monotone intonation des guides de profession : le grand vestibule, la bibliothèque, la salle de billard (encore ornée de son meuble principal), la chambre de Joséphine, la jolie chambre circulaire où mourut la pauvre impératrice délaissée, la chambre de la reine Hortense, la chambre d'Eugène de Beauharnais, la salle du conseil... Et tout autour de nous pendent lamentables, le long des murs lépreux, où se devinent encore quelques peintures décoratives de l'époque, des lambeaux de tentures décolorées.

Le vent neigeux qui nous avait suivis à travers les portes entre-bâillées erre en gémissant dans les vastes corridors déserts, sur lesquels s'ouvre la longue série des *chambres d'amis* jadis occupées (pendant les belles années de 1798 et 1799) par Bernardin de Saint-Pierre, Arnoult, Ducis, Lemercier, Baour-Lormian, Collin d Harleville, le poète Joseph Chénier, le musicien Méhul, l'acteur Talma, Volney, Andrieux, Duval ; les peintres Gérard, Girodet, Isabey..., que la grâce ensorceleuse de Joséphine réunissait dans une sorte de petite cour dont la libre et spirituelle allure échappait encore au byzantinisme obsédant de l'étiquette. Et cette grave réunion de philosophes, de littérateurs, d'artistes était toujours éclairée par la présence de jeunes femmes, dans tout l'éclat de leur beauté. C'étaient d'abord les sœurs du futur César, puis Hortense de Beauharnais, âgée de dix-huit ans à peine, la comtesse d'Houdetot, mesdames Cafarelli, Andreassy, Tallien, alors dans tout l'épanouissement de ses charmes opulents, Regnault de Saint-Jean-d'Angely, si séduisante dans sa grâce un peu frêle, et dont on peut voir, au Louvre, la ravissante figure peinte par Gérard...

Hélas! aussi bien que les folles et les jolies enrubannées de Trianon, les promeneuses du parc de la Malmaison, élégantes et sveltes sous leurs longues tuniques grecques, « sont changées en poussière légère ». Quelques années encore et le souvenir de l'éternelle disparition de ces belles d'hier, que nous aurions presque pu connaître, se confondra avec les dates les plus éloignées.

> Dictes-moi, ou, ne en quel pays
> Est Flora la belle Romaine,
> Archipiada, ne Thaïs
> Qui fust sa cousine germaine.

. . . .

Autour de moi le vent pleure, et la neige, à travers les vitres brisées, vient me fouetter la figure. Les tapisseries décollées se soulèvent et retombent tristement sous les plafonds crevés. Une odeur de mort; une odeur de passé lointain, très lointain, m'enveloppe et m'oppresse.

Empereur, impératrice, rois, reines, princesses, reines de beauté, écrivains célèbres, artistes applaudis... qui viviez, hier encore, dans cette demeure aujourd'hui désolée, et dont le silence n'est troublé que par le bruit de mes pas, rien ne subsiste plus de vous, rien qu'un vain bruit de

triomphe et de gloire. Dieu que les morts vont vite !
Et cependant les grands arbres du parc restent
éternellement jeunes, et balancent avec une majestueuse indifférence leurs larges ramures au-dessus
de ce petit coin du monde, si grand par les souvenirs tour à tour heureux et tragiques.

* * *

Car si la Malmaison fut « le séjour des jeux et des
ris » (style de l'époque), lorsqu'au retour de Marengo, Bonaparte se plaisait à donner la réplique à
Fleury et à mademoiselle Mars (1), écoutait Arnault réciter ces fables, jouait à saute-mouton avec
le joyeux Isabey, et s'efforçait un instant d'oublier
les soucis du pouvoir en dansant la *Monaco*, sa

---

(1) Bonaparte affectionnait surtout les rôles tragiques, qui, selon lui, convenaient mieux à sa voix sonore, et à sa figure maigre et expressive.

C'est seulement au retour de Marengo qu'une salle de spectacle fut construite à la Malmaison. Elle était d'ailleurs des plus simples et sa construction ne dépassa pas le prix de 30,000 francs. Un public de premier choix s'empressait aux représentations de la troupe de la Malmaison. Qu'on en juge par les lignes suivantes : « Les premières loges ne sont remplies que de ducs, de duchesses, d'ambassadeurs et d'ambassadrices, de ministres et des principaux généraux de la République ; aux secondes on place les conseillers d'Etat avec leurs femmes, les sénateurs, les tribuns, les juges ; enfin le parterre est composé de généraux et d'officiers de tous grades... »
On y joue successivement *le Barbier de Séville*, *Crispin rival*, *les Fausses confidences*, *le Collatéral*, *l'Impromptu*, *la Gageure*, *l'Avare*, *les Plaideurs*... » Le directeur habituel était mademoiselle Hortense de Beauharnais ; les acteurs, Talma, Michot, Fleury, mademoiselle Mars, etc.

danse favorite, elle devint le plus dramatique des décors après Waterloo. N'était-ce pas là déjà qu'au lendemain du divorce Joséphine tout en larmes était venue cacher son infortune et son désespoir ?

C'est entre ses murs, c'est dans ce parc fleuri, dans ce petit Trianon consulaire (1), où s'écoulèrent les plus beaux jours de sa vie, les quelques heures calmes de son existence tourmentée, que Napoléon, définitivement vaincu, vint, prisonnier volontaire, attendre l'ordre de partir pour Rochefort.

Tous deux, l'empereur tombé et l'impératrice déchue, poussés par une étrange fatalité, vinrent demander asile à cette demeure qui fut le riant berceau de leur fortune.

*
* *

(1) Comme le jardin historique de Versailles, le vaste parc de la Malmaison avait aussi ses kiosques, ses temples de l'Amour, ses bergeries, ses chaumières, ses jeux de billard remplaçant les jeux de bagues... De nombreux tableaux de Gérard et de Girodet figuraient aussi dans les salons du château, ainsi que des chefs-d'œuvre des maîtres anciens, tels que : la *Ferme d'Amsterdam*, de Paul Potter ; l'*Entrée de la forêt*, de Berghem ; le *Tir à l'arquebuse*, de David Téniers ; les *Quatre Heures du jour*, de Claude Lorrain ; le *Pacha faisant peindre sa maîtresse*, de Carle Vanloo... Puis c'étaient des statues antiques, grecques et égyptiennes, des vases étrusques... disposés avec goût devant les façades et le long des corridors, et parmi ces souvenirs des temps lointains, dix petits tableaux sur un enduit de ciment recouvert de stuc, représentant *Apollon Musagète*, et les *Neuf Muses ;* spécimen unique de l'art grec offert par le roi de Naples à madame Bonaparte, lors de son passage en Italie.

De toutes ces œuvres d'art, il ne reste plus rien aujourd'hui que les quelques tableaux qui sont en Russie chez les Leuchtemberg.

Qu'il y aurait d'anecdotes, ayant aujourd'hui l'importance d'événements historiques et la hauteur tragique de scènes shakespeariennes, à conter sur les dernières heures, heures de colère et d'angoisse, passées par Napoléon à la Malmaison, alors qu'abandonné par la fortune, trahi par les siens, *volé* par ses familiers, il trouvait encore, dans son admirable énergie, assez de force, *de force dynastique*, pour dissimuler sous une feinte résignation les révoltes de son orgueil blessé, de sa grandeur sans cesse outragée. Et par qui?

Ecoutez tomber ces paroles. C'est le ministre de la guerre qui, au palais des Tuileries, interpelle le général Flahaut, aide de camp de l'empereur (un fidèle, celui-là) :

« Ah çà ! décidément, votre *Bonaparte* ne veut donc pas partir ?... Nous ne pourrons donc jamais nous débarrasser de lui? Sa présence nous importune. Elle nuit à nos négociations. Il devrait cependant bien savoir que nous ne voulons plus de lui ! Général, dites à Bonaparte, de ma part, que s'il ne se décide pas à s'en aller ce soir même, je le fais arrêter demain matin et que, s'il le faut, j'irai l'arrêter moi-même. »

C'est ainsi que parle le héros d'Auërstaedt.

Bien qu'habitué depuis plusieurs jours à subir toutes les humiliations, l'empereur ne peut retenir sa colère et son indignation quand Flahaut lui rapporte les paroles menaçantes de celui qu'il avait fait prince d'Eckmühl.

« Eh bien ! qu'il vienne donc ! s'écria-t-il en

frappant sa poitrine de ses deux poings fermés, qu'il vienne, je suis prêt à lui tendre la gorge (1). »

* * *

Tous ces tragiques souvenirs me revenaient à la mémoire pendant que j'errais sous ces voûtes en ruines, trébuchant à chaque pas aux briques arrachées du sol. Insensiblement la mélancolique majesté du parc désert, du château silencieux et comme mort sous son linceul de neige, me gagna, et, tout entier au passé, j'oubliais l'heure, quand la fillette qui me servait de guide, désireuse sans doute de toucher au plus vite sa gratification, interrompit brusquement ma rêverie par ces mots dits d'une voix dolente : « La Malmaison fut occupée en 1870 par un corps de pontonniers dont vous pouvez voir encore les listes d'appel collées sur les portes des chambres d'amis. Ces soldats ont fait beaucoup de dégâts ici. Au contraire, les Prussiens qui leur ont succédé ont été très *comme il faut*. Ils n'ont rien détruit et se sont contentés d'emporter la cheminée de mosaïque que le pape avait offerte à Joséphine pour *sa noce.* »

Ainsi nos vainqueurs, obéissant à un très chevaleresque sentiment, ont cru devoir respecter les lieux illustrés par la présence « du plus grand des hommes », du grand empereur, de leur plus terrible adversaire.

C'eût été, de la part de la famille Bonaparte, une

---

(1) Fleury de Chaboulon.

grande pensée de racheter la Malmaison, où se nouèrent et se dénouèrent les destinées du glorieux fondateur de la dynastie impériale. Mais comme on l'a dit : *les grandes pensées viennent du cœur*.

Et c'est ainsi que bientôt, grâce à l'ingratitude du parti napoléonien, ou du moins à sa coupable indifférence, le château de la Malmaison, dont nous avons tenté d'évoquer dans ces quelques lignes le passé historique, à travers l'inévitable émotion d'une impressionnante visite, va d'ici à peu de temps, sans doute, avec son admirable parc peuplé de souvenirs, tomber entre les dures mains des spéculateurs et devenir la proie des barbares (1).

* *

Pour l'instruction du lecteur, complétons cet article d'impressions personnelles par un rapide historique de la Malmaison, qui est située à 13 kilomètres de Paris, sur la route de Saint-Germain.

Le nom du village de la Malmaison provient, dit-on, de l'invasion des Normands au neuvième siècle. Les pirates y ayant séjourné quelque temps, et leur présence ayant été fatale aux alentours, le nom de la *mala mansia* resta à la localité.

En 1244, la Malmaison n'était pour ainsi dire qu'une grange dépendant de la commune de Rueil. Au quatorzième siècle, on voit ce fief rendre hom-

---

(1) La réalisation de cette attristante hypothèse n'est plus aujourd'hui à redouter, et l'époque désormais n'est pas éloignée ou la Malmaison, définitivement restaurée, deviendra le musée national des souvenirs du premier Empire.

mage à l'abbaye de Saint-Denis. En 1622, un conseiller au parlement de Paris, du nom de Perrot, en était seigneur et en portait le nom. La Malmaison devint successivement la propriété de la famille de Barentin, du contrôleur général de Séchelles, de madame Harens, qui y attire une société de lettrés et de philosophes, et de la famille le Coulteux, qui en était propriétaire à l'époque de la Révolution. En 1798, Joséphine de Beauharnais, devenue madame Bonaparte, acheta à le Coulteux la terre de la Malmaison, moyennant 160,000 francs.

Voici, à ce sujet, quelques renseignements intéressants empruntés au journal d'Isabey : « Madame Bonaparte habitait alors la petite maison de la rue Chantereine, qui avait appartenu à Talma ; mais le général, qui, un peu par calcul, désirait la solitude, voulant d'ailleurs se soustraire à la curiosité et aux importunités des solliciteurs, parla d'acheter une campagne dans les environs de Paris. L'ayant ouï dire, madame le Coulteux, avec laquelle j'avais de fréquents rapports d'intimité, me chargea de faire des ouvertures à madame Bonaparte au sujet d'une propriété qu'elle possédait près de Rueil. Celle-ci consentit à la visiter ; je l'accompagnai, et l'acquisition de la Malmaison fut faite sur l'heure même.

» Le château était loin de réunir les conditions d'élégance et de confortable que pouvait désirer la femme du général en chef de l'armée d'Italie ; les pièces étaient à peine meublées, et les murs dans un état de délabrement déplorable. Cependant, grâce au bon goût de la châtelaine, au talent de

Fontaine, les choses furent mises assez vite dans un état présentable. »

Devenue la propriété du prince Eugène, après Waterloo, la Malmaison fut achetée en 1826 par M. Haguerman, banquier suédois, qui la réduisit au cadre primitif qu'elle occupait lorsque Joséphine l'acheta à madame le Coulteux. En 1842, la propriété fut achetée par la reine d'Espagne, Marie-Christine, moyennant 500,000 francs, et enfin, en 1861, Napoléon III la racheta au prix un peu excessif de 1,600,000 francs. Quelques louables tentatives furent faites pour donner à la Malmaison sa physionomie consulaire.

Il fut même question de lui attribuer le rôle qui convient vraiment : celui de *Musée des souvenirs du grand Empereur.*

On y plaça quelques dessins originaux d'Isabey, et dans l'ancienne chambre du premier consul, on fit même transporter le lit sur lequel Napoléon était mort à Sainte-Hélène.

Mais l'Empire tomba ; le vent de la guerre et de la révolution souffla en France, n'épargnant pas même la Malmaison, qui avait changé de mains, et qui, lamentable épave, dernier débris de la fortune impériale, demeurait, parmi les ruines qui entouraient Paris, vide comme une maison pillée, au milieu de son parc bouleversé par les pieds des chevaux.

L'ARGOLLA

A Georges Lecomte.

C'est aujourd'hui, à dix heures du matin, qu'Alvarez Oliva, l'assassin du notaire Juan Ximénès, a été garrotté.

En bon touriste désireux de tout voir, j'ai assisté à l'exécution, et c'est à deux pas du lieu du supplice que je résume au courant de la plume les divers incidents de cette lugubre fête. C'est à dessein que j'emploie ici ce mot de fête, car pour l'étranger, débarqué ce matin sur la Puerta del Sol, Madrid était en joie, tout comme un jour de cérémonie royale à la vieille église d'Atocha ou des courses de taureaux dirigées par Mazzantini ou Guerrita. Les manolas n'avaient jamais été plus pimpantes. Leurs grands yeux noirs étaient humides de joie, et dans un frémissement d'éventails, au milieu de joyeux éclats de rire, elles s'en allaient par groupes à la sinistre *plaza del Aire puro*, nazillant les malaguenas à la mode, roulant des hanches, et bousculant les honnêtes maraîchers qui encombraient les trottoirs de monceaux d'oignons blancs, de piments rouges, d'aubergines violettes et de calebasses aux formes bizarres.

Montés sur de superbes andalous à la tête fine et busquée, aux jambes nerveuses, à la croupe massive, les jeunes élégants de la ville passaient au galop, finement gantés, comme s'ils allaient attendre au Retiro le passage de la berline du rêve.

Il était neuf heures du matin lorsque je quittai mon hôtel. Bien que la chaleur fut déjà accablante, je me décidai à faire à pied le trajet qui sépare l'entrée de la rue d'Alcala du lieu des exécutions.

A mesure que je m'approchais de la place de l'*Air-Pur* la foule devenait plus compacte. La circulation fut bientôt presque impossible, ce qui ne faisait qu'augmenter la gaîté des joyeuses filles de Madrid auxquelles des lignards espagnols, aussi galants que les nôtres, pinçaient amoureusement la taille cambrée.

Alors c'étaient des exclamations de fausse colère : « Vaya V. al demonô ! » et des éclats de rire sans fin, et des coups d'éventail qui faisaient rouler dans la poussière les casquettes à pompon.

Bientôt, la place du supplice m'apparaissait toute couverte d'une multitude houleuse d'où émergeait le mât blanc de l'échafaud.

Je m'approchai.

Sur un escabeau recouvert d'un voile couleur de neige brillait, comme une couronne d'acier, la garrotte, l'*argolla*, que le bourreau allait bientôt assujettir au poteau où devait s'adosser le patient.

Les derniers préparatifs furent assez longs; aussi me fut-il permis d'observer tout à mon aise l'emplacement funèbre où la curiosité m'avait poussé et d'étudier la physionomie de l'immense foule qui s'y pressait. Comme toujours et comme partout, les femmes étaient les plus nombreuses.

La place des exécutions, située en dehors de la ville, est très élevée, et l'air pur dont on y jouit ne peut qu'augmenter les regrets du condamné auquel on vient couper si brusquement la respiration. Les maisons, toutes de pauvre apparence, y sont clairsemées, ce qui permet aux amateurs de paysages classiques de contempler à leur aise les plaines jaunes et brûlées de la nouvelle Castille dont les montagnes bleuâtres de Guadarrama sont les horizons.

Le déploiement de forces militaires autour de l'échafaud était considérable. Je ne comptai pas moins de six détachements de divers corps. C'étaient des lanciers aux casques de cuivre à la prussienne, des gendarmes noirs aux buffleteries jaunes et aux parements blancs, des chasseurs bleus, des soldats de ligne, des miquelets aux bérets rouges.

La tenue martiale de ces hommes, presque tous vigoureux et beaux, m'a frappé.

« Mais quelle est donc cette clochette que j'entends tinter depuis déjà longtemps? » demandai-je à mon voisin, vieux paysan navarrais, qui, certainement, posa devant Gustave Doré, et qui, tout en mâchant un bout de cigarette éteinte, roulait entre ses doigts maigres et osseux les grains d'un rosaire.

« C est la clochette du quêteur, me répondit-il. Voyez plutôt. »

Je vis en effet s'avancer vers moi, à travers la foule, une sorte de sacristain, à mine chafouine, coiffé d'une calotte rouge et qui portait, pendue à son cou comme un orgue de Barbarie, une caisse verte assez semblable à une gigantesque tirelire et sur laquelle ces mots étaient écrits : *Paz y caritad.*

« Mettez y votre aumône, me dit le vieillard ; elle servira à faire dire des messes pour le repos de l'âme d'Alvarez Oliva. »

« Volontiers, mon brave. Tenez, voilà dix reales. Faites-en l'aumône pour moi. San Isidore ne m'en saura pas moins gré. »

La façon dont le vieux paysan me regarda est indéfinissable. Puis, au moment où je feignais de me retourner, je vis la pièce blanche se perdre dans les profondeurs de la veste navarraise. Pauvre homme ! Il en vivra pendant huit jours. L'Espagnol est sobre. Alvarez Oliva s'en portera-t-il plus mal ? Je ne le crois pas, car, pendant toute sa vie, le vieux paysan priera pour le repos de l'âme du coquin qui lui a valu une si bonne aubaine, et la prière du pauvre va droit à Dieu.

*
* *

Mais voici qu'un grand mouvement se fait dans la foule. Les soldats serrent leurs rangs et trois hommes se dirigent vers l'échafaud. Un seul y monte : c'est le bourreau. Il est maigre, de petite taille, et peut avoir quarante ans.

En attendant sa victime, il marche fiévreusement, le front bas et les mains derrière le dos.

Entre temps il s'arrête, s'éponge le front, puis regarde l'*argolla*, d'un air préoccupé. Ne dirait-on pas qu'il se méfie de la solidité des vertèbres d'Alvarez, et qu'il craint de ne pas gagner sa prime...

La foule, tout à l'heure si bruyante, est devenue silencieuse. Quelques visages de femmes pâlissent et l'on devine qu'une angoisse immense oppresse toutes les poitrines.

Un roulement sourd se fait entendre. C'est la voiture de mort. Elle s'arrête au pied de l'échafaud, et bientôt le condamné franchit péniblement les douze marches de l'escalier funèbre en s'appuyant au bras d'un prêtre. Un autre prêtre marche devant, portant très haut un énorme crucifix, vers lequel le patient cherche à soulever sa tête hébétée par la terreur.

Alvarez Oliva n'a pas encore vingt-cinq ans, et l'on pensait généralement que la sauvage énergie dont il avait fait preuve dans l'exécution de son crime, jointe à sa vigoureuse jeunesse, l'auraient rendu fort devant la mort.

Mais il n'en est rien, et c'est vraiment trop demander à un misérable qui, depuis quarante-huit heures, connaît le sort qui l'attend et voit, au milieu des chants funèbres de la chapelle de la prison, passer devant ses yeux des défilés sans fin de visions sanglantes.

Cette obligation, pour le condamné, d'assister, pendant les deux jours et les deux nuits qui précèdent son exécution, aux séries de messes, de prières, de *De profundis*, chantés pour le repos de son âme, par ses compagnons de détention, me semble atroce, et je retrouve vraiment là les derniers vestiges du farouche mysticisme espagnol dans son inconsciente cruauté.

Debout sur une légère élévation qui domine l'échafaud, je pouvais observer tous les détails de la dernière scène du drame.

Le condamné se remit lui-même machinalement aux mains du bourreau.

Ce dernier le fit asseoir au pied du poteau auquel il le ficela solidement, puis il lui lia les pieds et les mains. Tout cela sans se presser et avec la nonchalance pleine de dignité qui caractérise le fonctionnaire espagnol dans l'exercice de son ministère.

On n'entendait plus un murmure dans la foule. Pendant que l'un des prêtres appuyait le crucifix sur les lèvres du patient, l'autre, penché à son oreille, lui murmurait des paroles de consolation et d'espérance.

Mais la victime n'écoutait plus, son visage inexpressif était d'une pâleur de cire, et ses yeux, qui se promenaient vaguement sur la foule, semblaient déjà brouillés par la mort.

Il eut un tressaillement lorsque le bourreau lui passa le carcan autour du cou et je m'aperçus que sa bouche se contractait. Un voile blanc jeté sur sa figure vint à temps me cacher ses traits.

Puis l'exécuteur donna deux ou trois tours de vis à l'instrument de mort.

Les vertèbres du cou craquèrent, le corps fut agité par un long tremblement spasmodique, les bras se retournèrent en dehors, les jambes prirent une direction oblique.

Alvarez Oliva était mort.

Les prêtres ôtèrent poliment leurs bonnets carrés, comme pour saluer l'âme au passage, et le bourreau enleva le voile qui recouvrait la tête du cadavre.

Le visage, si pâle quelques minutes auparavant, était d'un bleu foncé ; la langue pendait tuméfiée hors de la bouche et les yeux sanglants avaient jailli de leurs orbites.

La tête était légèrement inclinée sur l'épaule droite et la mitre noire à croix blanche qui la recouvrait semblait prête à tomber.

La foule s'écoula en silence pendant que deux gendarmes se postaient, l'arme au bras, au pied de l'échafaud, où le cadavre devait demeurer exposé jusqu'à huit heures du soir, heure à laquelle la corporation des pleureuses viendrait s'en emparer pour le conduire au cimetière des suppliciés, au milieu d'un concert de lamentations aiguës et prolongées comme le *you, you, you,* des femmes arabes.

FIGURE DE PRINCE

A Gaston Calmette.

Ah! ce fantastique et lamentable équipage dans lequel nous escaladâmes les échelles de Cattaro par une belle fin de journée du dernier printemps... Deux petits chevaux monténégrins aux maigreurs de chèvre, mais d'une étonnante ardeur de race, emportaient notre voiture, calèche des époques lointaines, venue on ne sait d'où, et dont les pièces disjointes tenaient l'une à l'autre par des nœuds de corde. Perché sur le siège, le conducteur, un grand diable à moitié vêtu de loques éclatantes, excitait ses chevaux par des cris rauques et prolongés, des claquements de fouet, des coups de revolver tirés en l'air. Et les petits chevaux, les naseaux en feu, galopaient sur les pentes raides, franchissant les zones boisées, pleines de fraîcheur, et où poussent follement, dans un superbe désordre de végétation primitive, les noirs cyprès, les figuiers géants, les grenadiers aux fleurs sanglantes... Puis, voici la région poudreuse et chauve des aloès et des figuiers de Barbarie.

A mesure que nous zigzaguons sur le terrible escarpement, la végétation se fait plus souffreteuse, puis bientôt agonise et meurt dans un léger parfum de sauge, de thym et de lavande. Et la nuit descend lumineuse et douce, et nous assistons au rapide envahissement, par les ombres premières, des flancs de la montagne que chaque jour l'Autriche hérisse de forts et de fortins, où l'on voit se profiler les silhouettes de ses soldats bleus. Le golfe de Cattaro n'est bientôt plus qu'un gouffre effrayant de ténèbres transparentes au fond duquel reposent les longs steamers blancs du Lloyd, pareils, pour nos yeux emplis de vertige, à des mouettes endormies sur les eaux calmes.

★
★ ★

Halte d'une heure à Njégous (Niégouch), petit village monténégrin situé à mille mètres au-dessus de Cattaro, lieu d'origine de la famille régnante ! Le temps de laisser souffler les chevaux, de manger une tranche de jambon cru et deux œufs sur le plat... C'est le traditionnel menu du lieu. Nous repartons à dix heures. Nous serons à Cettinjé à une heure du matin. L'air est zébré de lucioles et la lune s'épanouit dans un ciel plein d'étoiles, enveloppant la montagne de son large et radieux sourire d'or. Plus de longues côtes à gravir, mais des pentes courtes et rapides suivies de profondes descentes jusqu'aux lits desséchés des torrents. Cette course folle dans un pays dont nul écrit ne peut rendre l'étrange aspect, surtout sous la clarté lunaire, nous impressionne vivement. La succession ininterrompue des vallées sombres, des mornes aux blancheurs d'ossements, des rocs surplombants aux arêtes aiguës, aux silhouettes géantes, cette fuite dans l'absolu silence nous font croire, par instants, que nous traversons les flots monstrueux d'une mer tumultueuse soudainement pétrifiée, ou bien encore un paysage lunaire.

A une heure du matin, nous faisions notre entrée dans Cettinjé !

Au milieu de la vaste plaine où elle reposait paisiblement dans la lumière douce de cette belle nuit de printemps, la capitale de la principauté, avec ses petites maisons à un étage, sa double rue en croix, nous apparut comme un de ces grands villages picards dont Cazin excelle à exprimer, avec une si pénétrante précision, le sommeil crépusculaire. Pas un bruit, si ce n'est, à de courts intervalles, le hurlement d'un loup chassant dans les montagnes qui encerclent la plaine et où se dresse la silhouette géante du Lochven. Il porte déjà comme couronne le monument de Pierre II, le héros slave, dont l'inauguration aura bientôt lieu au milieu de chants de triomphe qui se répercuteront jusque dans les monts de Bosnie et d'Herzégovine en y faisant tressaillir les cœurs.

Quelques hommes, la ceinture chargée d'armes qui luisent aux rayons de la lune, passent comme des ombres devant l'hôtel où nous sommes descendus. Leurs *opankés*, légères chaussures de cuir de chèvre à pointes recourbées, semblent frôler à peine le sol. Ils ne marchent pas, ils glissent. Et cette impression de silence que nous ressentons lors de notre arrivée au cœur même de la Tsernagore, nous l'éprouverons pendant tout notre séjour dans ce pays étrange, lors même que les rues de Cettinjé seront pleines de promeneurs attendant le passage des princes et des princesses, pour les saluer respectueusement...

*
* *

Le prince régnant!... Il s'avance au pas de son cheval blanc, son cheval favori, saluant familièrement d'une main, avec l'aisance d'un parfait cavalier. Il se dirige vers le fond de la plaine, vers la petite prairie verte, où les jeunes princes Danilo et Mirko et les princesses Hélène, Anna et Xénia, celle-ci d'une royale beauté, se livrent aux douceurs du tennis, au milieu du corps diplomatique qui fait cercle et marque les coups. Le dur vainqueur de Mouktar et de Mahmoud-pacha, le fier cavalier d'*Urbica*, dans les veines duquel coule « le sang de feu » de Mirko Petrowitch, tient d'ailleurs en fort médiocre estime ce jeu, d'importation anglaise, où l'homme est souvent vaincu par la femme. Et parfois, faisant soudainement irruption dans les rangs des joueurs affolés, il se plaît à enlever son cheval par-dessus les barrières de filet qui séparent les deux camps, puis, au galop, il disparaît dans les gorges sauvages des montagnes, pendant que les joueurs, familiarisés d'ailleurs avec ces fantaisies équestres, reprennent la partie interrompue.

Et cependant le prince Nicolas, malgré sa stature géante, sa force herculéenne, sa passion des virils exercices, et bien que sa jeunesse ait été arrosée du sang des ennemis vaincus et trempée au feu des batailles, n'a que l'aspect extérieur de ces guerriers gothiques auxquels on l'a trop souvent comparé, sauvages rivaux de Barberousse, dont l'âme ne s'éveillait et ne vivait que dans l'âcre vapeur des carnages.

Ce prince, qui ne sortit jamais l'épée du fourreau que pour défendre l'indépendance du Monténégro menacé, et qui depuis plus de trente ans n'use de sa puissance absolue que pour le bien de son peuple, rendant lui-même la justice en plein air, sous un arbre, comme saint Louis et le Négus d'Abyssinie, est, en même temps qu'un guerrier terrible, un poète au cœur tendre, à l'imagination enflammée, celui peut-être de tous les poètes de race slave dont la voix est aujourd'hui la plus écoutée et dont les accents éveillent le plus d'espérances.

Il terminait ses études à Paris, au lycée Louis-le-Grand, lorsque mourut son oncle Danilo, auquel il succéda. C'était en 1860. Pendant son séjour dans le vieux lycée de la rue Saint-Jacques, il avait appris notre langue qu'il parle toujours avec la plus grande pureté, mais il avait appris aussi à aimer la France. Et il le prouve d'ailleurs, avec une joie bien sincère, aux Français qui gravissent la terrible montagne de pierre où se dresse son trône et au pied de laquelle tournoient, menaçantes, les aigles noires de l'Autriche.

* *
*

L'œuvre poétique du prince Nicolas, peu connue en France, et d'ailleurs manuscrite encore en grande partie, est lyrique et dramatique. Mais de tous les drames écrits par le prince-poète, le plus célèbre dans les pays slaves, le plus justement populaire, est la *Vierge des Balkans*, composé au lendemain de la terrible guerre de 1876 contre les Turcs, et dont le prologue, d'une fière éloquence, est une généreuse et courageuse apologie des vertus de la femme monténégrine. Qu'on en juge par ces courts extraits :

. . . .

« O Monténégrines, je vous bénis ! vous qui gardez si profondément au cœur l'amour de la Patrie, qui nous avez accompagné sur tous les champs de bataille, et qui ne portez qu'à la fin des combats le deuil de ceux qui ont péri.

» Dans vos touchantes complaintes vous célébrez la mort des héros, et vous nous encouragez à d'autres exploits.

» Harassées, affamées, les pieds ensanglantés par les dures roches, les vêtements en lambeaux, vous vous glissez devant nous, sur les frontières de la patrie menacée, pour nous porter des munitions et des vivres.

. . . .

» Au milieu de l'épaisse fumée de la poudre et des

incendies, tout près de la Croix, symbole de notre liberté, j'ai vu briller vos angéliques figures, nos sœurs ! et, me livrant à l'élan de mon cœur, j'ai voulu chanter vos vertus, vos sacrifices, vos efforts, votre amour ardent pour la patrie...

» Mon imagination a rencontré sur les bords de la Zeta une femme ayant au cœur le même idéal que vous. J'ai mis dans sa bouche vos travaux et vos vertus. Je l'ai fait vivre dans mes vers, telle que je l'ai vue dans mon rêve, afin qu'elle serve d'éternel modèle aux jeunes femmes monténégrines... »

. . . .

Par le haut exemple de sa vie privée, par ses conseils familiers, par le soins qu'il apporte à la création d'écoles de filles dans les districts les plus éloignés de la principauté, par ses écrits, le prince Nicolas s'efforce, avec une noble constance, de relever, aux yeux du Monténégrin, cet être infortuné dont il fait sa femme, et dans lequel il ne voit trop souvent qu'une bête de somme, un instrument de travail. On a pu dire, avec vérité, que pour la femme tsernogortse, sa naissance est son premier malheur, sa mort son premier bonheur. Pendant notre séjour dans la principauté, aussi bien dans les rues de Cettinjé que sur les frontières d'Albanie, il ne nous a jamais été donné de voir un Monténégrin sortir avec sa femme. L'audacieux mari qui se montrerait en telle compagnie s'exposerait au plus humiliant des ridicules. Il évitera même de lui accorder un regard et de la saluer s'il passe à côté d'elle. Nous aurons assez appris sur l'esclavage moral de l'infortunée Monténégrine en disant que, dans la Montagne-Noire, la parenté des femmes n'est reconnue en aucun cas.

C'est contre ces mœurs barbares, contre cette lâche ingratitude de l'homme vis-à-vis de la femme, que le prince Nicolas réagit seul avec une infatigable énergie, mais non sans obtenir déjà d'heureux résultats, malgré l'aveugle résistance des traditions séculaires.

Comment, d'ailleurs, lutter contre la paternelle autorité du plus libéral, du meilleur et du plus philosophe des princes? Comment ne pas s'attendrir à la douloureuse musique de ces strophes où le poète-souverain tresse, avec des rimes d'or, une couronne éblouissante à la pauvre femme injustement dédaignée, à l'héroïque combattante de 1876, telle que l'a peinte Cermak dans l'émouvant tableau qui orne le grand salon du palais de Cettinjé, et qui, dédaigneuse des périls, suit l'homme sur tous les champs de bataille, écrasée sous le poids des vivres et des munitions, déchirant ses pieds nus aux arêtes tranchantes des pierres, puis s'agenouillant au milieu des balles auprès des blessés qu'elle secourt, et creusant de ses propres mains des tombeaux pour les morts !

Une des grandes œuvres du prince Nicolas, qui depuis 1860 a tant fait pour son pays, est une œuvre de cœur, l'œuvre d'un grand cœur. Il aura relevé vers le ciel le front de la Monténégrine et mis dans les yeux, pleins d'ombre, de la malheureuse esclave, la lumière du soleil.

7.

*
* *

Puis, à côté de ces poèmes dramatiques, parfois trop chargés de longueurs descriptives un peu fatigantes, mais toujours illuminés d'éblouissantes splendeurs, ce sont des chants lyriques d'allure rapide, sonores comme des appels de clairon, et où passent, visions épiques, les figures des héros d'autrefois : de Pierre, de Danilo, de Mirko Petrowitch...

Aujourd'hui, le prince Nicolas, au milieu des doux loisirs que lui laisse une paix prolongée, vient de terminer une suite de poèmes guerriers, véritables hymnes tyrtéens, pour les troupes de chaque district. Chaque bataillon aura ses refrains de combat. Et, d'ici peu de jours, lorsqu'on inaugurera solennellement, sur le sommet du Lochven, au milieu des délégations accourues de toutes les régions de la patrie slave, le tombeau monumental du fondateur de la dynastie des Petrowitch, c'est en chantant les strophes enflammées du prince que ceux de Cettinjé, de Trébinjé, de Rieka, d'Antivari, de Kolasin, de Podgoritza, de Nicksic, de Danilograd, de toute la verte vallée de la Zeta, escaladeront en brandissant leurs armes la montagne sacrée, observatoire géant d'où l'on peut voir les montagnes arides d'Herzégovine, pleines de mystérieuses menaces et de confuses espérances. Ce sera un beau spectacle que celui de ces milliers de guerriers superbes, agenouillés dans un ruissellement de rayons, autour du tombeau du héros.

Et les vieux aux lourdes moustaches blanches, les survivants de Grahovo et d'Urbica, aux vestes constellées de médailles, ceux qui, au lieu du long revolver d'acier, portent encore à leur ceinture l'antique kandjiar à la riche poignée d'ivoire, écouteront, surpris, monter vers le ciel les chants des jeunes guerriers où nul appel de haine ne se fera sans doute entendre contre *le Turc odieux*, menacé lui aussi par l'aigle à deux têtes,

.... Aquila grifagna
Che per più divorar due becchi porta,

dont le vol vers Salonique n'est arrêté que par les pics aigus de la Montagne-Noire.

Qui sait si l'ennemi héréditaire ne sera pas l'allié fraternel de demain et le fidèle compagnon des champs de bataille ?

L'histoire des peuples est pleine de subites et déconcertantes évolutions, et, en un jour, les haines éternelles de races s'apaisent devant le commun danger.

LES RÉSIGNÉS

A Henri Rochefort.

Parlons un peu des pêcheurs côtiers, de ces pauvres diables dont on s'occupe vraiment trop peu, et qui, jour et nuit, par les temps les plus durs, sous les cieux les plus inclements, s'en vont, dans leurs barques fragiles, à travers les larges houles, les courants perfides et les récifs sans nombre, gagner le pain noir de la vie, sans que jamais aucune lueur d'espoir n'éclaire leur misère et leurs perpétuelles inquiétudes. Ignorants de tout (je parle surtout des pêcheurs bas-bretons que je connais davantage), stoïquement cloîtrés dans leur résignation fataliste, l'âme jusqu'ici fermée à toute idée de sort meilleur, ils peinent, souffrent et meurent en silence.

J'ai pensé qu'une simple et vivante peinture, faite en pleine nature, de ces victimes, si fièrement résignées, de la dure loi du travail, arrêterait un instant l'attention de quelques-uns de ces ardents propagandistes humanitaires, qui jusqu'ici ont peut-être un peu trop exclusivement consacré leurs efforts à la défense des intérêts de corporations prolétariennes assez fortement organisées pour exposer elles-mêmes les raisons de leurs revendications.

Aucun syndicat professionnel ne relie les forces éparses de nos pêcheurs côtiers ; aucune organisation sociale ne les soutient dans leur lutte pour la vie. Ces laborieux n'ont même pas le salaire quotidien, leur travail n'est pas régulièrement rémunéré, et ils vont à la pêche comme à une table de jeu, toujours tourmentés par l'incertitude du gain et ayant toujours, devant leurs yeux ouverts sur l'horizon mystérieux des flots, la double et sombre vision d'une mort prématurée ou d'une vieillesse misérable.

Que le lecteur me suive un instant. Je vais, d'un pas rapide, le conduire d'où je viens, le cœur encore serré par le spectacle navrant des souffrances entrevues.

J'ai choisi de préférence, pour faire ce triste pélerinage au pays de la misère et du deuil, les premiers jours de l'année, l'heure où Paris en fête étale toutes ses richesses et fait rire toutes ses joies au milieu des lumières et des fleurs.

Parti de la gare Montparnasse à huit heures du soir avec quelques amis, j'étais à Lannion à sept heures du matin. Une voiture nous conduisit rapidement de la ville à la mer, à travers une campagne poudrée de givre, sous un joli ciel d'un vert délicat, zébré de longs scarrus d'or et troublé seulement par les croassements des corbeaux et le vol silencieux et mou des vanneaux.

Le décor où se passe le drame est d'ailleurs merveilleux.

Qu'on se représente, vue d'une haute colline fleurie d'ajoncs, comme en plein mois de mai, la mer toute parsemée d'écueils sur lesquels rêvent de noirs cormorans. A gauche, de l'autre côté de l'estuaire de la rivière de Lannion, s'allongent, à perte de vue, les côtes du Finistère, d'où s'élèvent dans un brouillard perlé, léger comme une vapeur de lande, les clochers de Locquirec, de Saint-Jean-du-Doigt, de Plougasnou, et ce délicieux Kreisker de Saint-Pol-de-Léon... A droite, c'est l'infini des flots d'où surgissent les phares de Primel, du Triagoz, de l'île aux Moines.

Au pied de la colline, une anse profonde où doucement se balance toute une petite flottille de bateaux à l'ancre.

Et un joli soleil d'argent, un froid soleil, jette son brillant manteau de lumière sur cette mer pâle, sur ces rochers noirs, sur les landes fleuries.

De-ci, de-là, sur les flancs des collines, dans les anfractuosités des roches, au pied des falaises, disséminées parmi les landes et les bruyères, des maisonnettes de chaume, presque toutes à moitié détruites par les assauts furieux des vents d'hiver... C'est dans ces abris froids et tremblants que nichent les familles des pêcheurs. Que de misères j'ai entrevues dans ces tristes demeures, où vivent ensemble, presque toujours dans un dénuement lugubre, attendant anxieusement l'absent, ou ne l'attendant plus, l'aïeule, la mère et les enfants !

Voici dans une de ces masures, accroupis devant l'âtre ou brûlent, avec une épaisse fumée, quelques mottes de terre de bruyère, neuf enfants à peine vêtus. Au moment où j'entre, la mère se dispose à sortir. Elle a les jambes nues et tient à la main une lourde pioche. Son mari, un des plus vaillants de Trébeurden, est en mer, au delà des roches de Primel, où il fait la pêche. Elle va lui chercher de la boette. « C'est un bien dur métier pour moi, mon bon monsieur, me dit-elle avec un sourire triste, car je crois que je suis bien malade, puisque je ne cesse de tousser et de cracher du sang. Le médecin me dit bien de ne pas aller à l'eau, mais il faut que tout ce petit monde mange. » Et d'un signe de tête elle indique les neuf enfants accroupis dans les cendres, et qui, les mains blotties sous leurs haillons, me regardent avec de grands yeux étonnés.

Elle partit, la malheureuse mère, et, longtemps je suivis du regard ce spectre de la misère.

Je la vis traverser la lande, sa lourde pioche sur l'épaule, et cassée en deux par l'impitoyable toux dont elle va bientôt mourir. Puis elle s'arrêta, releva sa jupe en loques, et, enfoncée jusqu'au ventre dans la vase glacée, elle se mit au travail.

Je pourrais multiplier ces navrants tableaux, dont la vision me poursuit sans cesse depuis mon retour.

Parfois, il me semble que je sors d'un rêve douloureux, d'un cauchemar dantesque et que ces misérables, dont je viens de toucher du doigt les souffrances, ne sont que vaines apparences, des ombres doucement plaintives « ... vues à l'extrémité d'une rive escarpée, que forment de grandes pierres rompues et entassées en cercle ».

Sans doute le père travaille. Parfois même, les lignes, les filets et les casiers sont lourds de poisson. Mais le plus souvent, depuis quelques années surtout, les journées sont mauvaises. Pour des causes encore inexpliquées, certaines espèces de poissons et non les moins précieuses, les sardines, les rougets, les dorades, les bars... deviennent de plus en plus rares, et les bénéfices annuels des pêcheurs de nos côtes ne dépassent guère une moyenne de 6 à 700 francs. Le rapport consultatif des pêches maritimes donne d'ailleurs à ce sujet de très intéressants détails. Mais vraiment, est-ce là un salaire assez rémunérateur pour une profession aussi héroïquement exercée et aussi périlleuse ?

Ajoutez à cela la perte continuelle des agrès, des engins de pêche, l'usure des bateaux, la détérioration rapide des vêtements et l'entretien d'une famille presque toujours très nombreuse pour des raisons physiologiques connues, et vous aurez bien vite une conception très nette de l'état social misérable de nos braves pêcheurs.

*
* *

Voilà le mal, où est le remède ? La découverte en est bien facile, plus facile sans doute que l'application, car ici, comme dans la question des assurances sur la vie, le législateur (disons le député) se trouve en présence d'un auxiliaire puissant, d'un personnage actif et remuant, dont le concours lui est toujours utile et précieux pour la réalisation de ses ambitions politiques. J'ai nommé l'*intermédiaire*. C'est dans l'action de cet agent placé entre les consommateurs et les pêcheurs que réside la cause principale de la misère de ces derniers.

Aux infatigables travailleurs, aux pères de famille qui, à travers mille dangers, poursuivent, pendant leur vie errante et ballottée, des gains aléatoires, les privations, les angoisses, les souffrances... aux âpres exploiteurs, les lourds bénéfices dans le calme de la vie satisfaite.

Voulez-vous avoir une juste idée des exactions dont les pêcheurs sont les victimes? Assistez à l'une des ventes à la criée qui se font dans nos ports de pêche. Bien vite, vous aurez compris que les rares acheteurs qui se présentent à ces ventes sont les représentants de commissionnaires de Paris, qu'entre eux ils tombent secrètement d'accord sur les prix à fixer et qu'une entente préalable met bien vite fin aux enchères. Puis le poisson passe par diverses mains, et comme le constatait dernièrement le *Board of Trad*, pour l'Angleterre le prix est déjà doublé lorsqu'il arrive sur les marchés intérieurs où il subit bientôt une majoration considérable de la part du détaillant.

Par les intermédiaires, le pêcheur est donc dépouillé de la presque totalité de la rétribution qui devrait lui revenir.

Cette odieuse exploitation ne peut prendre fin que

par l'intervention de l'État, agissant avec assez d'autorité paternelle et de persuasion, pour obliger les patrons de barque à se liguer dans la défense de leurs intérêts vitaux. Car ici il est bien inutile, croyons-nous, de compter sur l'initiative parlementaire. A quoi bon, en effet, ont dû maintes fois se dire nos honorables députés, s'intéresser à une classe de travailleurs que les agitations de la politique laissent impassibles et qui semblent accepter leur triste sort avec une si parfaite résignation ?

***

Une petite histoire pour finir.

La scène se passe au large de Trébeurden, pendant la terrible tempête du 20 novembre dernier, vers une heure de l'après-midi. Un trois-mâts-goélette norvégien, Famelienne, jaugeant 148 tonneaux, se débat dans les hautes vagues, au milieu des écueils, désemparé de son mât d'artimon. Il va au gré de la tempête, n'ayant pour toute voilure que son petit foc. Impuissant à serrer le vent, il court avec une allure folle de vaisseau fantôme sur les roches à fleur d'eau qui gardent l'entrée de la rivière de Lannion et dont aucune balise ne signale la dangereuse présence. Pas de bateau de sauvetage. La population consternée assiste au drame du haut du promontoire où passent les rafales furieuses.

« On ne peut cependant pas laisser se noyer ces malheureux sans chercher à les sauver, dit le garde maritime. Y a-t-il ici des gens de cœur ? »

« Présent ! » répondent plusieurs voix. Et trois

hommes, trois pauvres pêcheurs, s'élancent vers une barque minuscule, une coque de noix.

Ils sont partis dans la tempête.

Voici les noms de ces héros : François-Marie-Carré, le patron de la barque ; François-Marie Briand et Joseph Tallégas.

A eux trois, ils ont vingt-deux petits enfants.

Ils ne peuvent réussir à aborder le navire en détresse, mais à l'aide de cris et de signaux désespérés, ils décident le capitaine à établir les quelques voiles qui lui restent, et à *piquer* dans le vent pour éviter la pointe de Céar, où tant de marins ont trouvé la mort. Le navire et son équipage sont sauvés.

Comme prix de leur héroïque conduite, le capitaine norvégien leur remit 15 francs. Le brave homme pouvait-il faire davantage?

Certes, la gratification était bien maigre, mais les sauveteurs se déclarèrent satisfaits ; n'avaient-ils pas rempli leur devoir? Et puis c'était, pour les petits, du pain assuré pendant plusieurs jours.

FLANERIE ÉLYSÉENNE

A Fernand de Girardin.

Aux hypocondriaques, aux pessimistes, aux désabusés, aux soucieux,... je conseille, par ces beaux premiers jours de printemps, par ces matins clairs, et ces couchants dorés, un pèlerinage à l'Arc-de-Triomphe, un pèlerinage à pas lents, avec un bon cigare aux lèvres et les yeux grands ouverts.

Je viens de la refaire cette divine promenade et j'en suis encore tout ravi, comme d'une excursion dans une contrée magique baignée de lumière glorieuse et pleine de sourires, de caresses et de parfums.

*
* *

A l'horizon, là-bas, au bout de la route élyséenne d'où descend, avec un bruit sourd, vers la ville, dans la chaude clarté du soleil mourant, le flot miroitant des voitures, s'élève lourdement, violet sombre sur fond d'or, l'Arc-de-Triomphe,

Monceau de pierre assis sur un monceau de gloire

dont l'arche colossale, dans le flamboiement du couchant, semble une porte ouverte sur l'embrasement de tout un monde. Et dans cette clarté d'apothéose, comme au milieu d'un gigantesque cadre, je crois voir apparaître, calme et grave, la figure de l'Empereur, pendant que chantent dans mon souvenir ces vers du poète :

> Lève-toi jusqu'aux cieux, portique de victoire,
>   Que le géant de notre gloire
>   Puisse passer sans se courber !

*
* *

Puis la vision s'efface, et, les yeux encore pleins d'ombre, je regarde autour de moi.

Ce ne sont qu'essaims attardés d'enfants délicieux, roses et blancs, aux yeux innocents et lumineux, s'ébattant joyeusement dans la poussière, sous la garde de grandes belles filles, aux lourdes épaules, superbes sous leur couronne de soie et leur long manteau royal.

Parfois l'une d'elles ouvre brusquement son corsage, d'où jaillit, dans toute sa splendeur neigeuse, un sein gonflé de lait et veiné de bleu comme un marbre de Tenos. Et l'enfant boit avidement en torturant les plis du manteau, pendant que la femme fixe le vide de ses yeux de ruminant pleins de vagues songeries.

Je vous le dis, en vérité, cette promenade est pleine de tableaux variés et charmants.

Autour des nounous placides, sous les grands marronniers, dont les silhouettes, brodées de feuilles naissantes, se profilent avec une infinie douceur sur le ciel bleu, courent, crinières au vent, toutes roses et halètantes, de grandes fillettes aux robes courtes et aux jambes fines. Elles ont à la fois le joyeux abandon de l'enfance et la grâce troublante de la femme. Elles paraissent surprises du regard charmé qu'on leur jette, et alors s'arrêtent un instant, toutes rêveuses, avant de reprendre brusquement leurs courses folles. Leurs yeux chastes et brillants sont comme des fleurs printanières humides de rosée, fleurs exquises de ce jardin, fleurs bleues, fleurs vertes, fleurs noires, où brille une candide lueur d'âme qui en est le parfum.

Puis ce sont les professionnelles divertisseuses, dont les yeux, fleurs très expressives, évoquent dans l'esprit du promeneur prédisposé au rêve, l'idée d'un parc d'orchidées aux formes inquiétantes, de fleurs du mal :

> Voici le lot des orchidées
> Que l'on croit d'abord possédées
> De Belzébuth et d'Asmodées (1).

Et comme en un songe traversé de visions chastes, héroïques et perverses, on monte, à travers ce jardin des yeux, jusqu'à l'Arc-de-Triomphe toujours baigné d'or et sur lequel *la Guerre* de Rude fait claquer ses larges ailes et pousse éternellement son cri formidable.

(1) Raoul Ponchon.

LES GLAS

A Frédéric Plessis.

La petite chambre d'où j'écris ces lignes est percée d'une assez large fenêtre ronde, et, j'aperçois, comme en un cadre circulaire, mouillée à l'entrée de la baie de Paimpol, la flottille des pêcheurs d'Islande. Les fines goélettes arrivent chaque jour des mers brumeuses et froides, alourdies par le poids des milliers de morues entassées dans leurs flancs. La pêche a été bonne.

J'en compte vingt-cinq qui s'allongent là sous mes yeux, toutes noires sur la mer bleue, la coque couverte d'algues et de coquillages. Encore sept et l'escadrille sera au complet. Et c'est plaisir de voir leur clair pavillon flotter sous l'azur pâle du pays natal !

Pour se rendre à la ville, les pêcheurs traversent le petit sentier, bordé de ronces et de chèvrefeuille, qui court devant ma maisonnette.

Ils portent de très longues barbes, ont le teint

rouge, marchent avec un fort déhanchement causé par le roulis incessant de six mois de mer, et dont une prochaine ivresse va briser la pesante régularité. Car de ce pas rapide ils se rendent chez l'armateur qui, avant la livraison définitive de la morue à Bordeaux ou à La Rochelle, va leur verser un premier acompte sur le prix du gain de la saison. Aussi, ce soir, les cabarets de Paimpol seront-ils pleins de cris et de chansons, et le cidre frais coulera à grands flots dans ces gosiers brûlés par l'eau-de-vie du bord et desséchés par l'odeur âcre de la saumure. Pauvres diables !

Cette alléchante perspective les rend tout joyeux. Une ivresse prématurée semble déjà les envelopper, et tout en hurlant en bas-breton des chants de joie, ils esquissent des entrechats qui font trembler la terre sous le choc de leurs lourdes bottes.

*
* *

Mais à leur gaîté bruyante se mêle tout à coup une note triste, effroyablement triste, et qui semble venir de loin, de très loin. C'est comme un appel plaintif.

Puis cette note lugubre s'accentue, se précise. Une cloche sonne la mort.

Le bruit vient tout à la fois maintenant de Paimpol, de Ploubazlanec, de Plouézec, de Kérity, de Plounez... de toutes les communes du canton.

Les glas se confondent à travers l'espace pour monter vers le ciel en une seule plainte d'une infinie mélancolie qui serre le cœur.

Les chants des pêcheurs s'arrêtent brusquement. Les navires à l'ancre, les nuages qui glissent lentement, les rochers, les arbres, l'impitoyable mer... semblent écouter dans une douloureuse stupeur.

Je ne crois pas avoir jamais éprouvé dans ma vie une impression plus angoissante que celle que je ressentis en entendant gémir à travers l'espace toutes ces tristes voix qui pleuraient ensemble les cinquante marins des deux goélettes : la *Marguerite* et *Notre-Dame-de-la-Ronce*, à jamais engloutis dans la tombe froide des mers d'Islande.

Ces glas sonnés à la fois par toutes les cloches des communes du canton de Paimpol, et qui s'échappaient comme un immense sanglot du cœur même de ce pays de deuil et de misère, sont en quelque sorte la consécration officielle du double sinistre.

Jusqu'à ce jour on essayait d'espérer encore. Aujourd'hui tout espoir a fui.

Les malheureuses veuves ne graviront plus, accompagnées de leurs petits, le sommet des falaises pour interroger le mystérieux horizon, la main en visière sur leurs yeux en larmes. Elles vont revêtir le lourd capuchon noir et s'agenouiller mornes au bord des tombes éternellement vides.

Les cloches ont dit leur chant de mort.

UN SAUVETAGE

A Guy de Courcy.

J'ai raconté quelque part la terrible aventure de ce petit mousse de quatorze ans, que les pêcheurs de Ploumanach virent un matin, au our naissant, rentrer au port, conduisant lui-même sa barque, pendant que son grand-père, attaché au mât, droit comme une statue et blanc comme un marbre, semblait le regarder fixement de ses grands yeux ouverts, troubles et vides, ne faisant d'autres mouvements que ceux qu'imprimait à tout son corps le balancement du bateau.

L'enfant *souquait* ferme, visiblement désireux d'aborder le plus tôt possible.

Pendant la nuit de pêche, au large, au-delà des *sept îles*, le vieillard était brusquement tombé au fond de sa barque, raide mort, sans pousser un cri, en levant un *caster* trop lourd.

L'enfant, tout d'abord effrayé, s'agenouilla près

de son grand-père, et dit une courte prière. Puis, après avoir solidement lié avec des cordes le cadavre au grand mât, il saisit de ses mains frêles les lourds avirons, et, malgré le double voile que faisaient à ses yeux la nuit et les larmes, réussit à gagner le port à travers les récifs et les courants.

Comme il n'avait plus de mère, que son père dormait pour toujours *là-bas*, au fond de la mer d'Islande, et que son unique frère venait de se noyer en faisant la pêche au homard dans les parages de l'île de Sein, il fut immédiatement adopté par un brave pilote très pauvre d'écus, mais riche en enfants : « Un de plus, un de moins... »

。·。

Ce lugubre épisode de la vie des pauvres pêcheurs m'est revenu à la mémoire en lisant, il y a quelques instants, dans un petit journal de Bretagne, l'entrefilet suivant, que nulle feuille parisienne ne reproduira sans doute :

« Nos plus vives félicitations à Yvon le Brézellec, patron de *la Langouste*, du port de Guermeur, qui, pendant la tempête de la nuit du 7, s'est porté tout seul au secours du nommé Yves-Marie le Floch, de Kergoat, dont l'embarcation venait de sombrer. Grâce à l'intrépidité de le Brézellec, Yves le Floch a été sauvé. Mais, hélas ! la mer voulait une victime, et, malgré toute la diligence mise par le Brézellec dans l'opération du sauvetage, le fils le Floch, enfant de douze ans, qui accompagnait toujours son père à la pêche, a péri pendant cette nuit terrible.

» D'ailleurs, lorsque le patron de la *Langouste* put aborder le rocher où s'était réfugié le Floch, le fils de ce dernier était déjà décédé. Il reposait inerte entre les bras de son père, et le vaillant le Brézellec dut se contenter d'embarquer le cadavre du pauvre enfant, qui dormira du moins en terre sainte.

» Nous espérons qu'on saura se souvenir en haut lieu de la conduite, si digne d'éloges, du courageux patron. »

. . . .

J'eus bien vite flairé sous cette pesante phraséologie une lugubre histoire, un de ces drames navrants, si fréquents à cette époque de l'année sur les côtes sauvages de la Basse-Bretagne, et dont les humbles héros n'ont, la plupart du temps, pour témoins que les oiseaux des mers, qui passent effarés dans la tempête, et les rochers noirs impassibles sous leurs ruissellements d'écume.

Très désireux d'en connaitre tous les détails, j'en ai demandé le récit à Yvon le Brézellec lui-même, qui est un de mes bons amis de là-bas. Voici sa lettre :

« 14 décembre 1892.

« Je vais vous dire, cher monsieur, ce que vous désirez savoir sur ce qui s'est passé dans la nuit du lundi 7 de ce mois, dans le passage des *Fillettes*, les rochers les plus rosses de ma connaissance.

» Il était onze heures du soir environ. La mer était démontée, et le vent soufflait de l'Est si fort, que ma pauvre baraque en craquait. Comme je ne pouvais pas dormir, je me levai, je jetai un fagot d'ajoncs secs dans la cheminée, et je me mis à fumer ma pipe en regardant flamber le foyer.

» C'est bien fâcheux, allez, monsieur, d'être seul dans ces moments-là. C'est alors que je songe à mes deux fils, enterrés là-bas, en Chine, et à ma pauvre femme, morte de chagrin de ne pas les voir revenir. Et puis, voyez-vous, on se fait vieux et on devient triste.

» Cependant la mer grondait avec tant de violence que je me décidai à sortir, par rapport surtout à mon bateau, et afin de bien m'assurer qu'il ne chassait pas sur son ancre. Ah! monsieur, quel épouvantable charivari! J'en ai vu un peu dans tous les pays du monde, mais pas de plus réussi que celui-là. Je faillis être renversé en sortant. Et, avec cela, nuit noire. Pas une étoile au ciel. Des vagues énormes venaient se briser contre *la Pierre rouge*, et enveloppaient ma cabane d'embruns.

» Parfois j'étais obligé de me tenir à quatre pattes, pour ne pas être enlevé et cogné contre les cailloux.

» Je pus constater avec plaisir que *la Langouste*, quoique très secouée dans la petite anse de Penglaz, où elle dansait comme une bouée de liège, était solidement fixée. Cependant, par mesure de prudence, je crus devoir doubler l'amarre de son tangon. Puis, voyant que je n'avais rien à faire dehors, par ce temps de chien, je reprenais la route de *Castel-Brézellec*, quand tout à coup j'entendis, au milieu de la tempête, une voix qui appelait au secours. Les cris, portés par le vent d'Est, venaient du côté des *Fillettes*.

» Vous savez, monsieur, que j'en ai vu de toutes les couleurs et que le père Yvon est dur à remuer. Mais en entendant, au milieu de cette nuit noire et froide, ces appels désespérés, parfois prolongés comme les cris d'un chien qui hurle à la mort, je sentis mon dos se glacer.

» Que faire? J'étais tout seul et la mer était horrible. Si encore mes deux cousins, Pierre et Jean-Marie le Troadec, avaient été là! Ce sont de vaillants gars, durs à la fatigue et braves comme des lions. Mais à cette heure ils étaient à Saint-Malo, à vendre leurs homards. Et puis, je ne sais vraiment si je leur aurais conseillé de risquer leur belle jeunesse dans une nuit pareille.

» Mais le malheureux qui se noyait là-bas criait si fort, que cela me serrait le cœur, et je m'embarquai. D'ailleurs, ma vieille peau ne risquait pas grand'chose, et je n'avais vraiment aucune raison de vivre, puisque mes deux enfants étaient morts, et que ma pauvre femme était allée les rejoindre.

» Avant de décrocher l'ancre, je recommandai mon âme au bon Dieu, à la sainte Vierge, et à tous les saints du paradis, je mis une chique dans ma bouche et... embarque !

» Je commençai d'abord par attraper, en travers

de *la Pierre au corbeau*, un paquet de mer qui faillit me faire chavirer. J'en fus tout étourdi, et je lâchai du coup un de mes avirons, qui flotte encore. Mauvais début. Il ne me restait plus qu'à godiller. C'est ce que je fis après avoir enlevé ma vareuse et craché dans mes deux mains.

» Cependant les appels devenaient plus pressants mais aussi plus faibles. Cela me donnait du courage.

» Après avoir trimé comme un malheureux, pendant près d'une heure, après avoir miraculeusement évité *les Clous*, *les Ormeaux*, *les Haches*, *le Moisi...*, toutes ces pestes de roches, qui, brusquement surgissaient à mes côtés, dans la nuit, je pus prendre le courant du *croix-chenal*, qui devait, sauf accident probable, me conduire en une demi-heure aux *Fillettes*. Mais j'étais aveuglé par la mer et par le vent, et mon bateau s'emplissait d'une façon inquiétante.

» En ce moment, je me crus irrémédiablement perdu, et une espèce de peur me prit qui me fit me diriger vers la roche de Roc-hir, qui était à deux longueurs de bateau et que la mer ne recouvre jamais. Mais, comme si le naufragé avait deviné ma mauvaise pensée, il se mit à crier plus fort. On eût dit un dernier appel dans lequel il avait mis tout ce qui lui restait de vie.

» Allons, mon vieux le Brézellec, pensai-je comme ça, il n'y a pas à flancher. Il faut aller jusqu'au bout.

Et je continuai. Cependant, je sentais mes forces

qui mollissaient et je commençais à regretter ma démarche (*sic*) inutile.

» Les appels étaient devenus si faibles que je les entendais à peine. Sans doute que ce serait fini quand j'arriverais. Cette pensée me mettait la gueule à l'envers. Alors, pour donner du courage au pauvre diable et pour le faire patienter un peu, je me mis à crier de toutes mes forces : « Tiens » bon, mon vieux ! me voilà ! Tiens bon ! Tiens » bon !... »

» Enfin, j'y suis. Il était temps. Le rocher sur lequel s'était réfugié le pauvre bougre était déjà balayé par la marée montante. Il s'y accrochait à grand'peine, ayant de l'eau jusqu'aux épaules. D'une main il soulevait le corps inerte d'un enfant. Il ne pouvait plus appeler au secours, car la mer lui emplissait la bouche à chaque coup qu'il criait. C'était pitié de voir les vagues les secouer tous les deux et les cogner contre le rocher.

» Ce n'est pas sans peine que je pus accoster ce maudit caillou. Je ne demandais pas mieux que de sauver ces pauvres gens, mais je ne voulais pas non plus endommager *la Langouste*.

» Je suis Yves-Marie le Floch, de Kergoat, me cria l'homme. Sauve-moi pour l'amour de Dieu !

» Et moi, lui dis-je, je suis Yvan le Brézellec, de Guermeur, et tu serais le diable en personne, que je ne te laisserais pas dans ce vilain trou !

» Bon, les voilà tous les deux au fond de la barque le nez dans l'eau.

» Cependant l'enfant ne bougeait pas, et son père

qui ne cessait de crier : « Yan bihen ! Yan bihen ! » (petit Jean ! petit Jean !) était couché près de lui, le serrait dans ses bras, comme pour le réchauffer, et ne cessait de l'embrasser. Tout à coup il se mit à genoux et commença à s'arracher les cheveux en disant : « Oh ! mon petit Jean est mort. Il est mort, il est mort. Je n'avais plus que lui. Il ne bouge plus. Il est froid... »

» Moi, je ne disais rien, mais je sanglotais en godillant, car tout cela me chavirait le cœur et me faisait penser à mes pauvres enfants. Ah ! malheur de malheur, monsieur !

» Mais, c'est pas le tout ! Il fallait revenir. Cré nom d'un Bleu, quel tabac ! Cette fois le vent marchait contre nous. Eh bien, nous sommes arrivés tout de même.

» Ces coups-là, voyez-vous, monsieur, se font une fois.

» Enfin, me voilà dans l'anse de Penglaz. J'amarre solidement *la Langouste*, qui est à moitié pleine d'eau, et je débarque mon triste chargement. Le Floch, saisi par le froid, avait perdu ses sens.

» Je les portai l'un après l'autre dans ma cabane, où j'allumai un grand feu.

Le Floch ne tarda pas à revenir à la vie. Mais son désespoir était si grand que j'avais presque du remords d'être allé le chercher là-bas.

» Lorsque je le vis un peu plus calme, je lui demandai comment cet *accident* était arrivé. Alors, il m'expliqua qu'il était parti de bon matin pour tâcher de sauver ses *casiers*, mouillés du côté de

Rouzick, car la tempête menaçait. Il avait réussi à les embarquer tous et il revenait très satisfait de son expédition, lorsque le coup de vent annoncé éclata. Il était alors par le travers de la baie de Tomelin (vous savez, là où il y a tant de courlis et de hérons sur les îles).

» Il avait un bon petit bateau qui tenait bien la mer. Mais le vent soufflait en tempête et les vagues étaient énormes. Tous ses casiers furent bientôt emportés. Un coup de vent plus violent cassa le mât qui, en tombant, frappa violemment son fils à la tête. L'enfant fut renversé et depuis ne bougea plus.

» En le voyant tomber, me dit Le Floch, j'avais lâché la barre et je m'étais jeté sur lui ; mais le bateau ne gouvernant plus, fut pris en travers par une lame et cogné sur une des *Fillettes,* où il se brisa. Je me trouvai tout d'un coup à la mer avec mon enfant dans les bras. Je nageai du côté de la roche la plus rapprochée et c'est de là que je poussai ces cris que vous avez entendus. Du moins le corps du petit reposera en terre sainte et ne sera pas mangé par les congres et les crabes... »

» Et le malheureux homme recommença de pleurer, que ça faisait mal.

» Je le verrai toujours, agenouillé près de mon lit sur lequel j'avais allongé petit Yan dont les yeux étaient restés ouverts et qui était raide comme un merlan gelé.

» J'ai fini mon histoire, monsieur, j'espère que vous en connaissez assez. Cependant, je suis à votre disposition et je vous salue en me disant, au respect que je vous dois, votre très humble serviteur.

» Yves-Marie le Brézellec. »

. . . .

A peine ai-je fait à ce simple récit quelques légères retouches nécessitées par la tournure quelquefois trop bretonne de certaines phrases, d'une étonnante fantaisie orthographique, et aussi par la couleur trop violemment réaliste de plusieurs expressions locales.

DANS LE PASSÉ

A Henry Eon.

Minuit sonne à la lourde horloge de l'auberge. Tout dort autour de moi. Je n'entends que le cri flûté des crapauds, le hululement aigu des chouettes qui se poursuivent dans la falaise, le ruissellement monotone et plaintif des vagues sur les galets, et le ronflement terrible de mon voisin de chambre.

J'arrive, tout couvert de poussière, d'une longue excursion à travers les campagnes et le long des grèves.

Oh! comme cela est bon de marcher seul sur la terre natale, à travers les haies silencieuses, sous les vieux arbres qui vous tendent paternellement leurs branches tordues, et de revoir à la lueur des étoiles se profiler dans la lande, espacés comme de monstrueuses sentinelles, gardes inutiles d'un passé que rien ne défend plus, les menhirs moussus où rêve la chouette, noire dans la nuit, et immobile comme un oiseau de pierre.

Dans cette dernière course, j'ai vu de curieuses choses, des maisons de la fin du quinzième siècle, belles à ravir, mais recouvertes à moitié par la lèpre du lierre, et prêtes à s'écrouler faute de soins et d'entretien. Plusieurs servent de refuges à des fermiers immondes, et les vaches ruminent sur un lit de fumier, dans l'ombre des oratoires. Puis de jolies églises aux clochers sveltes et ajourés et qui, pour la plupart, dérivent très visiblement du kreisker de Saint-Pol-de-Léon, comme ceux d'Andalousie de la Giralda de Grenade. De toutes ces églises échelonnées, depuis l'entrée de la rivière, de Morlaix jusqu'à Lannion, il n'est, à proprement parler, que celle de Saint-Jean-du-Doigt qui renferme des trésors d'art de valeur — œuvres en vérité fort remarquables et dont l'exposition obtint un si grand succès dans la section rétrospective du Trocadéro, en 1889. — Mais il n'est pas rare de rencontrer dans ces chapelles et ces églises bretonnes, dont plusieurs appartiennent à la fin du treizième siècle, des peintures sur bois d'une incontestable originalité, compositions anonymes, qu'exécutèrent avec plus de ferveur naïve que de science du métier les artistes locaux, humbles, primitifs Bretons dont les noms ne seront sans doute jamais découverts, même par les plus perspicaces historiens de l'art. De toutes ces peintures, presque toujours d'une touche très légère et d'une sorte de décoloration mystique, deux m'ont surtout frappé par leur exécution assez définie et par la naïveté charmante de l'idée.

La première, qui décore un des autels de la petite chapelle de Kergrist, près de Lézardrieux, représente la *Cuisine de la Vierge*.

Pendant qu'Itron Varia (Madame Marie) donne le sein à l'Enfant Jésus, qui boit avec une avidité assurément très fatigante pour sa mère, trois archanges, aux larges ailes multicolores, donnent tous leurs soins à la préparation d'aliments destinés à réconforter la Vierge :

« Pâle éternellement d'avoir porté son Dieu. »

Et ce sont, je vous l'affirme, de solides aliments fort appréciés de nos nourrices bretonnes.

L'un des anges, penché sur le feu, remue délicatement, à l'aide d'une fine baguette, une épaisse bouillie de sarrazin, l'autre coupe de larges tartines, le troisième empile des crêpes sur une assiette. Enfin, pour que la petite fête soit complète, un quatrième ange prélude à ces substantielles agapes en jouant de l'accordéon.

La deuxième peinture, qui figure dans l'église de Lockémo, est d'une composition plus simple. Elle représente le *Sommeil de la Vierge et de saint Joseph*. Les deux personnages sont étendus côte à côte dans un lit de forme bretonne. Mais l'étroitesse de la couche rend nécessaires des enlacements d'un très singulier effet. Les visages des deux dormeurs expriment une joie paradisiaque. Un cierge brûle à côté de la couche. Comme on le voit, la peinture symbolique n'est pas née d'hier.

* *

Pour la plupart des touristes, un voyage en pays breton se résume en une série de stations sur quelques-unes des plages à la mode, disséminées entre l'embouchure de la Loire et celle de la Rance, en une excursion éventée à la pointe du raz ou à Saint-Guénolé, en une partie de barque sur la jolie rivière de l'Odet, et en une promenade mélancolique, au clair de la lune, à travers les alignements de Carnac. Certes, je ne médirai pas de toutes ces haltes pittoresques, si justement vantées par les *guides*, et dont j'ai rapporté moi-même de délicieuses et inoubliables impressions.

Mais aujourd'hui, après une nouvelle excursion à travers ma vieille Bretagne, j'ai pu facilement constater qu'au contact journalier du voyageur des villes, le caractère moral de l'habitant du littoral s'est profondément altéré, tout aussi bien d'ailleurs que le costume et le langage. Pour bien pénétrer aujourd'hui l'âme bretonne dans toute sa fraîcheur native, dans toute sa sauvage candeur, il faut s'écarter des bords trop fréquentés de la mer et s'enfoncer résolument au cœur même du pays, dans les monstrueuses cascades pétrifiées de Saint-Herbot, sur les crêtes désolées de la *Montagne du Feu* et des monts d'*Arrez*, à travers les ombres humides du *Bois de la Nuit*...

C'est là, dans ces solitudes, que nous rencontrons encore, loin du grelot de la bicyclette et du rauque soupir de l'automobile, l'homme aux larges braies et aux longs cheveux, dont notre présence assombrit soudainement le visage, et la belle fille aux yeux doux couleur *fleur de lin* qui rougit sous la persistance de notre regard et dédaigne de répondre à notre salut.

Plus de gamins morveux qui, la main tendue, suivent les voitures en faisant claquer leurs sabots et en criant d'une voix presque impérieuse : « Eur gwennek ! Eur gwennek !... Un sou, un sou. » mais de petits bonshommes aux mines hautaines ou rêveuses qui, perchés sur des rochers comme des cormorans, ou groupés au pied d'un vieux calvaire moussu, vous regardent sans un mot, sans un geste, immobiles et muets comme les saints personnages de pierre alignés sur les bras de la croix.

Evidemment pour tout ce monde, le voyageur qui passe est comme l'avant-garde de l'armée ennemie, le pionnier de la civilisation envahissante, dont le cercle de fer se rétrécit chaque jour, détruisant tout, nivelant tout, fauchant la fleur de bruyère, et les chênes géants, rasant les landes et les forêts, broyant les menhirs et les dolmens, pour en faire de solides moellons et des pierres tumulaires (voir les démolitions du Huelgoat) éventrant les jolies collines où frissonnent des forêts de fougères, asservissant les hommes...

C'est avec le même regard plein d'inquiétude et de sombre colère, que les habitants de ces calmes solitudes durent voir apparaître autrefois, sur les cimes des montagnes noires, les éclaireurs de Publius Crassus.

*
* *

Un saint bien curieux, que ce saint Herbot, dont l'ermitage, une très belle église du seizième siècle, s'élève dans un joli petit bois, un vrai bois sacré, au pied d'une des montagnes les plus élevées de la chaîne d'Arrez.

Je m'en voudrais beaucoup de ne pas faire connaître ici la vertu miraculeuse de ce bienheureux. Le pouvoir de saint Herbot consiste à guérir les bêtes à cornes. C'est assez dire que sa clientèle est considérable.

En temps d'épizootie son intervention est triomphante et c'est l'époque où sur son autel se dressent, saignantes et puantes, au milieu des essaims de mouches, des pyramides de queues de vaches. Car, sous peine de voir mourir sa bête, le paysan qui l'a vouée à saint Herbot doit, aussitôt sa guérison accomplie, trancher à l'animal délivré son appendice caudal et le déposer, avec un prière, aux pieds de la statue du saint. Ce sont les honoraires du bienheureux vétérinaire.

Les prières montent au ciel et les queues restent entre les mains du curé de la paroisse, qui, à la fin de l'année, les vend en bloc et en retire, m'a-t-on dit, une somme suffisante pour l'entretien de son église... et de son presbytère.

MEETING D'INDIGNATION

(INSTANTANÉ)

A Edouard Ragu.

Foule énorme. On s'écrase. La salle de réunion, où d'habitude on danse, est parée de drapeaux grecs et français. Fini les drapeaux russes.

« Vive la Grèce ! »

Dans une vaste tribune, très élevée, trop élevée, et où se tient d'ordinaire l'orchestre du bal, s'entassent les journalistes et les orateurs inscrits.

L'effrayant remous populaire qui m'a porté de la rue sombre et houleuse dans cette salle baignée de lumière, pleine de couleurs, de cris et de senteurs fortes, se prolonge ici encore avec de larges oscillations, des chocs violents, d'où montent des rires, des miaulements, des coins coins de canards, des cris aigus de femmes trop comprimées, femmes aux chignons lâches, aux ongles noirs, aux aisselles puantes...

Silence !

Un orateur est à la tribune. Il est jeune, tout jeune, fort pâle, presque chauve, porte un lorgnon et d'une main tremblante agite un papier.

« Au nom de la jeunesse des Écoles, crie-t-il d'une voix grêle et étranglée, je viens protester avec toute l'énergie de ma conscience indignée contre l'abominable et monstrueuse attitude du gouvernement !... »

« Bravo ! Vive la Grèce ! Conspuez Hanotaux ! Zut pour l'Europe ! Vive l'anarchie ! A l'eau le Sultan ! Coin coin ! »

La soirée s'annonce fort bien. Ecoutons.

Mais le succès oratoire du petit étudiant pâle est si grand, qu'il ne peut poursuivre le développement de ses fulminants anathèmes, et bientôt ruisselant de sueur, étranglé par une patriotique indignation, il s'affale sur sa chaise, comme écrasé sous le poids de l'enthousiasme un peu ironique de la foule.

Mais en voici un autre, également tout jeune. Vingt ans à peine. Il parle au nom du groupe des étudiants collectivistes, et il parle bien. La voix est pleine et vibrante, le geste coupant et impérieux, l'accent convaincu et le port de la tête très classique.

Ah ! il en dit de dures « au misérable gouvernement de la troisième république » et à « l'infâme coalition des capitalistes internationaux. »

« Vive l'Internationale ! » clame une voix.

« Vive l'escadre internationale ! » clame une autre voix.

Tumulte général. « A la porte l'opportuniste ! »

On se bat. Intermède de cinq minutes. Voici la paix revenue.

L'orateur continue, puis conclut en rejetant sur la société capitaliste la responsabilité de tous les massacres passés, présents et futurs...

Je demande le nom de ce jeune homme de vingt ans, qui, avec une réelle puissance oratoire, a su, pendant près d'une demi-heure, dominer le tumulte de la plus houleuse des assemblées. « C'est Monzie, » me dit-on.

Voilà, pensai-je, un futur ministre.

Mais un autre orateur tout jeune encore, imberbe et plein d'assurance, se campe à la tribune. Il lit, d'une voix blanche et dans une attitude renversée, un petit papier. Et, au milieu de l'immense rumeur de la foule redevenue bruyante, on finit par comprendre qu'il est délégué par le groupe des étudiants catholiques pour protester contre les atrocités commises par le sultan rouge, avec la complicité de l'abominable gouvernement qui déshonore la France...

« Hou, hou ! Vive la Crète ! Miaou ! Conspuez le Gouvernement ! A bas les jésuites ! »

Ce dernier cri a été jeté dans le bruit par une voix rude et forte.

Je regarde l'interrupteur. C'est un homme du peuple de cinquante à soixante ans, à la barbe et aux cheveux presque blancs, aux joues maigres, au front large et pensif, à l'expression énergique mais un peu découragée. Le type de l'insurgé de

Juin, du combattant du clos Saint-Lazare et de la barrière Saint-Denis, du revenant de Nouka-Hiva.

Il a vu M. de Falloux à l'œuvre. Il le retrouve encore.

Son cri inattendu demeure sans écho et cause même une sorte de surprise. « D'où vient-il, celui-là, » semblent dire les regards !

Au délégué du groupe catholique succèdent les délégués des groupes antisémites et des études sociales. Et c'est toujours la même protestation indignée contre les crimes odieux commis avec la complicité du gouvernement de la République.

« A bas les Juifs ! Vive la sociale ! A bas les Calotins ! A bas les Francs-Maçons ! Vive la Grèce ! »

« Vive l'Alsace-Lorraine ! Vive la Russie ! » crie une voix isolée.

Silence glacial. Cependant, aucune protestation ne s'élève.

Et je songe aux inoubliables fêtes, encore toutes récentes, à l'universel enthousiasme, aux acclamations populaires qui saluaient le passage de ces deux jeunes souverains, venus confiants au milieu de nous, et dans la visite desquels nous ne voulions voir que le gage définitif de l'alliance nécessaire, que la consolante promesse d'une prochaine guérison, de la patrie toujours saignante.

Pauvre peuple, ton jugement ne naîtra donc jamais que de tes sensations ?

Imprudent patriote, ne répète plus ici ce cri de : « Vive la Russie ! » Il t'en cuirait.

« La main aux Grecs ! Sus aux Turcs ! Vive la

Crète et en avant ! Advienne que pourra ! Gloire aujourd'hui aux héroïques descendants des Botzaris, des Miaoulis, des Diakos, des Canaris...

« Canaris ! Canaris ! . . . . ! »

*
* *

Par la voix des orateurs les plus accrédités des parlottes du pays latin, la jeunesse française, jeunesse catholique, apostolique et romaine, antisémite et collectiviste, internationaliste, etc., etc., a fait connaître au peuple assemblé toute l'indignation que lui causait l'attitude du gouvernement dans la question d'Orient.

« Voici le tour des professionnels du Palais-Bourbon.

« Jaurès ! » hurle la foule.

A défaut de Jaurès qui s'est fait excuser, on entend divers orateurs de moindre importance dont plusieurs « royalistes fidèles ou ralliés sincères, » tous très empressés à prendre contact avec le bon peuple. De leurs lèvres tombent sans cesse, douce rosée, les mots de *liberté*, de *fraternité universelle*. Leurs gestes bénissent, leurs bras s'ouvrent en croix, comme pour embrasser l'humanité tout entière.

Tour à tour ils exaltent les vertus du peuple, flétrissent habilement le pouvoir *républicain*, contraignant par la subtilité de leurs sophismes la foule aveugle à les applaudir, affirment leurs convictions socialistes, puis, fidèles aux prescriptions du programme romain, soufflent la haine, en paroles ardentes, enveloppant dans un même anathème les protestants, les francs-maçons, les libre-penseurs et surtout le Juif maudit, l'Iscariote légendaire, à la déplorable imprévoyance duquel ils doivent cependant ce Dieu, dont ils exploitent la douloureuse effigie avec une ferveur si grande et si productive de terrestres avantages.

Et les applaudissements de retentir, et les bravos de saluer les brûlantes périodes.

L'enthousiasme est indescriptible. La salle est chauffée à blanc.

Le trépignement des pieds a soulevé la poussière du plancher qui monte en épais nuages, estompant les figures, adoucissant les lumières, voilant les yeux, irritant les gorges, flottant dans l'atmosphère chaude avec l'odeur forte des haleines, et les âcres et fortes senteurs des pipes et des sueurs abondantes.

A la lecture de l'ordre du jour le délire populaire se manifeste sous les formes les plus surprenantes. C'est d'abord une immense clameur, faite de trois mille voix hurlantes, et où l'oreille attentive finit par percevoir des exclamations très imprévues et dont le rapprochement, l'amalgame, ne donne qu'une très confuse idée de l'unité des sentiments.

Près de moi un citoyen s'époumonne à crier : « Vive Boulanger ! » pendant que son voisin, très raisonnablement, et avec un accent convaincu, lui vocifère à l'oreille que Boulanger est mort.

N'importe, il continue de pousser son cri de résurrection.

Que voulez-vous, c'est son opinion à lui, et il y tient.

Puis, ce sont des : « Vive l'anarchie ! » « Vive la Crète ! » « A bas la Patrie ! » « Vive la Sociale ! » « Vive l'Internationale ! » « A bas les Juifs ! » « Vive le drapeau rouge ! » « A bas les calotins !... » Et les figures se congestionnent, les masques grimacent, rageusement, les yeux sont traversés de lueurs farouches, les mains se crispent sur les cannes.

Par Pallas Parthénos, que va-t-il se passer ?

O douce et sainte fraternité des âmes !

*
* *

Mais les lumières s'éteignent. Les portes s'ouvrent toutes grandes. Comme un fleuve agité la foule se répand dans la rue. Le ciel est plein d'étoiles.

Un ciel de fin d'hiver, de commencement de printemps, d'un bleu triste et pâle doux et calmant.

Le long des trottoirs s'alignent les noirs bataillons des sergents de ville et des compagnies de gardes républicains, dont les buffleteries blanches se détachent comme des croix mortuaires dans la nuit. Et tout cela est d'un aspect sinistrement imposant.

Dans les carrefours piaffent les chevaux des cavaliers impassibles et tout prêts à charger, à massacrer, à trouer des poitrines, à fendre des crânes, sur un simple signe de leurs chefs.

Cependant tout s'apaise, comme par enchantement, sous la lumineuse et douce caresse du ciel et devant le calme inquiétant des soldats.

Les informateurs courent à leurs journaux, les orateurs à l'abreuvoir des brasseries, les mouchards à leurs rapports, et la cohue un peu déconcertée des manifestants se perd dans la grande foule indifférente et vaguement curieuse, pendant que les camelots clament d'une voix traînante :

— « Alli! Allo! »

« ou le bain de pieds du député musulman »

. . . .

« Achetez la chanson du jour. »

Mars 1897.

CHEZ LES PAÏENS

A Jean Ajalbert.

Au soleil couchant, quand l'horizon se teignait de lueurs d'or et de sang, je m'oubliais à contempler, par delà des lieues de mer, le pays étrange où je vis aujourd'hui. Il m'apparaissait, dans les lointains incendiés, comme une sorte de contrée féerique, à l'aspect lunaire, faite de sable blanc et de rochers noirs aux monstrueuses silhouettes, et que rendait encore plus sinistres l'horreur des souvenirs, car en montrant du doigt les horizons où s'allongeaient ces grèves étranges, les braves habitants de Trébeurden vous disent, avec une émotion visible : « C'est là-bas le pays de Brignogan, le pays des *pagons* (païens), des pilleurs d'épaves qui, la nuit, pendant les tempêtes, attiraient les navires vers les rochers de la côte, en faisant marcher sur la grève des vaches aux cornes desquelles étaient fixées des lanternes allumées, puis massacraient les équipages et les passagers ». Et ce sont des récits sans fin sur ces scènes horribles, de fantastiques descriptions du pays et des fortunes léguées par les naufrageurs à leurs descendants...

« Une fois, me dit un vieux sardinier, un coup de vent d'Est me surprit par le travers des rochers de Primel et m'obligea à relâcher dans la baie de Goulven, tout à côté du pays des païens. C'était justement un jour de Pardon. Ah ! si vous aviez vu ça, monsieur. Toutes les jeunes filles étaient habillées comme des princesses. Leurs châles, leurs jupes, leurs tabliers étaient faits avec des étoffes inconnues dans nos pays, et à leurs oreilles brillaient des anneaux enrichis de diamants qui, bien sûr, avaient été enlevés à des doigts coupés. Et, croyez bien, monsieur, ajoutait le vieux pêcheur, que la provenance de toutes ces richesses est moins lointaine qu'on ne pense. Ce pays de Brignogan est maudit et je tremble pour les navires marchands qui, aujourd'hui encore, naviguent le soir, sans pilote, en vue des rivages de ces mauvaises gens. »

*
* *

Tous ces effrayants récits m'avaient donné une forte envie de faire un séjour au pays des terribles *pagons*. J'y suis, et, ma foi, je m'y trouve fort bien.

Un petit train-tramway (inauguré il y a quinze jours à peine) m'y conduisit, de Landernau, en une heure environ, à travers un pays charmant, à la fois sauvage et riant. Le petit train roule, un peu à la diable, à travers les landes et le long des vallons fleuris de digitales et de menthes sauvages, écrasant parfois une vache affolée, parfois une vieille paysanne, hypnotisée en pleine voie par la brusque irruption de la civilisation soudainement apparue sous une forme si inattendue.

Et Brignogan?

Un délicieux pays en vérité : de longues grèves où, sur un sable blanc et soyeux, reposent, parsemées dans un désordre pittoresque, des roches superbes. D'un côté, de belles moissons dorées d'où monte vers le ciel le chant joyeux des alouettes, et de l'autre, l'infini de la mer coupé par le vol aigu des mouettes.

Et les flots éternels, et les blés qui vont mourir, se regardent, séparés à peine par quelques mètres de sable et quelques touffes de chardons bleus, avec des frissons d'or et d'azur.

Et les habitants?

De très braves gens, ma foi, aux figures douces et franchement souriantes, aux mœurs paisibles, travailleurs infatigables et chrétiens très fervents, comme il convient à des électeurs de Mgr d'Hulst. Nous voici donc bien loin des païens d'autrefois, « aux origines mauresques », et des écumeurs de mer redoutés.

Sans doute, les jours de fêtes, les jeunes filles sont encore habillées « comme des princesses », et dans le cours de mes visites à travers les fermes du pays, j'ai plusieurs fois été surpris par la forme bizarre de certains meubles, faits de débris de navires, et sur lesquels se lisent encore des inscriptions en langue anglaise...

Mais ce sont là de vieilles histoires... et je proteste de toutes mes forces contre les mauvais bruits qui circulent encore aujourd'hui sur ces excellents Brignoganais, mes amis.

* *
*

A mon arrivée ici, j'ai trouvé le pays en grand émoi. Une très visible inquiétude flottait sur Brignogan. En voici la cause :

Depuis quelque temps, pendant leurs courses de nuit au large, alors qu'ils *lignaient* la dorade ou louvoyaient à travers les bouées de leurs casiers, les pêcheurs entendaient pleurer dans l'ombre une voix humaine. C'était comme l'appel plaintif d'une mère qui cherche son enfant. Parfois ces cris s'élevaient si déchirants, que les pêcheurs s'en effrayaient et rentraient précipitamment, abandonnant leurs casiers et leurs lignes. Et la peur réelle qu'éprouvaient ces gens, que rien n'épouvante, gagna tout le village.

Or, voilà que tout dernièrement le vieux Yan Kerbic, en allant, au premier jour, visiter ses *filets*, dans la baie de Goulven, entendit, tout près de lui, pleurer la voix, et, de ses yeux agrandis par la peur, il vit une forme humaine, noire et luisante, se tordre dans les mailles. Épouvanté, il revint en courant à Brignogan, disant à qui voulait l'entendre qu'il avait pêché une négresse.

Plus de doute, c'était « la pleureuse ». Un grand rassemblement se forma sur la place du village, et, après de longues délibérations, les plus hardis se dirigèrent vers le filet que la marée montante commençait déjà à recouvrir. Sans même le débarrasser des algues mortes dont il était rempli, ils le saisirent à pleines mains, et, avec une allure précipitée, le traînèrent sur le rivage.

Peu à peu, la foule, accourue de toutes parts, se familiarisa avec l'immobilité du filet, et bientôt le vieux Yan Kerbic, revenu de sa frayeur, en retira un être bizarre, roidi par la mort.

Le pêcheur osa même le tenir dans ses bras, comme un petit enfant.

Il avait une tête quasi humaine, ornée d'une épaisse chevelure, sorte de crinière frisée. Pas de bras, mais de grandes nageoires palmées qui s'articulaient aux épaules, et semblaient de larges ailes La poitrine, lisse et douce, avait des rondeurs féminines, mais la partie inférieure du corps se couvrait de larges écailles et se terminait en queue de poisson.

Que faire de cette créature inquiétante ?

« C'est peut-être bien tout de même une femme d'un pays des mers du Sud qui se sera perdue ici », hasarda un ancien baleinier, qui, pendant de longues années, avait battu les côtes du Groenland. Puis il ajouta : « Ces femmes-là ne sont pas faites comme les nôtres, mais ce n'est pas une raison pour les manger. Je propose donc que nous l'enterrions ici même, dans le sable. »

Bientôt le corps de la petite sirène reposait au milieu des fenouils et des chardons bleus, et quelques vieilles femmes s'agenouillaient, le rosaire aux doigts, près du tumulus de sable fin sur le sommet duquel une main pieuse avait naïvement fixé une minuscule croix de bois.

* * *

Voilà la narration fidèle de la capture, de la mort et des funérailles de la sirène de Brignogan. Je n'invente pas, je ne suis que l'écho fidèle du récit que vient de me faire Yan Le Gouvernnec tout en réparant les mailles de son filet « crevé par des rosses de marsouins ».

Qui sait si d'ici à quelques années une jolie fleur de légende, que cueillera en passant un poète attendri, égaré dans les dunes de Goulven, ne fleurira pas sur la tombe de la petite sirène ? Car dans ce bon pays, naïf et croyant, la légende règne encore en gracieuse souveraine, berçant l'éternel sommeil des grands rochers noirs, pleurant au fond des bois murmurants, se jouant avec les flots sur le sable, voltigeant autour des « clochers à jour ».

Voulez-vous que je vous en conte une ? celle du lys :

Elle date du bon temps de Jean IV, duc de Bretagne :

A cette époque vivait au Folgoat, tout auprès de Brignogan, un homme appelé Salaün, idiot de naissance. Taciturne et solitaire, il fuyait le monde pour vivre au milieu des bêtes, au fond des bois. On le voyait souvent perché à la cime d'un grand arbre, et il s'y laissait balancer par le vent en murmurant des litanies, et en chantant de pieuses chansons dont l'éternel refrain était *Ave Maria, Ave Maria...*

On ne le connut bientôt plus que sous le sobriquet du Fol-coat (le fou du bois).

Or, il advint qu'un jour, en se promenant à travers la campagne, le duc Jean vit un lys superbe, blanc comme neige, qui sortait du sol en parfumant l'air autour de lui. « Vite, dit il à un de ses chevaliers, enlevez-le de la pointe de votre épée, ce beau lys, sans blesser ses racines, et mettez-le en terre dans le jardin du château. » Et le chevalier de creuser le sol.

Mais, ô surprise, la fleur sur la corolle de laquelle étaient écrits en lettres d'or ces mots : *Ave Maria*, avait pris racine dans la bouche même de Salaün, dont le corps gisait mort à cet endroit.

Le duc Jean s'agenouilla devant la fleur miraculeuse et fit élever à cette place la belle basilique du Folgoat, qui est encore aujourd'hui un des lieux de pèlerinage les plus fréquentés de la Basse-Bretagne.

« AU REVOIR, CHER MONSIEUR ! »

A Gustave Geffroy.

L'image dorée d'une omelette au lard est intimement liée, dans ma pensée, à la sombre silhouette de la guillotine.

Même dans un joyeux déjeuner de chasse, alors que les convives sont de belle humeur, je ne puis voir apparaître la servante d'auberge ou la fille du garde, accorte et rieuse, portant haut levé le plat légendaire, dans lequel grésille encore le jambon rôti, sans éprouver un frisson d'horreur et sans fermer involontairement les yeux.

*
* *

C'était à Toulouse, au printemps de l'année 18..., dans la bonne ville de Toulouse, la noble cité des capitouls, mère des jeux floraux et des incomparables terrines de foie de canard, religieusement nimbées d'or, comme les fronts des vierges byzantines.

J'y terminais, sans précipitation, mes études de

droit, après avoir, comme le *scholasticus vagans* d'outre-Rhin, fait escale dans la plupart des villes universitaires, mais convaincu cette fois que l'étudiant de France n'est vraiment chez lui que dans la vieille ville de Clémence Isaure et que l'air qu'on respire au jardin Malakoff et le long des allées Lafayette lui est tout particulièrement salutaire.

Mon logement, des plus modestes, se composait d'une chambre unique, meublée avec une simplicité de mauvais goût, au rez-de-chaussée d'une grande maison en briques, dans la rue des Lois. Quelques pas me séparaient de l'antique Faculté de droit, dans la cour de laquelle le *père Cujas*, drapé de bronze, commente éternellement, dans une mélancolique attitude, le *corpus juris civilis*.

L'immeuble d'en face, un élégant petit hôtel, tout étoilé d'*azuléjos*, était habité par un conseiller à la Cour, homme blanc et grave, et sa fille, une admirable brune aux yeux ardents et profonds, à la bouche superbe et au sourire d'enfant.

Au fait, je ne sais pourquoi j'évoque ici les figures de mes deux voisins des époques lointaines...

Un matin, je fus brusquement réveillé par trois coups violents frappés à mes volets. Presque en même temps, une voix connue m'appelait par mon nom.

Je sautai à bas de mon lit et j'ouvris ma fenêtre.

Mon ami Robert D..., alors lieutenant de dragons à Toulouse, m'apparut dans le jour naissant, à cheval, casque en tête et son sabre à la main. Il se disposait à cogner de nouveau.

La rue était pleine de cavaliers qui défilaient silencieusement, très grands sous leurs longs manteaux.

— C'est aujourd'hui qu'on exécute Escourbiac et Lasserre, me dit mon ami. Viens-tu voir ça? Figure-toi qu'on m'a chargé de commander le peloton d'escorte! Fichue corvée! Viens donc... Le temps est superbe. Ce sera peut-être drôle. Et puis, si je me trouve mal, tu seras là pour me soutenir. Convenu, n'est-ce pas?

Et sans attendre ma réponse, mon ami donna de l'éperon à son cheval, et repartit au galop, me laissant tout étourdi de mon brusque réveil et partagé entre l'envie de me replonger dans la tiédeur de mes draps et le désir malsain d'assister à l'exécution des deux misérables.

Ma voisine d'en face, réveillée par le pas des chevaux, avait entendu l'invitation de mon ami, derrière ses jalousies entr'ouvertes. Je la vis à peine. Sa figure me sembla très pâle. Ses longs cheveux noirs ruisselaient en désordre sur ses épaules blanches...

Après une légère hésitation, bien justifiée par l'horreur du spectacle auquel on me conviait, je m'habillai à la hâte et je sortis.

* * *

L'exécution devait avoir lieu à l'endroit même où le crime fut commis, dans un petit village situé à quelques kilomètres de la ville, sur le bord de la la Garonne.

L'air était frais, le ciel d'un joli bleu pâle.

Quelques rares passants traversaient les rues té-
nébreuses, encore endormies.

Après m'être égaré dans les ruelles sans nombre, abominablement pavées comme des *callecitas* espagnoles, après avoir maintes fois trébuché dans des terrains vagues d'où surgissaient, de-ci de là, de grandes bâtisses isolées, aux physionomies inquiétantes sous la blafarde lueur de l'aube, je débouchai dans la pleine campagne.

Elle s'ouvrait devant moi dans toute son immensité, avec ses fleuves, ses rivières, ses prairies, ses champs de maïs, ses coteaux couverts de vignes et ses vastes plaines de blé dont les vertes ondulations allaient mourir au pied des inaccessibles montagnes qui formaient le fond du tableau.

Un cantonnier, accroupi sur le bord de la route, jetait déjà au matin sa joyeuse chanson que scandait le rhythme sec de son marteau.

Les haies d'aubépine qui bordaient ma marche étaient pleines de gazouillis, et les fleurs de neige aux senteurs de miel s'envolaient comme une blanche poussière au milieu des frémissements d'ailes.

Quand j'eus quitté la grande route pour abréger ma course, je me trouvai dans la zone des champs de violettes, qui font comme une ceinture parfumée à la vieille ville. Ils étaient en pleine floraison, et, de leurs grandes nappes sombres, montait vers le ciel une vapeur embaumée, l'haleine du printemps.

Déjà des femmes, dont la taille et les mouvements

avaient une élégance et une grâce étranges dans la timide lumière du jour naissant, entassaient les fleurettes dans des mannes. Plusieurs se redressaient en me voyant passer seul, à cette heure si matinale, au milieu des champs humides. Elles me regardaient un moment, légèrement surprises, échangeaient entre elles quelques propos railleurs, puis reprenaient leur travail.

J'en avisai une dont les formes divinement belles s'allongeaient sur les fleurs avec des mouvements presque caresseurs, et je lui demandai, d'une voix grave, quelques renseignements sur la culture maraîchère de la violette.

Elle me les fournit de très bonne grâce, dans un patois presque inintelligible et en rougissant un peu.

En la voyant si savoureuse dans sa puissante jeunesse, au milieu de ces jonchées de fleurs, sous ce ciel pur plein de vols d'oiseaux, je me crus soudainement transporté en pleine époque mythologique, et un vers de Demoustier (que Dieu me pardonne!) vint chanter dans ma mémoire.

J'oubliai Escourbiac et son camarade, et aussi ma triste modernité.

Devant moi se tenait souriante et les mains pleines de fleurs :

« La mère du printemps, jeune, fraîche et vermeille. »

Respectueusement, très respectueusement, je m'inclinai, et, sur chacun des bras nus et parfumés de la déesse, je déposai un baiser retentissant. Mais ma Chloris, se méprenant sans doute sur le caractère de mon hommage, me coiffa brusquement de sa corbeille de fleurs en me disant d'un air courroucé que j'étais « *oun f... estudiante dé galetas* ».

Je ne crus pas devoir insister davantage et je battis prudemment en retraite, poursuivi par un immense éclat de rire parti de tous les champs de violettes.

*
* *

La guillotine était déjà montée lorsque j'arrivai sur les lieux de l'exécution. Ses deux bras armés du triangle d'acier se dressaient près d'un grand cerisier sauvage, fleuri comme un bouquet, au centre d'une prairie encadrée de coteaux minuscules où se pressaient déjà de nombreux spectateurs.

Sur le sommet d'un de ces coteaux, était perchée l'église d'un village aux toits rouges. Une cloche au timbre grêle répétait à de courts intervalles le glas de la mort.

Dans un petit bois de châtaigniers, tout à côté de l'instrument du supplice, des soldats de ligne préparaient gaiment leur café, pendant que les cavaliers, drapés dans leurs longs manteaux, sommeillaient allongés près de leurs chevaux qui broutaient l'herbe grasse de la prairie parsemée de jacinthes et de primevères.

La ceinture de coteaux s'ouvrait du côté de la Garonne et laissait voir le fleuve sur la rive duquel s'alignaient de nombreuses barques venues de Toulouse et chargées de curieux.

Le soleil était déjà haut, et tous les détails de ce tableau étaient noyés dans une lumière douce et argentée.

Mon ami Robert D..., qui maudissait son sort en fumant des cigarettes sans nombre, m'ayant appris que la voiture des condamnés n'arriverait pas avant une heure à sa funèbre destination, je me décidai, pour tuer le temps, à visiter le petit village si pittoresquement perché sur les coteaux.

Son unique auberge était pleine de consommateurs.

J'y pénétrai. Quel monde ! Toute cette tourbe hideuse que la première lueur de l'aube surprend dans son immonde noctambulisme aux abords des quartiers honteux.

Pas une place où m'asseoir.

Voyant que je m'apprêtais à sortir, la femme de l'auberge me retint familièrement par le bras et me dit à voix basse de monter dans sa chambre à coucher.

« Vous vous y trouverez, ajouta-t-elle, avec des messieurs tout à fait comme il faut. »

Dans cette chambre, encombrée par un vaste lit aux rideaux grands comme des voiles de navire, quatre hommes, dont trois encore jeunes, étaient assis autour d'une table sur laquelle fumait une superbe omelette au lard.

Après m'avoir très gracieusement fait une place à sa gauche, l'aîné de ces *gentlemen*, vieillard à figure avenante et douce, m'offrit de partager avec lui et ses amis l'omelette qu'ils se disposaient à attaquer.

La proposition était formulée avec un tel accent de cordialité que je l'acceptai très volontiers. Aussi bien la longue promenade que je venais de faire à travers champs avait-elle prématurément aiguisé mon appétit de vingt ans.

Le déjeuner fut plaisant et animé. Les plus jeunes étaient d'un entrain charmant que tempéraient légèrement les observations toujours nuancées de mélancolie de l'aîné d'entre eux.

Dans sa conversation, fertile en images poétiques, le vieillard recherchait de préférence les sujets littéraires et artistiques. Il fit l'éloge des romans d'Ernest Capendu, cita des vers d'Anaïs Ségalas, vanta les marines de Bentabole et les nymphes de Bouguereau, et finit par m'avouer, avec une timidité presque enfantine, qu'il lui arrivait aussi quelquefois de taquiner la muse et de brosser un petit bout de toile. Je devinai, en cet intéressant vieillard, une âme à la fois chevaleresque et tendre.

Ses compagnons l'écoutaient avec recueillement, s'interrompant de manger lorsqu'il prenait la parole.

Dans ce milieu d'hommes amènes où j'étais si inopinément tombé, je ne tardai pas à oublier le motif lugubre qui m'avait si tôt fait lever.

Le piccolo rose, au goût de framboise, que me versait généreusement l'aimable vieillard, faisait éclore dans mon cerveau de joyeuses pensées, et je me pris à trouver que le glas de la mort, qui tout à l'heure pleurait d'une façon si lamentable dans l'air frais du matin, tintait maintenant allègrement comme un carillon de baptême.

Mais, dans ce triste monde, les heureux instants sont les plus courts, et bientôt le vieillard se leva après avoir dit quelques mots à l'oreille d'un de ses compagnons. Tous l'imitèrent, et je demeurai seul dans la chambre.

Avant de partir, ces messieurs m'avaient vigoureusement serré la main, et au moment de franchir le seuil, mon vénérable amphitryon, à qui ma tête convenait sans doute, s'était retourné pour me dire : « Au revoir, j'espère, cher monsieur.»

*
* *

Un grand mouvement se fait au rez-de-chaussée de l'auberge. La foule se répand brusquement au dehors. Un silence profond succède aux rires et aux chants...

— Voici la voiture des condamnés, me dit l'aubergiste toute haletante, en passant son bras nu sur son front en sueur. Pauvres diables! ajouta-t-elle, avec une mine moitié chagrine, moitié satisfaite, ils ne se doutent guère de la bonne recette que je leur dois!

Du même coup toute ma belle humeur s'était envolée et je demeurais cloué sur ma chaise, me demandant si j'assisterais au hideux spectacle. La curiosité triompha, et au bout de quelques instants j'étais à deux pas de la guillotine, tout auprès de mon ami Robert D... qui, pâle comme un mort, se tenait à cheval devant ses hommes, dans une pose d'une crânerie douteuse.

Le premier des condamnés qui descendit de la charrette mourut avec beaucoup de courage. Il marcha d'un pas ferme vers l'instrument terrible.

Je vis son visage au moment de la suprême bascule et je n'oublierai jamais son épouvantable expression.

C'était une contraction atroce des muscles, un agrandissement spectral des yeux, une torsion des lèvres qui laissait voir les dents serrées dans un rictus de squelette.

Au bruit sourd du lourd couperet, des mésanges qui se querellaient en gazouillant au-dessus de la guillotine, dans les fleurs blanches du cerisier sauvage, s'envolèrent effrayées. Pas un murmure dans la foule.

La tête sanglante avait roulé en bondissant sur le sol, comme une balle lancée avec force. Un des aides courut après, la saisit à deux mains et la jeta brutalement dans le panier.

C'est à ce moment que mes regards se portèrent vers le principal acteur de cet ignoble drame. Il se tenait immobile, le pouce sur le déclic de la guillotine.

L'émotion que j'éprouvai en voyant son visage et en rencontrant son regard obstinément fixé sur moi, fut telle que, sans attendre la fin de l'exécution, je franchis le cordon des troupes et je gagnai les champs en courant.

Ah! l'horrible aventure... J'avais déjeuné à la table du bourreau!

Je marchai longtemps, avec des gestes d'halluciné, à travers la campagne, qui maintenant s'ouvrait devant moi comme une morne solitude, poursuivi par la grimace du guillotiné, par l'image du couteau sanglant et par le regard fixe du bourreau dont j'entendais toujours la voix attendrie murmurer à mon oreille : « Au revoir, j'espère, cher monsieur. »

L'ALCOOL

Au docteur Laborde.

Obéissant, sans efforts, à une vieille et salutaire habitude, j'ai fui Paris pendant quelques jours d'hiver pour me terrer là-bas, bien loin, dans ma chère Bretagne, au bord des mers pâles, au pied de hautes falaises où frissonnent au vent d'hiver les ajoncs toujours fleuris, et les bruyères...

Nul autre bruit que celui des flots sur les rochers noirs et les lugubres croassements des corbeaux passant en larges vols sur le ciel très bas... Parfois quelques petits cris plaintifs s'échappent d'une bande de vanneaux que mon approche effraye et qui, mollement, s'élèvent à une grande hauteur où leur ligne mince ne tarde pas à se fondre dans la nuit des nuages.

Plus de chants d'alouettes! Plus d'airs de flûte joués par les merles! Finis les gazouillements des pinsons, des linots et des chardonnerets! Les rauques querelles des geais ne se font même plus entendre dans l'ombre des taillis, où se balancent au bout des branches nues de vieux nids humides et noirs.

Plus de bruissements d'ailes dans les haies ! Les petits oiseaux sont morts. La sécheresse persistante du dernier été a fait périr ceux que la cruelle rigueur de l'hiver avait épargnés, et, les pattes en l'air, quelques plumes encore fixées à leurs petits squelettes blanchis, les minuscules cadavres sont éparpillés sur le sol, comme des feuilles mortes ou des fleurs fanées.

Cette absence d'oiselets dans le ciel, dans les champs, dans les bois, ce grand silence que leur disparition met partout, répand sur la nature entière, dont ils étaient la voix joyeuse, l'orchestre infini, une inexprimable mélancolie. Et c'est tout attristé par cette funèbre promenade que je cognai de la crosse de mon fusil à la porte d'une maisonnette au toit de chaume perdue au milieu de la lande. Une épaisse fumée s'échappait de la cheminée et des voix chantaient à l'intérieur ; voix d'homme, voix de femme, cris d'enfants...

Voici, pensai-je, une providentielle rencontre...

*
* *

Un homme vint m'ouvrir. Dans un langage inintelligible, il me souhaita la bienvenue et, avec un geste brusque et impérieux, il me fit signe d'entrer.

Je compris qu'il était ivre et je voulus me retirer. Mais il me saisit fortement le bras et m'entraîna à sa suite.

Le nuit tombait, nuit froide et pluvieuse.

Le logis n'étant éclairé que par les branches d'ajoncs secs qui flambaient dans l'âtre, je ne pus, du premier coup d'œil, embrasser tous les détails de l'intérieur.

Bientôt je vis une femme en haillons accroupie sous le manteau de la cheminée. Elle tenait dans ses bras tremblants un enfant nouveau-né qui, à tout moment, menaçait de tomber dans les flammes.

La malheureuse aussi était ivre et, indifférente à ma présence, la coiffe de travers, les cheveux dans les yeux, le front stupidement penché vers le foyer, elle continuait de chanter d'une voix monotone, mêlant des versets de cantiques à des refrains de matelots, pendant que, collé à son sein, l'enfant buvait avidement le lait, poison mortel.

L'homme s'était emparé d'un litre d'eau-de-vie aux trois quarts vide, et, debout au milieu de la pièce, il exécutait un pas de danse d'un comique navrant. Puis, brusquement, d'un seul trait, il absorba le reste du liquide de feu, et s'affala, toujours son litre à la main, au pied d'un lit-armoire, du haut duquel une vieille femme, d'une maigreur spectrale, paralysée depuis de longues années, regardait de ses yeux usés, et sans surprise apparente, ce hideux spectacle.

Vite j'enjambai le corps de l'ivrogne et m'élançai d'un bond sur la lande, où je m'arrêtai un instant pour écouter, avec un serrement de cœur, au milieu du grand silence de la nuit, la chanson de la mère qui berçait toujours son enfant au-dessus des flammes.

LE BINIOU DE PLOERMEL

Au docteur Pierre Merklen.

C'est dans la bonne petite ville de Ploërmel, célébrée par Meyerbeer, et très diversement illustrée par messire Jean de Beaumanoir et par le providentiel inventeur du traitement ouaté, le docteur Alphonse Guérin.....

Le monument de l'illustre chirurgien va être solennellement inauguré.

Des drapeaux flottent aux fenêtres, des branches de pin encadrent les portes, et les sabots claquent, plus nombreux, sur les pavés pointus des ruelles de la vieille ville.

Dans un décor de verdure, sur une petite place d'une intimité charmante, le monument émerge d'un cercle compact de larges chapeaux noirs et de coiffes blanches. C'est d'abord le buste souriant du savant, puis, à mi-hauteur du socle, une Gloire presque nue, d'une exquise jeunesse de formes, et dont les seins rigides étincellent sous la caresse lustrale d'une pluie fine et persistante. Et les réflexions, et les commentaires rustiques de circuler autour du monument :

— C'est tout de même pas juste qu'on ait sculpté tout le corps de madame Guérin et seulement la tête de son mari. Et puis, elle était bien trop jeune pour lui...

— C'èst-y donc vrai, s'exclame près de nous un vieux au sourire madré, au corps tordu comme une racine et sec comme une souche, c'est-y donc vrai qu'on pourrait avec tout ça faire beaucoup de sous?...

Tout à coup, un bruit lugubre traverse la foule : on ne dansera pas après l'inauguration du monument.

Et pourquoi cela?

C'est monsieur le maire qui l'a dit.

Et la raison?

C'est que le joueur de biniou, l'unique joueur de biniou refuse son concours. Il y a bien encore la fanfare de Malestroit. Mais faudrait la payer bien cher. Et puis, aurait-on le temps de la faire venir?

Graves problèmes! Désolation générale. Jeunes gens et jeunes filles prennent des attitudes navrées, et, pour ma part, je regrette vivement cette résolution inattendue du sonneur de biniou, qui me prive du spectacle pittoresque de danses locales.

Si l'on tentait une suprême démarche en faisant sonner des arguments presque toujours vainqueurs? Peine inutile, efforts perdus. Le biniou demeure inébranlable, répondant invariablement à toutes les sollicitations : « Pendant près de vingt ans, j'ai prêté mon concours à l'ancienne municipalité qui était royaliste, et dont je partage les opinions. Ma conscience me défend aujourd'hui d'entrer au service de la municipalité républicaine. »

Ainsi parla le sonneur de biniou, dont la hautaine fidélité à ses principes politiques fut cause que les jeunes gens et les jeunes filles de Ploërmel ne purent danser, eurent de la peine au cœur, et que je fus privé du doux spectacle de leurs jeux.

*
* *

Hélas ! le biniou de Ploërmel, qui se dresse à tout moment dans mon souvenir, obsédant symbole, est aujourd'hui partout. On le rencontre le long des routes, sur la lande, dans les champs, dans la rue, soufflant à pleins poumons dans son instrument, d'où s'échappent des rumeurs de colère, des cris de haine, des appels de combat... C'est la boîte de Pandore au fond de laquelle il ne reste même pas un chant d'espérance.

Que de fois, pendant mes courses dernières à travers les campagnes de mon pays natal, n'ai-je pas été témoin de stupéfiantes manifestations qui m'emplissaient l'âme d'inquiétude !

Ici, à l'extrémité d'un clos, où paissent tranquillement des vaches aux yeux pleins de bonté, se dresse, comme un gibet, un poteau surmonté d'un large écriteau portant en lettres rouges cette inscription : « *Défense aux nobles de chasser !* » Réponse très logique d'ailleurs, à d'autres interdictions.

Mais les châtelains visés ont aussi leurs partisans politiques, et bientôt, autour de leurs domaines, puis partout, surgissent de blancs poteaux ornés de la fatale inscription : « Défense de chasser ! »... Aussitôt, nouvelle levée d'écriteaux, et sur toutes les terres appartenant aux cultivateurs républicains apparaissent les terribles pancartes ornées de superbes majuscules.

Quelques braves ruraux, au cœur bien placé, restent encore réfractaires à cet étrange *mouvement d'opinions* qui met si nettement en face, comme aux jours les plus douloureux de notre histoire, les Blancs et les Bleus.

Mais d'ici peu, sans doute, l'ardeur des propagandistes aura raison de leur sage et philosophique indifférence.

Et ce qui donne à cet état de choses une signification si précise, c'est que la plupart de ces braves gens ne chassent pas, et se soucient fort peu du droit de chasse, n'ayant chacun pour toute propriété que quelques maigres parcelles de terre, où gîte rarement le lièvre et que le perdreau déserte de plus en plus. Mais pour eux l'occasion était bonne d'affirmer solennellement, sous le ciel, le soleil et les étoiles, l'inflexibilité de leurs opinions politiques. De telle sorte que l'imprudent chasseur qui se hasarde à travers ces inhospitalières campagnes finit par être saisi de vertige à la vue de tous ces écriteaux proscripteurs aux inscriptions menaçantes. Et bientôt le malheureux rentre éperdu, hâtant sa course, croyant entendre les haies, les buissons, les arbres, les champs de choux, les carrés de betteraves... crier au passage : « Vite, fais-nous connaître tes opinions politiques. Es-tu royaliste, impérialiste, républicain, ou bien encore un rallié... ? »

Derrière chaque barrière, un paysan plus soucieux de défendre son champ contre le passage déshonorant d'un adversaire politique que de protéger un lapin problématique, ou même de récolter ses pommes de terre, monte la garde, la bouche haineuse, les sourcils froncés, la main crispée sur un instrument de travail devenu presque une arme de combat.

Doux pays !

*
* *

Nous avons tenté de décrire quelque part les ravages de l'alcoolisme, cet autre fléau des campagnes, tels qu'ils nous étaient apparus lors d'un récent voyage en basse Bretagne, dans toute leur horreur, sous les formes aiguës de la névrose, de l'abêtissement, de la scrofule, du crime, de la folie...

Mais si l'alcoolisme est un cruel fléau, si les ravages qu'il cause sont chaque jour plus profonds, on devine assez facilement les mesures qu'une volonté toute-puissante pourrait employer pour le combattre avec succès, peut-être même pour le détruire. Le remède n'est pas loin du mal.

Quel providentiel docteur fera jamais connaître le moyen d'arrêter la contagion du mal de la politique ? Nous voulons dire de cette politique provinciale, faite de haine, d'envie, de jalousie, qui chaque jour gagne davantage les âmes les plus simples et les meilleures, étouffant peu à peu les sentiments naturels, glaçant le cœur, engendrant le plus impitoyable égoïsme.

Illustre Thomas More, doux abbé de Saint-Pierre, Cloots au large cœur, Saint-Simon, Fourier, vénérable Cabet!... nobles et saints apôtres de la fraternité humaine, veuillez descendre un moment de vos ciels utopiques ou icariques, prenez vos places, et en avant la musique!

Voici tout d'abord notre biniou de Ploërmel... Un panache de rubans blancs orne son large chapeau. Il ouvre la marche, précédant de quelques pas la fanfare opportuniste de Malestroit. Bientôt c'est la suite ininterrompue des harmonies sociales, des orphéons démocratiques, des fanfares eucharistiques, etc., d'où montent vers le ciel de sauvages et discordants accords, pendant que les beaux gars et les belles jeunes filles, les mains enlacées, attendent vainement, pour danser en rond, le bon ménétrier d'antan, « qui faisait sortir de son instrument des airs si jolis que les petits oiseaux quittaient la paix des champs et des bois pour venir les entendre ».

LE FEU

A Alexandre Hepp.

C'est fini. Avec le chant grave des orgues l'adieu suprême est monté au ciel. La terre va prendre les pauvres lambeaux humains, puis viendra l'oubli.

Mais avant que dans notre cœur aussi s'apaise la douloureuse pitié, et que de notre souvenir s'effacent peu à peu les infinis détails de l'atroce tragédie, regardons en arrière.

* *
*

Le ciel était bleu, l'air pur, et sous l'ombre fraîche des marronniers en fleurs, je descendais l'avenue des Champs-Élysées au milieu d'une foule joyeuse, heureuse de vivre.

Tout à coup, l'odeur âcre de la fumée se mêle aux parfums des passantes rieuses et des fleurs du printemps. Un grand nuage noir, lourd, opaque, couvrait le quartier Montaigne. Je me dirige de ce côté. Me voici dans la rue Jean-Goujon.

Le grand bazar de la Charité brûlait.

— Y a-t-il des accidents de personnes ? demandai-je à une femme du peuple qui, à genoux sur le trottoir, semblait prier comme au bord d'une tombe.

— Comment, monsieur ! mais il y a là-dedans plus de deux cents personnes qui brûlent. Écoutez-les...

Et, au milieu du sifflement des flammes, du craquement des planches, qui volaient en éclats, je perçus des cris affreux, inoubliables, cris de damnés.

Quelques femmes, la plupart jeunes, toutes vêtues de toilettes claires, s'échappaient cependant du brasier, avec des allures de folles, en cheveux, à moitié nues, et disparaissaient sous des portes ouvertes sur la rue.

J'en vis une dont les yeux jaillissaient de la tête, dont les joues tuméfiées se détachaient. Son chapeau flambait encore, et sous cette couronne de feu, elle riait... Un ouvrier enleva sa veste de travail, la jeta brusquement sur la tête de l'infortunée, puis l'emporta dans ses bras. Qu'est-elle devenue ?

Ce fut une vision très rapide.

L'accès de l'intérieur du bazar, transformé en véritable fournaise, était désormais impossible du côté de la rue.

Si nous traversions, dis-je à un homme du peuple qui, furieux de son impuissance, jurait en montrant le poing aux flammes ?

Et nous nous élançons par un étroit couloir sous une voûte de feu.

Nous voici dans un espace vide, entre l'effrayant brasier, d'où partent encore quelques cris, qui bientôt s'éteignent, et de grands murs nus.

Un groupe de trois hommes, dont deux ouvriers et un gardien de la paix, hissent péniblement, à l'aide d'une échelle trop courte, un corps de femme vers la fenêtre d'un entresol d'où sortent des bras tendus. Nous leur venons en aide.

L'opération est difficile, car la faible échelle fléchit sous le poids des porteurs, et la malheureuse victime, dont la figure est affreusement brûlée, dont la peau du crâne retombe saignante sur les épaules, et qui, avec une étrange et incessante volubilité, dit des paroles inintelligibles, oppose à la bonne volonté des sauveteurs la résistance paralysante de l'inertie.

Pendant ce temps, malgré nos protestations, les habitants de l'immeuble nous inondent de seaux d'eau destinés à rafraîchir les murs de la maison qui s'échauffent rapidement. Et, détail horrible, cette eau, en rejaillissant sur le crâne de la malheureuse victime, morte sans doute aujourd'hui, nous éclabousse de sang.

Mais des cris perçants partent du côté du brasier, dont les flammes montent toujours plus haut. Je me retourne.

Tout au bord de la barrière de feu, deux malheureuses femmes, qui avaient pu s'élancer de la fournaise, se tordaient sur le sol, couvertes de flammes, vraies torches vivantes.

Vite, dis-je à mon compagnon, sauvons-les.

— Mais à peine avions nous fait quelques pas, que

la toiture du bazar s'écroulait avec un bruit épouvantable, et que le souffle de flamme qui passait sur cet espace de quelques mètres carrés où nous nous trouvions prisonniers nous collait, pour ainsi dire, contre les hautes murailles du fond.

— Couvrons-nous la figure et la tête d'herbe, me dit mon brave compagnon, que je ne verrai sans doute jamais plus, et fourrons-nous-en aussi dans les oreilles.

Mais l'herbe elle-même était brûlante.

Enfin voici les pompiers !

Je ne vois d'abord, à travers mes cils roussis, qu'un lieutenant et deux soldats. Ces derniers traînent une pompe minuscule. Quelques sergents de ville, des hommes du peuple les suivent.

Au milieu de ce groupe, un grand jeune homme blond, ganté de clair, crie, l'air égaré : « Maman ! Maman ! »

Il veut se jeter dans les flammes. Nous le retenons.

Deux pauvres ouvriers en bourgeron de travail prennent sous le bras l'infortuné, un gentilhomme de haute naissance peut-être, et, avec des paroles douces et tendres, l'entraînent au fond de la scène.

Mais nous voici en pleine horreur.

⁎
⁎ ⁎

A peine les pompiers eurent-ils éteint les petites flammes qui déjà léchaient sournoisement les hautes murailles des maisons, que je priai l'officier de faire diriger le jet de la pompe du côté où j'avais vu tomber les deux malheureuses femmes.

Je saisis moi-même le tuyau de cuivre. Bientôt, sous l'action de l'eau, les flammes s'abaissèrent, et nous pûmes nous approcher des deux cadavres.

L'un, déjà complètement calciné, méconnaissable, affreusement tordu, était étendu sur le dos, les jambes roides, les bras tendus vers le ciel. Il brûlait encore.

L'autre gisait sur le ventre. La partie supérieure flambait en crépitant avec un bruit de graisse qui fond. Les bras se retournaient, dans des gestes désespérés, sous l'action de la flamme. Toute la partie postérieure s'étalait dans une posture cynique, hideusement nue, et, sur les jambes fines et jeunes, des bas de soie noire demeuraient, seuls témoignages d'identité.

Nous jetons quelques seaux d'eau sur ces tristes restes.

Cependant, sous le jet continu des pompes, accourues maintenant de toutes parts, le brasier s'affaisse, l'immense gerbe de feu se divise, et à travers le vacillement des flammes on commence à voir.

Ah! l'affreux spectacle, l'horrible vision d'enfer! Voici une tête qui me regarde, en me montrant les dents. Des lambeaux de chair pendent encore le long des joues. Mais une flamme, langue de feu, la dépouille brusquement. Ce n'est plus qu'un crâne d'ossuaire. En voici une autre, puis une autre encore... Et à mesure que tombent les flammes, les têtes apparaissent, nombreuses, pressées, toutes scalpées, déjà dépouillées de leur chair, faisant des taches blanches dans la fournaise.

L'œuvre du feu a été effroyablement rapide.

Puis c'est la masse informe des corps, amalgame de torses calcinés, d'où émergent des membres raidis, des mains recroquevillées...

Avec des claquements de dents, des grimaces de douleur, nous nous regardons, dans un muet désespoir, pendant que le jet de la pompe fouille ce tas de choses, trouant cette affreuse bouillie, faisant rouler des têtes que la chute des madriers a séparées des troncs, dégageant de cet aristocratique charnier d'affreuses odeurs...

Oh ! la terrible niveleuse que la mort, et comme d'un geste elle égalise tout !

. . . .

« Mort destruit tout, c'est son ouvrage,
Auxi tot le grand que le mandre ;
Qui moins se prise, plus est sage !

. . . .

Ici, plus de distinctions de castes ni d'âges.

Où sont les têtes blondes et les têtes grises, les grandes dames et leurs pauvres servantes ?

Qui pourra, dans ce bloc de chairs carbonisées, où se mêlent tous ces tristes lambeaux d'humanité, reconnaître les siens ? Qui pourra retrouver l'être aimé au milieu de ces ossements confondus ?

« Les têtes de mort se ressemblent toutes. »

Quelle formidable leçon d'égalité donnée à la vie par la mort !

*
* *

Jusqu'au bout, poussé par une invincible curiosité de l'horrible, j'ai voulu parcourir ce cercle dantesque.

Me voici dans la salle du *Palais des Champs-Elysées*. Le jour touche à sa fin.

Quelques torches éclairent à peine de leur lueur rougeâtre l'immense pièce, où, sur des planches, sur des claies, sont alignés les restes des victimes.

Plus de cent tronçons sont là, étendus dans des poses étranges, les unes effroyablement tragiques, les autres burlesques.

Dressez sur un socle en carène ce tronc où vit encore toute la violence de la course, et que revêtent, comme des draperies antiques, des lambeaux de chair et de vêtements calcinés, et vous aurez sous les yeux l'image frémissante de la Victoire de Samothrace.

Puis, tout à côté, entre deux pieds grossièrement chaussés, et un monceau d'entrailles ballonnées et violettes, s'allonge sur la claie boueuse une forme jeune, patinée comme un bronze, svelte, d'une élégance rare. On dirait un noble débris de statue de la belle époque grecque, une Artémis délienne, ou une nymphe de Thasos...

Et pendant qu'avec douleur et admiration je contemple cette tragique et superbe sculpture de la Mort, un employé des pompes funèbres m'écarte doucement, et, introduisant ses doigts dans la cage thoracique du cadavre, épingle sur une des côtes un petit papier, où je lis le nom d'une jeune femme, dont tout Paris admirait hier encore la grâce exquise et la beauté souriante.

Mais ici, du moins, le feu a respecté l'œuvre divine de la nature, et l'a peut-être même sinistrement idéalisée.

Un bruit de cris et de sanglots me fait retourner la tête, et je vois une malheureuse femme se rouler sur un petit corps racorni, tout noir, hideusement grotesque, avec sa tête penchée, et le mouvement de ses bras qui semblent tenir une guitare.

Vainement on veut arracher la malheureuse à ses funèbres embrassements. Elle serre de plus en plus étroitement le pauvre petit cadavre, et dans la lutte la tête se détache...

Ah! cette fois, c'en est trop. Mon âme est rassasiée d'épouvante et d'horreur.

Je fuis ces tristes lieux, que baignent les odeurs de la Mort, et où hurle l'angoisse humaine...

Le ciel est plein d'étoiles, l'air est chargé de parfums, les fleurs des marronniers pleuvent sous des battements d'ailes.

Est-ce un rêve?

12 mai 1897.

II

SENSATIONS D'ART

ET

PROFILS D'ARTISTES

RAPPROCHEMENT

A Ary Renan.

Un artiste étrange que ce peintre bavarois Franz Stuck, un heureux peintre aussi puisqu'en pleine jeunesse de vie, en pleine puissance de création, il peut déjà voir figurer ses œuvres aux places d'honneur, dans le premier musée de son pays.

Son art impressionne et trouble, il est fait de force et de souffrance, de mystère et de clarté, de haine et d'amour, d'impassibilité dédaigneuse et de volupté mortelle.

Le souvenir de ses toiles, aux violentes et dures oppositions, toutes d'un symbolisme douloureux, dans leur exécution âpre et vigoureuse, poursuit, obsède, torture.

*
* *

Je la vois toujours la belle femme blanche, dont un énorme serpent enlace le corps divin, faisant à la chair frissonnante un vêtement d'écailles luisantes et froides. Les longs cheveux noirs pleurent sur la gorge nue, aux pointes aiguës, seule partie apparente de la splendeur du corps. Sur l'épaule repose la tête du serpent. Les yeux verts du monstre dardent des éclairs. Sa gueule, ouverte et armée de crocs, menace et siffle.

Mais que la figure de la femme, de l'Ève éternellement triomphante, est plus effrayante avec l'énigmatique sourire qui flotte sur ses lèvres sanglantes, avec la palpitation des narines qui semblent aspirer voluptueusement la mort dans la vie, avec la fixité brûlante des yeux sombres à peine entr'ouverts. Véritable vision de rêve...

*
* *

Puis voici, se détachant sur un fond de ténèbres, deux êtres dont les chairs tressaillent dans un enlacement spasmodique : une sphinge à la croupe de tigre et au torse de femme, et un jeune homme dont les mains fiévreuses, tremblantes, caressent les flancs velus du monstre et dont le beau visage aux yeux clos, aux paupières violettes, est déjà couvert de la pâleur de la mort. Accroupie sur sa victime, la sphinge l'enveloppe de ses noirs cheveux, comme d'un linceul sombre, et boit la dernière goutte de sa vie dans un baiser profond, pendant que, de ses ongles de fer, elle lui laboure la poitrine et lui déchire le cœur.

Mais de toutes les toiles de Franz Stuck celle dont j'ai gardé le plus poignant souvenir est *La Guerre* (Der Krieg).

*
* *

Sous un ciel en deuil, un ciel qui semble pleurer la fin du monde, au milieu d'une immense et blanche jonchée de cadavres et d'agonisants, véritable océan de chairs douloureuses dont les vagues sont des convulsions humaines, passe droit sur un cheval noir un grand cavalier nu. Son front est cerclé d'un laurier d'or. Une de ses mains tient un long glaive, très long, dont le sang s'égoutte. L'autre main pose sur la hanche.

L'attitude du cavalier est fière, hautaine, impitoyable, inassouvie.

La bête paraît lasse, lasse de porter le bourreau, et de toute son allure se dégage une immense bonté.

Pendant que la tête droite, rejetée en arrière, l'homme de son œil dur et cruel cherche à l'horizon rouge de nouvelles victimes, le cheval, avec d'infinies précautions, marche au milieu des mourants et des morts, évitant d'écraser les chairs. Et de sa langue pendante il paraît vouloir lécher doucement le sang des blessures.

*
* *

Depuis déjà longtemps je contemplais dans la Pinacothèque de Munich cette toile terrible, quand une bruyante sonnerie de trompettes m'appela à la fenêtre du musée.

Des chevau-légers bavarois, casqués à la prussienne, défilaient nombreux dans la rue. Ils revenaient des manœuvres.

Droits sur leurs montures, la lance à l'arçon de la selle, le poing sur la hanche, couverts de poussière, l'air insolent et farouche, les hommes semblaient tout prêts à se ruer au carnage, comme dans les faubourgs de Bazeilles, et les chevaux marchaient, las, tête basse, visiblement honteux de porter ces brutes.

JEAN CARRIÈS

A Georges Lorin.

« Taille moyenne, bien prise. Tête ronde aux fortes mâchoires, aux mâchoires volontaires. Visage très pâle, d'une pâleur nerveuse, un peu maladive, qu'éclaire la lueur froide de deux yeux gris-vert, pleins de songe et parfois étrangement scrutateurs. Barbe abondante, d'une virginité soyeuse. Cette barbe juvénile a pour sœur une chevelure broussailleuse d'une coupe très indépendante. Mains d'une blancheur olivâtre, souples et longues et bien faites pour les subtiles caresses des grès fragiles aux épidermes satinés.

» Cet être pâle et songeur chez qui l'on devine une âme toujours en chasse d'une idée ou d'une forme, une âme passionnée d'art, évoque les figures des libres *imagiers* du quatorzième siècle, et on se le représente volontiers traversant l'Allemagne, l'Angleterre, le Portugal, allant de ville en ville, son sac d'outils de fer sur l'épaule, ne s'arrêtant que pour construire des cathédrales et sculpter des saints de pierre, dans les rangs de ses pieux et mystérieux frères des corporations maçonniques de Strasbourg ou d'York... »

Tel est le rapide résumé d'un portrait que nous fîmes jadis de ce pauvre Carriès, que la mort aveugle et brutale vient d'emporter, infligeant à l'art une perte irréparable. Et nous terminions par ces mots : « Quelle joie consolante de penser que cette force puissante, vraie force de nature, est encore en pleine vigueur et en pleine jeunesse ! »

Hélas ! la souffrance, née de l'excès de travail, a eu raison de la vigueur et de la jeunesse, et nous ne verrons plus naître sous la caresse de ces mains souples et blanches, toutes ces choses merveilleuses aux formes gracieuses et bizarres, où le rêve prodigieusement subtil de l'artiste était écrit, avec une délicatesse infinie, dans la plus précieuse des matières.

*
* *

Carriès était un solitaire. Il aimait son art avec une ferveur jalouse, presque farouche. Fuyant cette éphémère notoriété dont se contentent les médiocres et que recherchent tant d'artistes, dans la quotidienne exposition de leurs œuvres hâtives, il s'isolait complètement, pendant des années entières, perdu dans son travail, un travail de damné dont il devait bientôt mourir. Puis il revenait à Paris, toujours plus pâle, mais les mains pleines de merveilles d'art, d'objets précieux, d'inestimables trésors qu'il répandait autour de lui avec une sorte d'orgueil dédaigneux.

On se souvient encore du succès retentissant qu'obtint son exposition de grès et de bronzes au Champ de Mars en 1892 ; succès si considérable que ce jeune artiste, jusqu'alors inconnu du public, devint brusquement célèbre et obtint du même coup le ruban de la Légion d'honneur et le titre de sociétaire de la *Société nationale des Beaux-Arts*.

Il était parti au galop pour la gloire, porté par le seul désir de réaliser son rêve de potier.

Nous avons beaucoup connu Carriès, nous étions de ses amis, et c'est pour cela que nous pouvons résumer ici, en quelques lignes, d'après de familières confidences, les diverses étapes de sa carrière si brillante et si brève.

On verra dans cette trop rapide biographie que les débuts de Carriès dans la vie furent exceptionnellement douloureux, qu'il traversa de longues heures de misère et d'angoisse, et que la destinée se montra peut-être injuste et cruelle en brisant la noble existence du pauvre grand artiste, alors que, grâce à son infatigable énergie, il avait enfin triomphé du mauvais sort.

*
* *

Carriès naquit à Lyon, en 1857. A cinq ans, il était orphelin de père et mère. Jusqu'à l'âge de quatorze ans il demeura dans un orphelinat, fabriquant des chapelets, des couronnes d'immortelles... Il quitta cet asile pour entrer chez un plâtrier où il demeura six ans, nettoyant les magasins, faisant les courses, portant les caisses à la gare... n'ayant pour tout salaire que la table et le gîte... Au bout de quatre ans de ces modestes attributions, on le jugea digne de couler des rosaces, d'estamper des statuettes religieuses... et de toucher journellement la somme de... 2 francs.

Il avait alors dix-neuf ans. Las de ce métier et sentant déjà brûler dans son cœur la flamme sacrée, il partit brusquement pour Paris, où il débarqua n'ayant en poche que quelques sous. Il alla conter sa misère et ses rêves au sculpteur Pézieux, son compatriote, artiste de grand talent, qui lui aussi luttait péniblement pour la gloire, riche d'une pension de 1,800 francs que lui faisait sa ville natale. Il accueillit à bras ouverts son camarade et l'aida généreusement de ses conseils et de sa bourse. Mais la bourse suffisait à peine à un seul, et, ne voulant pas demeurer plus longtemps à charge à son peu fortuné Mécène, Carriès, malgré les supplications de l'excellent Pézieux, s'enfuit à travers Paris, où il végéta pendant des semaines, dormant sur les bancs, à la belle étoile, se nourrissant de quelques sous de marrons et de « frites », buvant aux fontaines Wallace...

Grâce à une providentielle intervention, il put, à cette heure presque désespérée, entrer dans un cercle d'ouvriers à Passy, où il fit la rencontre du comte de Brimond, que ses essais de sculpture décorative avaient vivement frappé. Le gentilhomme prend en affection le jeune ouvrier, le charge d'abord de restaurer quelques terres cuites dans son hôtel, puis l'emmène à la campagne, où il lui commande un tympan en pierre sculptée, « le Temps dévoilant les Heures », pour son château de Meslay-le-Vidame (département de l'Eure).

À la fin de cette laborieuse villégiature, notre artiste entrait au régiment (20ᵉ de ligne). Il y demeura quatre ans et parla toujours avec une pieuse émotion de son colonel, le comte Miquel de Riu, qui, pressentant déjà sans doute les glorieuses destinées du fusilier Jean Carriès, lui octroyait très paternellement le temps nécessaire à des études de modelage. Notre artiste exécuta à cette époque une grande quantité de médaillons. Où sont-ils ?

*
* *

Son service militaire terminé, Carriès débarquait de nouveau à Paris. Il avait vingt-quatre ans. Quelques mois après, il exposait au Cercle de la rue Vivienne, sous ce titre : *les Désolés*, une suite de bustes d'une expression de misère navrante, et patinés avec un goût exquis.

La plupart de ces bustes, faits de souvenir, étaient les images réelles des malheureux compagnons de misère entrevus autrefois sur le dur matelas des bancs et autour des abreuvoirs publics. Cette exposition eut un certain retentissement dans le monde des artistes. On devina quelqu'un dans ce nouveau venu, dans ce tout jeune homme pâle, aux yeux clairs, à la bouche dédaigneuse et à l'allure hautaine, dont personne ne connaissait encore le passé pénible et les glorieuses ambitions. Mais la misère était toujours là, impitoyable et tenace.

C'est alors qu'il fit la connaissance du fondeur Bingen, et c'est de l'intime collaboration de ces deux « complices à cire perdue » que sont sortis tous ces beaux bustes : bustes d'Auguste Vacquerie, de Jules Breton, de Gambetta, de Hals, de la jeune femme Hollandaise... qu'on a pu admirer à l'Exposition de 1892 au Champ de Mars, sous le riche manteau de leur admirable patine.

Mais la fonte à cire perdue est une opération pleine de lenteur et de dangers. Désireux de ne confier à personne la traduction de ses œuvres originales, pressé de réaliser son rêve avec cette fièvre haletante de production dont semblent souffrir tous ceux que la mort épie, Carriès se mit en quête d'une matière première où, sans intermédiaire, il pût fixer toutes les formes décoratives qu'il imaginait. Il choisit le grès.

Carriès fut un causeur étonnant, un esthète d'une dialectique impitoyable à qui la passion de l'art inspirait de subits mouvements d'éloquence, où l'incorrection littéraire des formules se mêlait à des beautés de langue d'une originale splendeur. Il fallait l'entendre s'exalter dans la glorification de son cher grès, « ce mâle de la porcelaine », cette matière noble que nul ne peut dominer s'il n'est un maître ouvrier, sûr de lui-même par l'exécution et par l'idée, par la main et le cerveau. Pâte divine, silice mystérieuse, qui sous l'habile pression des doigts prend des formes si diverses, si exquisement gracieuses, qui résiste aux températures énormes, qui s'assimile des émaux chargés de chaux, et s'épanouit, sous l'aspect enchanteur d'un fruit mûr ou d'un caillou précieux, modelé pour la joie ou le besoin de l'homme... Puis il vantait avec une triomphante éloquence l'application du grès à la décoration intérieure des appartements. Et l'on voyait soudainemnnt s'élever sous son geste passionné des murailles sur les parois desquelles se marouflaient, en ton gris de nuances infinies, des revêtements de grès mats, doux à l'œil comme de vieilles tapisseries aux tons inconnus, harmonies intimes, presque attendries, obtenues par l'incessante recherche des *tons* les plus subtils, les plus discrets, et non des couleurs les plus riches et les plus éclatantes. « Le ton reste en place, disait-il, tandis que la couleur dépasse le mur... »

Pendant plusieurs années, perdu dans les montagnes du Morvan, au milieu de potiers rustiques, il étudia l'A B C du métier, faisant lui-même ses mélanges d'argile, puis cherchant, dans les flammes dévorantes de ses fours, et au prix de quels efforts héroïques, ces nuances suaves qui donnent un si curieux aspect de vie épidermique à ses grès...

Carriès fut un noble et fier artiste, pour qui le travail fut une loi sainte, le travail solitaire et fécond, loin des agitations mondaines et des fluctuations troublantes de la mode. L'hiver prochain, sans doute, une exposition générale de ses œuvres, œuvres définitives et vagues ébauches, fera connaître au public, douloureusement surpris, la puissance de ses efforts et la grandeur de ses projets. Et, après avoir examiné tour à tour ces merveilleux bustes de bronze, ces pots aux formes originales et jolis comme des fleurs, ces masques décoratifs aux grimaces inquiétantes, tous ces monstres horribles sortis de cauchemars artistiques, toutes ces radieuses figures d'enfants écloses dans un rêve de douceur..., le visiteur reconnaîtra que le petit plâtrier de Lyon méritait ces quelques lignes d'adieu, faible hommage rendu à sa gloire qui va vite grandir dans la mort.

HISTOIRE D'UNE STATUE

ET

D'UN VIEUX DE LA VIEILLE

A Georges d'Esparbès.

Les images d'apothéose napoléonienne, les monuments commémoratifs où, sous une forme symbolique ou réelle, fut glorifiée la figure du grand Empereur, après la Restauration, sont innombrables.

Un des plus remarquables, un des plus impressionnants, est assurément le *Réveil de Napoléon*, par Rude.

Qu'on se représente un énorme bloc rectangulaire en bronze, simulant vaguement un sarcophage. La rigidité pesante des lignes est à peine animée par le mouvement de résurrection de l'Empereur qui sort du tombeau en soulevant d'une main, encore presque morte, les plis lourds du manteau de guerre, le manteau bleu de Marengo, qui lui sert de linceul.

Il faut, toutefois, reconnaître que l'aspect décoratif du mouvement laisse un peu à désirer. L'ensemble de la composition est d'une plastique douteuse. Elle vaut surtout par l'idée qui se trouve exprimée, avec un art profond, dans le geste du bras et dans le masque aux yeux clos sur lequel court déjà un frisson de vie. Il faut aussi rechercher la pensée du sculpteur à travers les accessoires, auxquels, en véritable artiste bourguignon, Rude veut donner une éloquente signification : vagues en furie battant le pied du tombeau, fers brisés, aigle mort aux ailes pendantes... etc.

Cette œuvre curieuse, curieuse surtout par l'effort de pensée, par la recherche méditative d'un état intermédiaire entre le néant et la vie, figure, traduite en bronze, au musée du Louvre, dans une des salles de la sculpture française.

Mais c'est sur le joli petit coteau boisé de la Friche, dans la commune de Fixin, près de Dijon, que se trouve l'original, et voici les circonstances, aujourd'hui bien peu connues, qui présidèrent à l'érection, dans ce coin perdu de la Côte-d'Or, de cet important monument funéraire, signé du nom d'un de nos plus glorieux artistes.

*
* *

On sait quel long cri de désespoir traversa les rangs mutilés des vieilles légions impériales lorsque la nouvelle de la mort du prisonnier de Sainte-Hélène parvint en France. Pour tous ces braves qui, sur les pas de leur chef triomphant, avaient traversé les plaines de l'Italie, les sables de l'Egypte, les villes d'Allemagne, les neiges de la Russie, les campagnes de France, dévastées par l'invasion, cette lugubre nouvelle était comme le signal d'un écroulement universel, et ils sentirent s'enfoncer sous eux le sol de la patrie. On vit sur les joues tannées par tous les vents et sur les longues moustaches grises rouler de grosses larmes...

Quelques-uns cependant se refusent à croire à la mort définitive, à la disparition éternelle de leur Empereur. Si pour la plupart ce rocher perdu où, nouveau Prométhée, il était mort enchaîné, devenait une sorte de glorieux piédestal, d'éblouissant calvaire, d'où sa figure de martyr rayonnerait sur le monde, pour quelques autres, les plus obstinément, les plus aveuglément enthousiastes, ceux-là qui avaient fait leur Dieu à son image, il devait bientôt soulever d'un coup d'épaule la lourde pierre tumulaire et, en présence des soldats rouges terrifiés et éperdus, venir à travers les mers rejoindre ses vieux et fidèles compagnons d'armes, toujours prêts à répondre à son appel et à le suivre vers des destins nouveaux.

Le capitaine Noisot, « le père Noisot », comme on disait encore il y a quelques années à peine, était de ces derniers.

Un type vraiment curieux que ce vieux de la vieille dont le nom brille en lettres d'or à côté de celui de Rude, sur le monument funéraire de Fixin.

Le grenadier Noisot fit toutes les campagnes de l'Empire, et toujours fidèle à son chef, dans la bonne comme dans la mauvaise fortune, il monta la garde aux portes des palais de Schœnbrunn, de Potsdam, de l'Escurial, du Kremlin, puis devant le petit Ermitage de San Martino, à l'île d'Elbe.

Il fit la campagne de France, où il gagna le galon de capitaine, et après Waterloo il se réfugia, en attendant le retour de son Empereur, dans une petite propriété de la Friche, à Fixin, près Dijon. Ce fut là qu'il apprit la fatale nouvelle.

***

Bien des années après, et alors que tout entier à ses espérances illusoires il prêtait encore l'oreille à l'appel si vainement attendu, un événement providentiel survint qui lui permit de donner une apparence tangible à son rêve. Le père Noisot fit un héritage. Oh ! un bien modeste héritage, de vingt-cinq mille francs environ...

Dès lors ils n'eut plus qu'une pensée : consacrer cette somme à la glorification de son Empereur ; mais comment ? Sous quelle forme ? Il eut bien vite trouvé.

Napoléon devant un jour (la chose n'était pas douteuse) soulever la pierre de son tombeau, c'était l'image de cette résurrection future qu'il fallait dresser, comme un symbole d'espérance, devant les yeux des braves populations de la Côte-d'Or, accourues de tous les points du département à l'inauguration solennelle du monument.

Mais où était l'artiste, le sculpteur capable de réaliser avec émotion et talent une conception d'une aussi périlleuse expression ?

Le père Noisot n'hésita pas dans le choix de l'interprète. Il confia immédiatement l'exécution du sujet à son compatriote et ami François Rude, dont la renommée était déjà grande.

N'était-il pas à craindre, toutefois, que l'auteur du *Départ des Volontaires de 1792*, de la *Statue de Godefroy Cavaignac*... ne se refusât à dégager du bronze toute l'émotion napoléonienne, toute l'exaltation impériale dont frémissait l'âme enthousiaste et toujours juvénile de l'excellent père Noisot? Sans doute, lors du retour de l'île d'Elbe, François Rude, alors âgé de vingt-huit ans, avait subi comme tous les patriotes de la Côte-d'Or le prestige irrésistible de l'Empereur et s'était lui aussi attelé, avec une belle ardeur, à la voiture qui portait César. Mais depuis cette époque, les idées de l'artiste s'étaient profondément modifiées, et la fréquentation des conventionnels en exil qu'il rencontra pendant son long séjour à Bruxelles, aussi bien que les études historiques d'où sortit l'admirable bas-relief de l'Arc-de-Triomphe, avaient fait germer en lui des idées républicaines dont il prêchait même très ostensiblement l'excellence.

De longues et vives discussions s'élevèrent sans doute entre le vieux soldat bonapartiste et l'artiste républicain lors de l'examen de la maquette du monument. Mais, tout républicain qu'il fût, Rude professait pour le génie militaire du grand capitaine la plus ardente admiration. Sa première jeunesse avait été bercée par la chanson des clairons sonnant les victoires des armées impériales, et il ne pouvait oublier que lui aussi avait porté une palme dans le cortège triomphal de l'exilé de l'île d'Elbe.

Donc, Rude sculpta le *Réveil de Napoléon*, et il sut donner à l'attitude de l'impérial revenant, s'éveillant du sommeil de l'éternité, et à l'expression de son visage, une grandeur presque divine.

Mais, par exemple, il fut impitoyable pour l'aigle, vivant symbole de la gloire triomphante, qu'il jeta au pied du tombeau, les ailes brisées, pendantes, et mort, à jamais (1).

*
* *

L'inauguration du monument eut lieu le 29 septembre 1847.

Ah ! ce fut une belle journée pour le vieux père Noisot... Le gouvernement de Juillet, presque à la veille de mourir, mais toujours prêt à favoriser, par son intervention officielle, la glorification populaire du souvenir de l'Empereur, prit part à la fête avec

(1) La première maquette du monument représentait la figure de l'Empereur, étendue, raidie par la mort, sur un rocher battu des flots. Noisot repoussa avec indignation ce projet, que la municipalité de Fixin nous permettra d'admirer bientôt au Musée du Louvre. Cette terrible image de la mort du Titan anéanti pour toujours était une très fâcheuse interprétation des rêves d'espoir du vieux soldat.

une apparente générosité de sentiments assurément très imprudente.

Toutes les autorités départementales furent mobilisées pour former un cortège au père Noisot, qui, vêtu de glorieuses défroques, ouvrait la marche, solennel, radieux...

De nombreux discours furent prononcés, au milieu d'une foule en délire et aux cris mille fois répétés de : « Vive le Roi ! *Vive l'Empereur !* Vive Noisot ! Vive Rude ! »

Voici la chaude et vibrante péroraison du discours du vieux soldat :

« ... Plaçons une fleur, une branche de chêne, sur la tête du sculpteur, du moderne Phidias à qui nous devons ce chef-d'œuvre... Nous le confions à l'amour national, au patriotisme des Bourguignons. Et si un jour les ennemis de la France, les Barbares, les Vandales, osaient encore une fois tourner leurs fronts contre nous, au cri de « Paris ! Paris ! » en défendant notre patrie nous défendrions le monument de Rude que nous découvrons aujourd'hui. »

Et sur la base du tombeau, libre de ses voiles, et d'où l'on voit surgir lentement la figure de l'Empereur, ces mots écrits, en lettres d'or, étincellent au soleil : « A Napoléon ! Noisot, grenadier de l'île d'Elbe, et Rude, statuaire. »

*
* *

C'est le père Noisot qui, un jour, dans une réunion de pieuses personnes, s'écria avec humeur : « Laissez-moi donc tranquille avec votre Jésus-Christ ! Il n'a souffert que trois heures sur le Golgotha et mon Empereur a souffert près de six ans sur le rocher de Sainte-Hélène. »

Cet héroïque vieillard, qui avait bravé la mort sur tous les champs de bataille, mourut d'un soufflet que lui donna un vaurien de quinze ans en état d'ivresse.

A cet outrage, le vieux soldat tomba foudroyé, comme s'il avait reçu une balle au cœur.

Quand on ouvrit son testament, on y lut cette étrange disposition, qui fut religieusement respectée :

« ... Je veux, après ma mort, être revêtu de mon uniforme de soldat. Je veux être enterré debout, l'épée à la main, tout à côté du tombeau de mon Empereur, afin d'être toujours prêt à répondre à son appel. »

Noisot ne voulut jamais croire à la mort de son Empereur, de son Dieu.

LES FEMMES DE LOTI

Au prince Bojidar Karageorgevitch.

De qui parler aujourd'hui, si ce n'est du nouvel immortel qui, muni d'une *permission* en règle, et son discours de réception en poche, vient de débarquer à Paris, quittant pour un moment le petit bateau de l'Etat, qui dort là-bas, à moitié enfoui dans les vases de la Bidassoa, à l'ombre des hautes Pyrénées, et dont le commandement suprême lui fut confié il y a quelques semaines à peine. Etrange petit navire, qui, dit-on, bien à tort sans doute, n'a jamais navigué, mais dont le canot de bord surveille très consciencieusement les pêcheries voisines où Français et Espagnols, avec une ardeur égale, font une guerre sans merci à la sardine et au thon (1).

(1) Ces quelques pages furent écrites la veille de la réception de Loti à l'Académie française, et par conséquent bien avant la publication de *Ramuntcho*, œuvre superbe d'où se détache, avec un relief si puissant, la douce figure de *Gracieuse*, la brune sœur celtique de Gaud Mével.

Souhaitons, toutefois, qu'avant de reprendre sa vie errante à travers les flots, Loti puisse trouver dans la paix, si bien gagnée, de ce modeste poste de commandement, dans les longues heures de recueillement qui vont succéder à tout le fracas de son entrée officielle dans l'immortalité, les loisirs nécessaires à l'exécution d'une œuvre nouvelle où palpitera toute l'âme ardente, poétique et fière de l'Espagne, où se préciseront et s'ébaucheront ses formes éclatantes et pittoresques.

Il est à deux pas de ce superbe motif d'étude. Les brises du sud lui apportent, avec la fraîcheur neigeuse des monts du Guipuzcoa, les odorantes senteurs de la vallée d'Irun, et les chansons plaintives des pâtres de l'Haya viennent mourir sur la rive française de la Bidassoa.

Un jour, sans doute, dans une de ses rêveuses promenades sur la terre d'Espagne, il rencontrera, sous la figure gracieuse d'une jeune femme, ce vivant miroir magique où il sait si bien faire étinceler l'âme d'une race, synthèse divine, fleur essentielle d'où s'exhale le parfum de vie de tout un monde.

* * *

Il est certains chefs-d'œuvre qui pèsent sur le nom de leur auteur avec le poids obsédant de la fatalité. Pour beaucoup, le poète inspiré d'*Il Pianto* n'a écrit que les *Iambes*, et l'auteur des *Intimités*, des *Jacobites*, de *Severo Torelli*... existerait à peine si Zanetto n'avait, au clair de la lune, roucoulé sa chanson du printemps sous le balcon de marbre de Silvia. J'imagine que le doux chantre des *Solitudes* et des *Vaines tendresses* doit souffrir de s'entendre éternellement appeler : l'auteur du *Vase brisé*...

Je pourrais très facilement multiplier ces exemples avant d'arriver à la discussion de cette déclaration rigoureuse, faite en ma présence, il y a quelques jours à peine, dans un salon cependant très littéraire : « Loti ne sera jamais que le peintre du matelot. Il ignore absolument la femme. Yves et Yan, voilà les seuls types durables de son œuvre. *Pêcheur d'Islande !* voilà son livre. »

Ainsi parla le docteur. Et il disait cela avec une certaine solennité, debout devant la cheminée, au milieu des sourires malicieux des femmes.

Une envie folle me prit de lui demander s'il connaissait vraiment l'œuvre qu'il émondait avec une vigueur si rare. Mais il est parfois bienséant de savoir se taire, et je sortis, un peu troublé, je le confesse, par tant d'affirmations, et me demandant parfois si, dans le lointain de mes souvenirs, toutes ces femmes multicolores de Loti : Barahu « au torse fauve », Aziyadé, blanche sur son tapis rose et bleu ; Fatou Gaye, à la chair d'ébène ; Chrysantème, cette jolie poupée jaune ; Suleïma, dorée comme une idole et au visage étoilé d'azur... ne m'apparaissaient pas sous un angle trop lumineux et dans un dessin trop précis.

Aussi ai-je voulu relire tous les livres de Loti, et je suis sorti de cette grisante lecture comme d'un jardin féerique, d'un paradis tropical où s'épanouit superbe, au milieu des splendeurs éclatantes d'une flore exotique, l'Ève éternelle, la fleur de chair... convaincu que parmi les écrivains du siècle nul n'a plus profondément étudié le cœur de la femme, nul ne l'a mieux comprise, nul ne l'a aimée avec une passion plus profonde, une plus virile tendresse...

Gaud Mével elle-même, la Gaud de *Pêcheur d'Islande*, la douce et frêle fiancée de Yan, blonde et pâle sous sa petite coiffe blanche, mélancolique figure celtique aux yeux couleur de ciel, n'est-elle pas décrite avec une émotion telle que nous souffrons de ses continuelles angoisses et que nous sentons dans son immense amour, immense et tourmenté comme la mer, notre âme trembler près de sa petite âme naïve et tendre ?

*
* *

La Parisienne manque, il est vrai, à la collection. Mais faut-il beaucoup nous en plaindre ? Ne vous semble-t-il pas qu'on nous en a suffisamment parlé, depuis quelques années, de cette délicieuse petite machine d'un mécanisme si ingénieux, d'une si artistique et si artificielle complexité, et dont les moindres détails ont été mille fois décrits par toute une méticuleuse école de psychologues infaillibles, d'analystes impeccables, Christophes Colomb du cœur féminin ?

C'est à l'ombre des mornes de Tahiti, sur les bords fleuris du ruisseau de Fataoua, derrière les grillages des haremliks, dans les jardins de Nagazaki, au milieu des sables ardents du Sénégal, dans les ruelles sombres et fraîches de la Casbah d'Alger, sous les térébinthes du Monténégro... que Loti est allé chercher ses *sujets d'étude*. C'est là qu'il a cueilli les sensations rares, si définitivement notées par lui dans des livres admirables qui sont de véritables poèmes d'amour chantés à la gloire de *la Femme*. Et de tous les récits de ses chaudes aventures se dégage une émotion du cœur et des sens qui prouvent assez que les mariages de Loti ne furent pas « choses chimériques », comme on l'a parfois prétendu.

« Loti, ai-je entendu dire, est fort à son aise pour nous conter ses bonnes fortunes, pour nous peindre l'existence de ses héroïnes et pour décrire les pays lointains où il les fait vivre. Qui l'empêche de donner dans ses récits un libre cours à sa brillante imagination? Il nous est, en vérité, bien difficile de contrôler la sincérité de son exotisme... »

Or, de toutes les facultés qui constituent l'esprit de ce surprenant artiste, l'imagination est de beaucoup la moins brillante. Le don d'invention lui fait absolument défaut, et c'est surtout de là que vient cette sincérité littéraire, dont on a grand tort de douter, et qui donne un charme si pénétrant à toute son œuvre. Il ne peut parler que de ce qu'il a vu. Il ne peut décrire que ce qu'il connaît. Mais sa puissance d'observation est extraordinaire. Son cerveau est une sorte de creuset mystérieux où toutes les apparences se condensent, s'épurent, se subliment... Puis l'œuvre se révèle, et tous les détails les plus subtils des impressions et des choses : les souvenirs des parfums, les reflets des couleurs, les échos lointains des harmonies éteintes, les rêves des rêves... se mêlent, dans la magie de la plus personnelle des interprétations, aux fines analyses des sensations les plus aiguës, des sentiments les plus humainement tendres, des rêveries les plus prolongées...

Je ne sais qui l'a appelé le *romantique de l'exotisme*. Pour moi, je vois en lui un des maîtres les plus prestigieux de l'école naturaliste, à l'inspiration lyrique, et dont l'œil se serait assez démesurément agrandi devant la splendeur troublante des natures vierges et des âmes primitives, pour en refléter avec une désespérante fidélité tous les moindres secrets, qu'il nous révèle ensuite dans ce style étrange, fort peu académique en vérité, mais si bien approprié au sujet, langage presque haletant du voyageur émerveillé.

De ses lointaines études de femmes, de ses éblouissantes descriptions de paysages polynésiens, africains, japonais... on pourrait à la rigueur discuter l'authenticité réelle, s'il ne se dégageait de toutes ses œuvres une saisissante impression de vérité que l'artiste sincère peut seul produire. Mais nous conseillons à ceux qui doutent, quand même, d'aller étudier sur place les personnages de *Pêcheur d'Islande* et le cadre de nature où l'auteur a placé les principales scènes de son drame. Paimpol est à quelques heures de Paris, et Porz-Even à quelques minutes de marche de Paimpol. Aucune description de ce pays breton, où nous sommes né, où nous avons grandi, que nous aimons à revoir chaque année et dont nous pouvons parler en connaissance de cause, n'est due au hasard de l'imagination. Loti a fait de ce coin de la Bretagne une sorte de peinture photographique. Pourquoi aurait-il mis moins de sincérité dans l'étude d'un autre sujet ?

Cet amour presque excessif du vrai se manifeste à tout instant dans l'œuvre de Loti. Pour étudier le marin, surtout le marin breton dont l'âme mystérieuse tente davantage sa curiosité d'artiste, il se condamne à vivre près de lui, dans une fraternelle intimité. Pour mieux le comprendre et pour mieux le peindre dans son intéressante réalité, il s'est, pour ainsi dire, attaché à lui avec la passion de Millet pour le paysan, de Constantin Meunier pour le travailleur des mines.

Afin de mieux le connaître, il a étendu jusqu'aux ascendances son champ d'observations, et je sais tel petit banc d'une humble chaumière de pêcheurs, où il s'est souvent assis, sous le manteau enfumé de la cheminée, dialoguant longuement avec les vieux parents pendant que le fils, sous son *cirage* dur et luisant « comme la peau d'un requin », roulait à travers les brumes froides de la mer pâle d'Islande, protégé par « la petite Vierge en faïence ». Et dans ce logis pauvre et sombre, il surprenait tous les détails de la vie passée de l'absent, il devinait toute la formation lente de son âme d'homme à travers les années de l'enfance fidèlement évoquées dans les récits chevrotants des vieux.

※
※ ※

Une célèbre toile du baron Gros revit dans mon souvenir, avec tous ses détails, lorsque je songe à la réception de Loti à l'Académie française. C'est celle où il a représenté François Ier faisant visiter à Charles-Quint l'église de Saint-Denis. A l'un des balcons intérieurs de l'édifice sont assises les maîtresses du roi galant : la Belle Ferronière, Diane de Poitiers, la duchesse d'Etampes... bien d'autres encore, les unes graves et fières, les autres souriantes, mais regardant toutes avec un visible orgueil leur royal amant faire à l'Empereur les honneurs de la basilique...

Ne pensez-vous pas qu'il y aurait aussi, dans la mise en scène de la cérémonie d'aujourd'hui, de quoi tenter un peintre, un peintre de talent doublé, pour la circonstance, d'un savant ethnographe ? S'inspirant discrètement du tableau du baron Gros, il nous ferait voir l'honorable M. Mézières, l'épée au côté, accueillant le nouvel immortel sous la coupole sainte, au milieu d'une foule grave, élégante et recueillie, pendant qu'à l'un des balcons du temple académique se pencheraient curieuses les maîtresses de Loti. Très curieuses, mais fières aussi d'avoir, pour une bonne part, contribué à la glorification de leur éphémère et immortel amant, par les merveilleux chants d'amour qui naquirent de leurs caresses. Caresses dont il a gardé un si persistant souvenir que, rongé encore aujourd'hui par l'impitoyable nostalgie du cœur, il retourne en Orient,

dans cet Orient qui l'a pris tout entier, poursuivant, les mains tendues, les douces et trompeuses images des chères réalités à jamais détruites...
« Tout s'apaise, s'apaise en moi, de plus en plus, nous dit-il, dans une des dernières pages de *Fantômes d'Orient;* tout s'éloigne, retombe dans un lointain plus effacé... »

Cela est-il bien vrai? Et cette fois Loti est-il bien sincère?

Je ne sais pourquoi il me semble que ce ne sont là que de vaines paroles, et je m'imagine qu'il changerait encore volontiers aujourd'hui son diplôme d'immortalité contre un blanc sourire d'Aziyadé, « un de ces sourires si rares », et qu'il se priverait même d'entendre l'honorable M. Mézières célébrer éloquemment sa gloire, pour écouter encore une fois le petit fantôme d'Orient lui murmurer doucement à l'oreille, de ses lèvres rouges parfumées d'ambre : « Senin laf Yemek isterim ! » (Loti ! je voudrais manger le son de ta voix !)

RATAPOIL SAUVÉ

A Paul Robert.

Le sculpteur Geoffroy-Dechaume, qui vient de s'éteindre dans sa quatre-vingtième année, était un des derniers survivants de cette héroïque petite phalange d'artistes qui eut pour chefs de file Corot, Millet, Jules Dupré, Daumier, Daubigny, Rousseau... Morts illustres, qui nous apparaissent déjà, du fond de nos rêveries esthétiques si troublées par l'agitation factice de tant de doctrines vainement séduisantes, comme de grands *Primitifs*, glorieusement puissants, sincères et simples.

Geoffroy-Dechaume était tout particulièrement lié avec Daumier, dont il fut peut-être le meilleur ami. Il a laissé du célèbre caricaturiste un portrait définitif. C'est un profil, en médaillon, aux lignes narquoises, au sourire légèrement sardonique, mais tout empreint quand même d'une paternelle indulgence, sous son expression de causticité joyeuse. Un précieux document à consulter pour ceux qui voudront voir revivre devant leurs yeux les traits du grand Daumier, dans toute leur vérité.

Geoffroy-Dechaume avait voué à la mémoire de l'immortel satirique un culte profond. Il était tout pénétré des moindres détails de sa vie et racontait très volontiers des anecdotes fort amusantes dont Daumier était toujours le héros.

Le père Geoffroy-Dechaume, comme nous nous plaisions à l'appeler, habitait un des vieux hôtels de l'Ile Saint-Louis, une de ces superbes maisons aux cours herbeuses et aux larges escaliers de pierre, bordés de superbes rampes en fer forgé, non loin de ce fameux hôtel Pimodan si fastueusement décrit par Théophile Gautier.

C'était un grand vieillard à la longue barbe blanche, au sourire jeune, à la voix douce, et qui, dans son antique et vaste demeure, vivait d'une vie heureuse et comme dans un rêve de tendres souvenirs, loin du bruit des boulevards et des agitations de la vie mondaine, au milieu de tableaux, d'aquarelles, de dessins tous signés du nom de ses vieux amis... Daubigny, Dupré, Corot, Millet, Daumier.... Bonne compagnie en vérité.

Parmi les œuvres qu'il possédait de Daumier, l'une des plus curieuses, et celle qui tout d'abord frappa le plus vivement nos regards, était une maquette en plâtre, de soixante centimètres de haut environ, représentant un personnage efflanqué, misérablement vêtu d'une longue redingote en larmes et coiffé d'un chapeau haut de forme très antique, à larges bords, campé insolemment sur l'oreille.

16.

Cette silhouette patibulaire s'appuyait, avec un air très accentué de « viens y voir », sur un énorme gourdin noueux.

Daumier, nous dit M. Geoffroy-Dechaume, appelait souvent à son aide son talent tout instinctif et très remarquable de sculpteur, pour parfaire ses œuvres de crayon. Il pétrissait alors en quelques secondes, avec un peu de terre glaise, des figurines, et en rapides coups de pouce il accentuait d'une étonnante façon les traits caractéristiques des sujets qu'il voulait dessiner ou peindre. Puis, ses *petits mannequins* établis, il prenait son crayon ou son pinceau et dressait son chevalet devant ses modèles en terre où, *d'après nature*, il avait bien vite fixé l'image vivante. Il ne procéda pas autrement pour sa fameuse planche « Le Ventre Législatif », et l'on peut voir encore aujourd'hui, chez les héritiers de Charles Philipon, mais s'effritant malheureusement sous l'action du temps, tous les petits bustes en terre glaise qu'il modela au sortir de la chambre des députés.

L'histoire de la statuette de plâtre que je viens de décrire rapidement, et que M. Geoffroy-Dechaume avait cataloguée dans sa collection sous le titre de *Ratapoil*, est fort divertissante. La voici :

Daumier qui, pendant l'Empire, aussi bien que durant le gouvernement de Juillet, fit toujours, sous la fiévreuse excitation de Philipon, une guerre acharnée au pouvoir, avait voulu symboliser, dans cette figurine à l'allure provocatrice, la corporation très active d'ailleurs des agents électoraux bonapartistes. Dans la *Caricature*, dans le *Charivari* de l'époque, on rencontre bon nombre de planches lithographiques où se démènent, gourdin en main, des personnages tout semblables à la statuette en question, qui bien souvent lui servit de modèle. Il eut même, dans son ardeur satirique, de si nombreuses occasions de l'utiliser que, redoutant un accident pour son fragile mannequin en terre crue, il résolut d'en faire faire un moulage en plâtre. Et c'est cette pièce unique que possède M. Geoffroy-Dechaume. Elle fut donnée au vieil ami du grand caricaturiste, par madame Daumier elle-même.

La malheureuse femme avait pris ce plâtre en horreur.

L'image de ce petit bonhomme au gourdin terrible et à l'allure fort impertinente, l'obsédait sans cesse et hantait ses nuits. Elle tremblait au moindre bruit, craignant une descente de police, et maudissant du fond du cœur cet affreux *Ratapoil* dont la découverte pouvait causer à son mari de si cruels ennuis.

Finalement elle l'enfouit dans un paillon à bouteille, et le cacha dans un des coins les plus mystérieux des cabinets d'aisances. « Ici, au moins, pensa l'excellente femme, ils ne viendront pas le chercher. »

Et c'est ainsi que là où Héliogabale rencontra la mort, Ratapoil trouva l'immortalité. Car, si cette précieuse statuette a pu être conservée jusqu'à ce jour, c'est bien grâce, sans nul doute, à l'étrange stratagème qu'inspira à Mme Daumier son amour pour son mari et la crainte salutaire des gendarmes. D'ailleurs, l'Etat, très heureusement inspiré, a fait traduire en bronze cette curieuse figurine, qui restera très probablement comme le seul spécimen de l'œuvre sculpturale de Daumier, ce grand sculpteur.

UN PORTRAIT

A Alfred Barrion.

Au milieu de bien des toiles médiocres ou apocryphes, le palais Doria possède trois chefs-d'œuvre, le *Moulin* et le *Repos en Egypte* de Claude Lorrain ; celui d'*Innocent X* par Velasquez ; un *Memling* admirable, et cette fameuse création de Jean Breughel « où, comme on l'a si justement dit, le peintre a groupé dans une seule toile toutes les parturitions de la terre dans sa jeune fécondité avec un éclat et une fraîcheur de coloris incomparables, qui font ressembler le paysage à un écrin de rubis, d'émeraudes, de turquoises, de saphirs et d'or ».

Dans la collection des Lorrain du musée du Louvre, nous n'avons certainement pas une seule toile qui puisse être comparée au *Moulin* du palais Doria.

La profondeur mystérieuse de ces lointains dorés attire. On voudrait s'asseoir et rêver au bord de ce grand fleuve limpide et calme dans lequel se mirent des arbres élégants et superbes. Comme ces bergers dont les danses gracieuses se déroulent à l'ombre des chênes verts et des pins parasols semblent heureux ! Que ne me font-ils signe de me mêler à leurs plaisirs et de venir près d'eux au bord de ce fleuve argenté, et sous ce ciel limpide où glissent lentement quelques nuages blancs pareils à un vol de cygnes paresseux. C'est là que je voudrais vivre dans cette divine Arcadie, dans ce rêve ruskinien, où tout est repos, lumière, joie, beauté, et qu'il me semble avoir habité autrefois, il y a bien longtemps de cela, lorsque je croyais au grand paradis bleu et à bien d'autres choses... Car telle est la magie de ce paysage qu'on le contemple avec une sorte de nostalgie mélancolique comme un paradis perdu et introuvable, et l'on remercie avec émotion le puissant artiste qui a su nous arrêter au milieu des durs chemins de la vie pour nous faire un moment retourner la tête vers les pays bienheureux où nous avons tant rêvé de vivre que nous croyons parfois y avoir vécu.

J'apprécie fort la science d'exécution de nos paysagistes modernes, mais je ne puis m'empêcher de reconnaître que dans l'interprétation de la nature la sûreté d'œil du peintre et l'habileté de son pinceau ne peuvent à eux seuls produire des œuvres de premier ordre. Il faut que l'artiste sache mêler ses pensées aux détails de son œuvre, qu'il la baigne, pour ainsi dire, de toute l'émotion de son cœur, et lui donne une puissance d'évocation telle qu'il soit impossible de la contempler sans pénétrer dans l'âme de l'auteur et sans jouir ou souffrir de son rêve. A ces conditions seulement l'art du paysage cesse d'être un art inférieur.

Le *Moulin* du Lorrain et la *Baie de Weymouth* de Constable seront toujours deux types de paysages merveilleux parce que, dans l'un comme dans l'autre, on sent vivre les âmes des deux grands artistes, l'une avec sa lumineuse quiétude, l'autre avec sa sombre mélancolie.

Dans ce même palais Doria, figure une toile célèbre qui se détache avec une audacieuse vigueur de tons au milieu des teintes dorées des peintures italiennes. C'est le fameux Innocent X de Velasquez. Parmi les nombreux portraits du grand maître exposés au musée du Prado, je n'en ai pas vu un seul qui puisse lui être préféré. C'est le triomphe définitif dans l'art de peindre et d'exprimer sur la toile la vie humaine dans toute son intensité. A côté de ce portrait terrible, les portraits des maîtres italiens pâlissent et s'effacent. Cette toile rayonne. Dut-il être heureux, le grand Diego de Sylva, lorsqu'il vit poser devant lui ce masque puissant mais hideux, et qu'il allait fouiller dans toute la puissante réalité de ses détails pour en faire comme la suprême expression du vice humain enveloppé dans la majesté papale. Après avoir été ébloui par l'ensemble de cette toile magnifique, éclatante de couleur et de vie, approchez-vous de plus près et analysez un peu les traits de ce visage palpitant de sensualisme et suant la cruauté.

A demi voilés sous d'épais sourcils, les yeux luisent étrangement, et l'on se demande si c'est de cruauté ou de luxure. Songe-t-il, le suprême pontife de Dieu, aux dernières caresses de Dona Olympia Maldachini, sa nièce, ou à celles de la princesse de Rossano, ou bien encore ces yeux ne sont-ils aussi brillants que parce qu'ils reflètent la rouge clarté des bûchers de Castro ?

Les lèvres humides et intempérantes sont relevées aux deux coins. Le nez bulbeux et rouge a une certaine analogie avec le groin du porc, et les oreilles énormes et détachées de la tête sont pointues comme celles des satyres. La barbe fine et rare descend sur la poitrine et s'y bifurque en s'amincissant comme celle d'un bouc.

Plongé dans un fauteuil rouge, rouge comme un bain de sang, il semble prêt à donner, aux fidèles, sa bénédiction avec un sourire de démon cruel et paillard.

HELLEU

Paul Helleu apprit l'art de peindre dans l'atelier de Gérôme. Qui s'en douterait? Puis, chez le regretté Deck, il s'adonna avec passion et avec un succès complet à la décoration céramique. Les vases, les plats... ornés par Helleu, sont aujourd'hui précieusement collectionnés par des amateurs très malins, qui les gardent d'ailleurs avec un soin jaloux.

Mais à ce sensitif, à ce nerveux, toujours en mouvement, toujours en quête d'impressions d'art nouvelles et très raffinées, il fallait un procédé d'expression plus rapide que le méticuleux *posage au pinceau*.

La peinture à l'huile, l'art du pastel, dans lequel il excelle cependant, ne pouvaient encore fournir à sa curiosité sans cesse en éveil des formules assez vives pour lui permettre de fixer toutes les gracieuses visions dont son œil est sans cesse rempli, visions d'ailleurs très réelles et nullement apparues dans la mélancolie du rêve. Car, Helleu est un affreux réaliste, tout comme monsieur Courbet. Il est vrai que son idéal terrestre diffère sensiblement de celui du peintre d'Ornans, et son mode d'exécution aussi... Helleu est à Courbet ce qu'est Watteau à Annibal Carrache ou bien à tout autre sombre mastiqueur de l'abominable école bolonaise, dont les toiles sans nombre font une draperie funèbre à notre Musée du Louvre.

Son motif vivant, son éternel sujet inspirateur, dont la grâce troublante paraît s'être à tout jamais imposée à son âme d'artiste, est la femme élégante et jolie, la femme de race fine, qui passe dans la vie, légèrement dédaigneuse et très svelte, avec des cheveux dorés, une nuque blonde et souple et une toilette de coupe irréprochable, aux tons discrets. Il la suit pas à pas, armé d'une plaque de cuivre et d'une pointe de diamant, et, directement, avec une étonnante sûreté de dessin, avec une précision aiguë et forte, il enveloppe, dans un seul trait, un trait outamaresque, l'expression du visage, les gestes, les mouvements, les attitudes... de son fugitif modèle, auquel il demande rarement la pose officielle derrière laquelle disparaît presque toujours le caractère du personnage.

Dans la génération actuelle, je ne connais pas de *peintre de la femme* qui puisse être préféré à Helleu ; et, plus tard, dans le lointain avenir, c'est en feuilletant la collection de ses admirables pointes sèches, de ses savoureuses sanguines, de ses pastels clairs et légers, qu'on pourra se faire une idée juste de la femme élégante à la fin du dix-neuvième siècle. On peut dire dès aujourd'hui de la grâce de son talent ce que les frères de Goncourt ont dit de celle de Watteau, dont il descend en ligne directe : « Elle est cette chose subtile qui semble le sourire de la ligne, l'âme de la forme, la physionomie spirituelle de la matière... Toutes les séductions de la femme au repos : la langueur, la paresse, l'abandon, les adossements, les allongements, les nonchalances, la cadence des poses, le joli air des profils penchés, les retraites fuyantes des poitrines, le jeu des longs doigts sur le manche des éventails... »

Parfois, comme pour se punir volontairement de s'être trop longtemps grisé du parfum profane de ses chers et charmants modèles, il va se réfugier, anachorète très intermittent, dans la silencieuse fraîcheur des églises désertes ou sous les frondaisons automnales des grands parcs abandonnés, et là, au milieu des odeurs de l'encens ou des feuilles mourantes, loin des bruits du monde, très recueilli et très convaincu, il se plaît à oublier un instant « les allongements des poses et les retraites fuyantes des poitrines » pour peindre sur de vastes toiles les jeux capricieux du soleil à travers les rosaces incendiées ou les mélancolies des choses défuntes. Et sous son pinceau souple et léger, les fleurs de pierre, les saintes fleurs, pieusement écloses sur les sombres murailles et le long des sveltes colonnes gothiques, s'épanouissent dans un éblouissement de fraîches couleurs, venues du ciel, et les eaux dormantes des bassins où se mirent les marbres verdis, semblent les larmes accumulées des siècles morts.

Essayons, avant de finir, un petit portrait de ce curieux et brillant artiste.

Nous avons pensé que nos lectrices nous sauraient gré de leur présenter l'habile et subtil interprète de leur grâce et de leurs charmes.

Paul Helleu qui, avec ses grands yeux bruns, sa barbe et ses cheveux noirs, légèrement frisés, son teint basané, sa taille élancée, son allure, vive et nerveuse, fait vaguement songer à un seigneur vénitien de la bonne époque, égaré en plein Paris moderne, est né à Sarzeau, près de Vannes. C'est un Breton bretonnant. Il n'a d'ailleurs pour son pays natal qu'un très faible attachement. Et cela est fort mal.

Il ne croit ni aux poulpiquets ni aux korrigans, et la bergère à coiffe blanche qui dans la lande en fleurs mêle sa chanson plaintive à celle de l'alouette, en tricotant des bas pour son petit frère, le laisse absolument froid. Aux sombres alignements de Carnac, il préfère les pelouses animées et mondaines de l'île de Wight et l'avenue du Bois, cette *alameda* parisienne, le dimanche matin, de onze heures et demie à midi, après la grande messe de Saint-Honoré-d'Eylau...

Il s'habille avec une simplicité très savante, fume d'énormes quantités de cigarettes, exècre le chapeau haut de forme, et rêve de gagner beaucoup d'argent pour s'offrir tous les étés un beau yacht sur le pont fleuri duquel une fervente hospitalité sera toujours offerte... aux plus belles.

WHISTLER

Je viens de voir Whistler pour la première fois. Nous étions assis vis-à-vis l'un de l'autre, à la même table, une table étincelante de lumières, couverte de fleurs, encadrée de messieurs très graves, cravatés de blanc, et de femmes jeunes et élégantes. Whistler, qui se penchait avec une douce nonchalance du côté de sa voisine, une de ses plus belles compatriotes, dont il frôlait parfois, de sa chevelure ébouriffée, la blancheur nacrée des épaules, était d'une gaieté extraordinaire et d'une intarissable loquacité, parfois brusquement coupée par un éclat de rire strident, qui accompagnait le rire nerveux de sa voisine, rire étouffé dans la dentelle d'un petit mouchoir...

Que pouvait-il bien lui dire ?

Whistler, dont je ne sais, ni ne veux connaître, ni faire connaître l'âge, est toujours très vert, très fringant et grisonne à peine. De sa chevelure frisée émerge une mèche blanche et droite, tout à fait singulière. D'ailleurs tout le personnage, avec son allure pimpante et sa faconde toute méridionale, sa verve primesautière, est d'une joyeuse originalité. Il est d'une myopie extrême, et, pendant le dîner, je le vis remplacer une demi-douzaine de fois le monocle qu'il porte constamment à l'œil droit et dont la vapeur des plats troublait la clarté. Au dessert, une pile de monocles s'élevait près de son assiette.

Voilà, je l'espère, de très précieux renseignements pour les biographes artistiques de l'avenir.

Au fumoir, nous causâmes longuement, et Whistler me fit part, dans des termes très émus, de la joie qu'il avait éprouvée en apprenant l'achat par l'État du portrait de sa mère pour le musée du Luxembourg.

Le célèbre artiste, qui aime la France comme une seconde patrie, et qui parle admirablement notre langue, vient de louer un atelier sur la rive gauche, et séjournera désormais à Paris pendant une partie de l'année.

Comme je le complimentais sur la superbe exposition qu'il a cette année au Champ-de-Mars et surtout sur cette toile admirable qui figure une marine grise sous un ciel vert-pâle, petite toile toute pleine de la houle silencieuse du large, il m'apprit qu'un jour il quitta brusquement Londres, enlevé pour ainsi dire par un ami qui faisait le voyage du Chili, et qu'il peignit ce tableau si doucement crépusculaire dans la baie de Valparaiso, quelques heures après le bombardement de la ville par les Espagnols, alors que l'atmosphère était encore toute grise de la fumée flottante des canons.

Whistler eut Courbet pour maître, et, chose non moins étonnante, l'influence du robuste peintre d'Ornans se manifeste encore quelquefois aujourd'hui dans la manière si subtile et si originale de l'artiste américain. Voyez plutôt au Champ-de-Mars la marine exposée en second rang, près de l'inoubliable portrait de Lady Meux.

ZORN

Anders Zorn, dont la réputation artistique est aujourd'hui solidement établie et dont les vrais amateurs d'estampes s'arrachent déjà à prix d'or les belles eaux-fortes, d'une facture si originale, peut avoir aujourd'hui trente-cinq ans. Il est grand, svelte, porte une fine moustache blonde, étudie avec beaucoup d'art le moindre de ses mouvements, s'exprime très péniblement en français, monte beaucoup à cheval, se fait chausser à Berlin, blanchir à Londres, habiller et coiffer à Paris. C'est du moins ce que j'ai ouï dire...

Aucune trace ne subsiste donc dans ce très parfait gentleman de ses origines premières, car, comme Giotto, Zorn garda jadis les moutons, et je connais un merveilleux petit dessin à la plume où il s'est représenté simplement vêtu d'une peau de chèvre et, pieds nus, sculptant au couteau, dans des écorces de bouleau, des images naïves qu'il colorait ensuite avec le jus des mûres ou des myrtilles cueillies à l'ombre des forêts de pins de son pays.

Et ceci n'est pas un conte bleu, comme on pourrait le croire. Pas de fée providentielle dans le récit, mais tout simplement un honorable citoyen de Stockholm, un brave Mécène en pantoufles qui, rencontrant par hasard le jeune berger, remarque ses étonnantes aptitudes artistiques, s'intéresse à son avenir, le fait entrer au collège, puis à l'école des Beaux-Arts de Stockholm,... etc., etc.

Peu d'années après sa sortie triomphale de cette dernière école, Zorn fait un long pèlerinage à travers les grandes collections d'art d'Europe. Il visite tour à tour l'Allemagne, la Hollande, la Belgique, l'Italie, l'Espagne où il fait deux remarquables portraits à l'aquarelle de la duchesse d'Albe et de la duchesse d'Ossuna.

Voilà notre petit berger dalécarlien lancé.

Il expose à Londres, où ses aquarelles sont très recherchées ; à Paris, où ses baigneuses nues, son portrait du chanteur Faure, son tout récent et si remarquable portrait à l'eau-forte de Renan, son quai de Londres (musée du Luxembourg)..... ont tout particulièrement frappé l'attention.

Ne vous semble-t-il pas que ce curieux artiste, vraie force de la nature, sorte de fleur sauvage, poussée en toute liberté dans le calme d'une nature primitive, puis brusquement épanouie, et avec une splendeur si rare, dans les milieux les plus raffinés et les plus subtils de la vie artistique, méritait dès aujourd'hui, aussi bien d'ailleurs pour son incontestable talent que pour la singularité de sa destinée, un tout petit bout de biographie ?...

THÉODORE CHASSÉRIAU

A Arthur Chassériau.

Qu'il eût été plus rationnel, plus artistique, de consacrer tous ces millions qui vont être absorbés par la construction de l'Opéra-Comique, inutile monument, qui n'aura même pas le mérite d'orner le boulevard, à l'édification d'un musée d'art moderne si impérieusement et si légitimement réclamé, ou à la reconstruction de ce malheureux palais du quai d'Orsay, aujourd'hui envahi par une véritable forêt de platanes et des hordes de chats réfractaires à l'humiliante domesticité, et où figureraient et se développeraient chaque jour, comme au Kensington de Londres et au musée industriel de Berlin, les précieuses collections perdues dans les salles toujours désertes d'une des ailes du palais des Champs-Elysées, etc... etc...

*
* *

Par une étrange coïncidence, au moment où je me laisse aller à ces réflexions amères, évoquées par cette pauvre *Cour des Comptes,* dont Théodore Chassériau décora si merveilleusement l'escalier d'honneur, mon regard se porte sur un beau volume, édité avec un luxe de bon goût et dont la couverture, d'un joli bleu ardoisé, porte ce titre aux deux couleurs : *Un peintre romantique : Théodore Chassériau.* Cet ouvrage, qui vient à peine de paraître, constitue une étude très sérieuse du peintre et de son œuvre, et est signé du nom de M. Valbert Chevillard qui a traité son beau sujet avec une ferveur émue, une compétence rare et une chaude et brillante élégance de style. Il était nécessaire qu'à une époque où tant de glorieux éphémères ont leurs enthousiastes panégyristes, un écrivain d'art de talent eût l'heureuse idée de ressusciter, aux yeux de la génération actuelle, la noble et intéressante figure de Théodore Chassériau, trop injustement reléguée jusqu'à ce jour, et comme étouffée, entre ces deux colosses : Ingres et Delacroix, ses maîtres. Maîtres en vérité bien dissemblables, mais dont Chassériau, dans son dualisme religieux, résuma parfois, par un prodige d'art instinctif, les doctrines si opposées sur des toiles exquises, où se marient dans une troublante harmonie de lignes et de couleurs les qualités essentielles des deux grands artistes. On a dit que Chassériau, sollicité en sens contraire par les deux maîtres exclusifs et jaloux auxquels il avait voué une égale tendresse, chercha à combiner leurs sentiments si divers et leur pratique si dissemblable. Je n'en crois rien. Tout jeune, il les aima d'amour égal, et, sous l'influence tyrannique de leur génie, fixa inconsciemment dans des formes fatalement pleines de réminiscences d'école, ses calmes et pures visions des époques antiques et ses souvenirs d'Afrique. Mais l'heure de l'affranchissement devait bientôt sonner et, comme dit Théophile Gautier dans un des nombreux et éloquents articles qu'il lui consacre : « ..... Parti d'Ingres, ayant traversé Delacroix comme pour colorer son dessin si pur, il était depuis longtemps lui-même un maître, et tout dernièrement nous signalions son influence sur les plus hardis des élèves de l'école de Rome... »

Nous nous permettrons d'ajouter que plusieurs de nos grands peintres actuels, et pour n'en citer que deux : Gustave Moreau et Puvis de Chavannes, ressentirent profondément, à leur tour, l'influence de Chassériau, devenu le peintre de Desdemone, d'Apollon et de Daphné, du Tépidarium des fresques de la Cour des Comptes, etc., et nous serions bien surpris si ces deux maîtres se défendaient d'avoir subi l'ascendant de ce pur et troublant génie dont la flamme devait s'éteindre après avoir jeté une si courte mais si brillante lueur. Gustave Moreau a d'ailleurs rendu un éclatant hommage à la mémoire de Chassériau en exécutant cette belle toile — *Le Jeune Homme et la Mort* — qui figura au Salon de 1857, composition allégorique dédiée au peintre de la *Vénus marine* (sœur de la blonde Galatée). Il a donné les traits de Chassériau à son personnage principal, un homme plein de jeunesse et d'ardeur, prêt à cueillir les lauriers de la gloire, lorsque la Mort, qui le suit par derrière, vient l'envelopper de ses voiles funèbres.

Chassériau mourut à trente-sept ans. Il était d'une précocité extrême. Quand il voulut tenter l'épreuve pour le prix de Rome, il avait à peine seize ans. Justement, à cette époque, Ingres dut partir pour aller prendre la direction de l'Académie française à Rome. Chassériau le suivit et ne put prendre part au concours. A vingt-quatre ans il obtenait sa deuxième médaille au Salon, avec un *Christ au jardin des Oliviers*.

Sa production était incessante. Maître absolu de son dessin, il savait donner rapidement une forme à son rêve. De là le nombre considérable d'œuvres qu'il a exécutées pendant sa trop brève existence. Dans le catalogue qui sert d'éloquente péroraison au livre de M. Chevillard, je ne compte pas moins de quatre cent cinquante numéros. J'y relève des peintures murales, des peintures religieuses, de nombreux portraits, des toiles de genre, des eaux-fortes originales, des lithographies et jusqu'à des vitraux... Les tableaux éblouissants, les chaudes études que lui inspira le ciel d'Afrique, qu'il aimait avec passion, lui assurent une place d'honneur dans la brillante phalange de nos peintres orientalistes.

Et c'est au moment où tout jeune encore, alors qu'il était en possession définitive d'un talent si indiscutable, que la mort aveugle et brutale l'a abattu, comme elle terrassa aussi dans la fleur de leur vie et dans toute la force de leur art Marilhat, Fortuny, Regnault, Guillaumet... ces amants passionnés du soleil. C'est à croire à la légende icarienne.

Ne vous semble-t-il pas qu'il y a dans la mort de ces poètes de la lumière quelque chose de particulièrement attristant ? On dirait une clarté qui disparaît. Heureux encore ceux qui, comme Théodore Chassériau, ont eu le temps de faire une assez riche moisson de rayons pour illuminer éternellement leur mémoire.

NOTES

SUR LIOTARD

La plume de Liotard n'avait ni la facilité, ni l'élégante précision de son crayon, comme on pourra s'en rendre compte dans le cours de cette étude et cela est vraiment fort regrettable, car étant donnée l'excentricité de son caractère, son humeur voyageuse, bon nombre de pittoresques aventures durent signaler ses lointaines et folles pérégrinations. Un journal fidèle, une sincère autobiographie nous eût sans doute permis d'esquisser ici de cet étrange personnage, trop peu connu aujourd'hui, un portrait curieux et vivant.

Jean-Étienne Liotard avait l'humeur voyageuse au plus haut degré.

« Par la curiosité, comme par l'amour du mouvement, dit M. Édouard Humbert dans l'intéressante étude qu'il a consacrée à son compatriote, il n'est pas loin de nous rappeler l'un de nos vieux chroniqueurs aux lointaines chevauchées, un artiste aussi, en son genre, Jehan Froissart. Sans l'éloigner d'ailleurs du but souverain de l'art, les pérégrinations auxquelles l'âge seul le contraignit de renoncer eurent l'excellent effet de féconder son talent et d'accroître sa nouvelle facilité de travail. Où qu'il se plût à séjourner, à résider, à penser, il entrait en commerce intime avec la nature ; et c'est ainsi que, sans cesse à la recherche du vrai, il a donné à ses œuvres la fraîcheur délicate et la grâce qui ont vaincu le temps. »

Sans doute il nous est resté de lui plusieurs lettres très caractéristiques de la nature de son esprit, et un certain nombre d'anecdotes fantaisistes relatives à ses excentricités ont été pieusement recueillies par ses graves compatriotes genevois, puis nous sont parvenues avec une sorte de couleur de légende Mais, à vrai dire, les renseignements sur le personnage, sur les détails de son existence si ballottée, sont trop incomplets pour qu'on en puisse faire une biographie minutieuse, et en essayer même une psychologie superficielle.

A défaut de ce journal, Liotard a fait cependant œuvre d'écrivain en publiant sous ce titre : « *Traité des principes et des règles de la peinture* », un ouvrage dans le genre didactique, avec une épigraphe empruntée à l'*Art poétique* d'Horace :

» Ergo fungar vice cotis, acutum.
Reddere quæ ferrum valet, exsors ipsa secandi. »

« Je ferai donc l'office de la pierre à aiguiser qui ne coupe point, mais qui met le fer en état de couper. »

— Excusez du peu.

J'ai eu le courage de lire jusqu'au bout ce petit volume, qui parut à Genève en 1781, et qui s'ouvre par une extraordinaire épître dédicatoire au nom de Corrège, que Liotard, par un singulier caprice de goût, place toujours en première ligne parmi les grands maîtres de la peinture. « Divin Corrège, Appelle moderne, ô mon maître !... » Cette lyrique invocation est suivie d'une série de théories esthétiques poncives, lourdement exprimées dans un langage barbare; et presque toutes d'ailleurs, fort heureusement, en complète contradiction avec l'art si délicat, si lumineux, si distingué de notre artiste. Je me souviens, entre autres divagations, d'une discussion interminable sur « le fini du tableau sans touches et le grossier du tableau touché », qui, par ses formules gongoresques, ses arrêts décisifs, ses jugements contradictoires, me plongea dans une douce hilarité.

Mais, brisons là avec le théoricien d'art et occupons-nous du simple artiste. Laissons la doctrine pour l'œuvre, le prédicateur pour l'ouvrier. Le sujet offre plus d'intérêt.

*
* *

Jean-Étienne Liotard naquit à Genève, en 1702, de parents français, qui s'étaient réfugiés dans la ville forte du protestantisme après la révocation de l'Édit de Nantes. Dans ses *Renseignements sur les beaux-arts à Genève*, J.-J. Rigaud consacre quelques pages à Liotard, et nous en extrayons les

18.

lignes suivantes, qui prouvent que notre artiste, destiné à devenir un des petits-maîtres les plus distingués et les plus recherchés du dix-huitième siècle, ne fit pas exception à la règle, en affirmant sa vocation avec éclat dès son âge le plus tendre :

« Il y avait au collège de Genève, en l'année 1712, un enfant d'un caractère vif, d'une figure originale, meilleur camarade que bon écolier, et dont les cahiers offraient un mélange constant de figures tracées à la plume ou au crayon et de thèmes ou de passages latins. Parfois, les écoliers se groupaient hors de la classe autour de leur camarade ; celui-ci s'amusait alors à crayonner leur portrait, et, quand la ressemblance s'y trouvait, celui qui venait de poser obtenait, au moyen d'une pièce de trois sols, le chef-d'œuvre qu'il emportait ensuite dans sa famille. »

La voilà donc bien doctoralement établie, la précocité de vocation du jeune Jean-Étienne Liotard.

Son père, homme d'esprit positif et pratique, que les désastreuses spéculations de Law avaient en partie ruiné, voulut d'abord la contrarier ; mais, n'y pouvant réussir, il lui donna, à Genève même, un professeur de dessin appelé Gordelle. Bientôt Liotard quittait l'atelier, presque aussi habile que son maître, pour se rendre à Paris, où il étudia à l'atelier de Massé, bon peintre en miniature, mais dont l'enseignement était déplorable. Il y séjourna peu de temps et, après avoir pris les conseils de Lemoine, qui, après l'examen de ses œuvres, lui conseilla vivement de ne peindre que d'après nature,

« ne connaissant personne mieux capable que lui de la représenter », il partit pour l'Italie en compagnie du marquis de Puisieux, ambassadeur de France à Naples, personnage providentiel qui, d'ailleurs, toujours le favorisa.

* *
*

Voilà la période des voyages, des aventures, des succès, des triomphes qui s'ouvre.

Nous allons le suivre en Italie, dans les îles de la Grèce, à Constantinople, en Asie Mineure, en Autriche, en Angleterre, en France, en Hollande... toujours travaillant, toujours son crayon au doigt et emprisonnant avec une prestigieuse maîtrise, sur les feuillets de ses albums, dans le trait souple et délicat de ses crayons de couleur, les traits des paysannes de Chio, des effendis, des pachas, des belles Smyrniotes, des hospodars, des empereurs, des brodeuses roumaines, des impératrices, des servantes hollandaises, des stathouders des grands seigneurs, des écrivains les plus célèbres, des courtisanes à la mode, des ladies, des princes et des princesses du sang, des cardinaux, voire même du pape Clément VII, car, à peine débarqué à Rome, Liotard, qui ne doutait de rien, put, grâce à l'intervention du cardinal Biancheri, qu'il connaissait un peu, obtenir deux séances du pape, dont il reproduisit au pastel la physionomie.

Liotard, dans une de ses lettres, rapporte même que, pendant une des séances, le Souverain Pontife lui aurait dit : « Si j'étais peintre, je ne peindrais pas le pape, parce que quand les papes sont morts, leurs portraits vont aux.... »

Peu de jours après avoir peint le portrait de Clément VII, Liotard partit pour Florence, et c'est là qu'il fit l'heureuse rencontre de quelques jeunes Anglais propriétaires d'un navire dont le mouillage était à Naples, et qui, sans aucune sérieuse résistance de sa part, le décidèrent à les accompagner dans un assez long voyage qui devait être d'un prix inestimable pour l'artiste.

La bande joyeuse s'embarqua à Naples par un jour de printemps et toucha d'abord à Capri, à Messine, à Syracuse, à Malte, à Milo, à Paros, à Délos, puis à Chio, à Smyrne, à Constantinople enfin.

Jusqu'à ce jour on ne connaissait guère l'Orient que par la traduction des *Mille et une Nuits*, de l'abbé Galland.

Qu'on juge des impressions éprouvées par Liotard en se promenant sur les quais de Smyrne et dans les bazars de Stamboul !

De ce pèlerinage au pays du soleil, il rapporta un très grand nombre de dessins, œuvres d'une fraîcheur et d'une expression délicieuses, et dont la plupart dorment encore, sans doute, enfouies dans des greniers de châteaux.

Puissent toutes ces œuvres exquises sortir bientôt de cette nuit de l'oubli !

Toutes cependant n'ont pas été perdues, et le Musée du Louvre a acquis, il y a quelques années, de M. le chanoine Gallet, une série de dessins, la plupart exécutés en Orient ou dans les îles de la Grèce.

Grâce à la faveur de Mehemet-Aga, Liotard obtint à Constantinople un succès considérable, et, après avoir été accueilli au mieux par la société européenne, il fut très recherché des Turcs de distinction charmés de poser devant lui malgré les prescriptions du Coran.

Lorsqu'il quitta Constantinople pour se rendre en Autriche, où il était appelé, il était célèbre et déjà riche, car chacun de ses portraits, pastel ou dessin, lui était grassement payé.

L'orientalisme s'était si fortement emparé de Liotard, qu'il fut sur le point d'épouser, conformément au rite musulman, une charmante jeune fille nommée Mimica. Puis, trouvant que la robe et le turban lui allaient à merveille, il adopta le costume turc, sous lequel il se présenta d'ailleurs chez le prince de Moldavie, dont il fit le portrait ainsi que celui de la princesse et de sa fille. Il se rendit ensuite en Transylvanie, puis en Hongrie, et atteignit enfin Vienne le 2 septembre 1743, toujours sous son accoutrement oriental.

Son aspect extérieur de parfait musulman était encore rendu plus frappant par une barbe fluviale qui descendait en cascades sur sa poitrine.

« Le peintre turc », c'est le sobriquet sous lequel on le désignait, ne tarda pas à devenir l'homme du jour. Il fut reçu à la cour, et Marie-Thérèse, charmée par la brusque originalité de son esprit autant peut-être que par son talent, le prit en affection. Il quitta Vienne comblé de faveurs, après avoir fait les portraits de François de Lorraine, grand-duc de Toscane, de Marie-Thérèse, de l'impératrice-mère, du prince Charles de Lorraine, de la sœur de l'impératrice, de la princesse Charlotte, des archiduchesses et d'une foule de grands dignitaires...

* *
*

De Vienne, Liotard se rendit à Paris, après une courte halte à Genève, où son étrange costume produisit un véritable scandale parmi ses graves compatriotes.

L'accueil qu'il reçut à Paris ne le céda en rien à celui de Vienne ; ce fut à qui ferait faire son portrait par Liotard, malgré le prix très élevé de ses moindres croquis.

Le roi, la reine, le dauphin, le maréchal de Saxe posèrent devant lui. Il peignit aussi Voltaire, Crébillon, Fontenelle, peut-être même Jean-Jacques, bien qu'aucune gravure ne soit restée du pastel qu'il dut faire de l'auteur d'*Emile* dans le courant de l'année 1770.

Au sujet de ce portrait qu'il désirait beaucoup faire, il eut avec le philosophe un curieux échange de lettres, et nous demandons au lecteur de nous autoriser à reproduire ici quelques passages de celle qu'il écrivit de Genève à Rousseau, le 2 septembre 1765. Ces lignes, mieux qu'une longue analyse, feront ressortir toute la bizarre originalité de cette étrange nature.

« Monsieur, le plus grand de mes plaisirs est de chercher à penser purement, naturellement et sans aucun préjugé. Nous n'avons au-dessus des bêtes que la seule faculté de nous communiquer nos pensées par le langage... Surtout le reste je cherche à penser comme les animaux qui n'ont ni mauvaises habitudes, ni préjugés.

» J'ai des idées très singulières ; voici les principales :

» Nous devrions, pour vivre longtemps, être rien, et marcher à quatre pattes ; peut-être sommes-nous de la classe des animaux qui ne doivent point boire, qui ne doivent pas dormir, mais se reposer... Un médecin est un aveugle qui peint. La médecine est une des sciences les plus incertaines. Toute nourriture cuite est moins saine, et plus elle cuit et moins elle nourrit.

» Je ne crois à aucun « on dit » sans examen. Je crois que la loi naturelle est la loi du plus fort et du plus adroit. Tout homme qui veut vivre en société doit agir selon cette loi de ne faire à autrui que ce que nous voudrions qu'on nous fît.

« J'ai de plus à vous communiquer des idées sur la peinture, singulières. Les principes les plus essentiels sont des axiomes. J'ai à vous faire voir des tableaux d'un nouveau genre de peinture et où la peinture est poussée à son plus haut période et les idées relatives à ce sujet à vous communiquer...

» Je pensais aller vous voir avec M. Wilque... Vous me renvoyez cet honneur au mois d'octobre. J'eusse été bien charmé que ce fût dans ce mois.

Mais patience, j'apporterai ce qu'il me faut et vous prierai de me donner quelques moments pour avoir votre ressemblance...

» J'ai appris que vous vous étiez un peu amusé de la peinture ou du dessin. Je serais charmé de pouvoir vous aider à mieux faire.

» J'ai l'honneur d'être, avec toute l'estime et la considération possible, monsieur, votre très humble et très obéissant serviteur.

» J.-E. LIOTARD.

» Genève, 2 septembre 1765. »

*
* *

Il y a dans cette lettre, j'en conviens, des affirmations très sensées, et cependant il faut reconnaître que celui qui l'écrivit semble, pour employer une expression familière, avoir reçu un joli coup de marteau sur la tête.

Jusqu'à la fin de sa carrière, Liotard se singularisa par des excentricités extraordinaires. Aux approches de la soixantaine, l'idée lui vint de prendre femme, et il fut épouser une jeune Française en Hollande. Malgré la disproportion d'âge des deux époux, la chronique ne nous apprend pas que l'excellent Liotard fut malheureux Il eut même, phénomène d'ailleurs peu surprenant, plusieurs enfants de sa jeune femme, près de laquelle il termina paisiblement ses jours dans un âge très avancé, après un nouveau voyage à Paris et à Vienne, regrettant toujours sa robe, sa longue barbe et son turban, dont il avait non sans chagrin fait le sacrifice à madame Liotard.

*
* *

L'œuvre de Liotard est considérable. On peut dire que de 1720 à 1788, pendant une période de soixante-huit années, il ne cessa de travailler. Malgré toute la conscience qu'il mettait dans l'exécution de ses plus légers croquis, sa puissance de production était prodigieuse. Tour à tour pastelliste, émailleur, miniaturiste, graveur, il ne s'appliqua qu'en de rares occasions à la peinture à l'huile. Et c'est pourtant en ce genre qu'il a laissé, entre autres essais, une de ses œuvres les meilleures, un très intéressant portrait de lui-même à la fin de sa vie. Portrait inconnu de la plupart des amateurs et qui est devenu la propriété d'un descendant de l'artiste.

Ses œuvres principales sont : la chocolatière du musée de Dresde, œuvre exquise dans sa grâce un peu maniérée : les portraits du maréchal de Saxe, de la princesse de Galles de l'empereur Joseph II, de l'impératrice Marie-Thérèse, de l'archiduchesse Marie d'Autriche, et surtout celui de madame d'Épinay, un petit chef-d'œuvre qui vaut à lui seul un pèlerinage au musée de Genève.

C'est une merveilleuse image, toute vibrante d'expression. Voilà bien la spirituelle et charmante amie de Grimm. Une de ses mains tient un livre à demi-fermé. *Le petit prophète de Bœhmischbroda* peut-être ; l'autre soutient sa figure à la fois malicieuse et mélancolique. Le visage est maigre et fatigué. Liotard la peignit en 1758, lorsque, très souffrante, elle vint à Genève pour être traitée par le docteur

Tronchin. On ne peut regarder cette œuvre remarquable sans songer au portrait que madame d'Epinay fait d'elle-même dans ses *Mémoires et Correspondances* :

« Je ne suis point jolie ; je ne suis cependant pas laide ; je suis petite, maigre, très bien faite. J'ai l'air jeune sans fraîcheur, noble, doux, vif, spirituel et intéressant. Mon imagination est tranquille ; mon esprit est lent, juste, réfléchi et sans suite..... »

Qui veut vraiment connaître Liotard et pénétrer tous les secrets de son art, d'ailleurs peu mystérieux et très simplifié, n'a qu'à étudier ce portrait, admirable synthèse de toutes les qualités du peintre. A lui seul ce pastel suffirait à la gloire de Liotard. « Je ne sais, a dit M. Ingres, s'il y a un plus beau portrait que celui-là dans toute l'Italie. »

On ne peut vraiment songer sans tristesse que parmi les œuvres innombrables de Liotard, quelques-unes seulement sont connues du public.

Puissions-nous, par la publication de ces quelques notes, contribuer à faire sortir de la poussière des cartons celles qu'une coupable négligence y a laissées jusqu'ici. Parfois je me plais à m'imaginer ce que serait une exposition où figureraient par centaines les pastels, les crayons, les croquis, les gravures d'Etienne Liotard.

Quel régal, à cette heure de déliquescence artistique, pour les amateurs persistants des formes précises et des couleurs raisonnées, et quel précieux enseignement pour l'historien du dix-huitième siècle, qui verrait soudainement revivre devant ses yeux le plupart des figures qui illustraient cette époque et toutes reproduites avec la plus grande sincérité, sous le lumineux crayon d'un *Holbein en pastel!*

L'expression est du comte Algaralti, un des plus fins connaisseurs de ce temps.

MAURICE ROLLINAT

A madame Ménard-Dorian.

J'avoue que ma surprise a été vive en revoyant Rollinat, débarqué depuis vingt-quatre heures à Paris, et arraché non sans peine, pour quelques jours, à sa chère Creuse, où il s'était terré depuis de si longues années.

Ce n'était plus le poète chevelu d'autrefois, aux joues creuses, au sourire amer, au teint pâle, aux traits tourmentés, dont Gaston Béthune a si fidèlement reproduit l'image dans une aquarelle qui restera comme un document des plus précieux de l'iconographie rollinatesque.

Dans le calme réconfortant des champs et des bois, au bruit charmeur et reposant des sources, au milieu des vivifiants parfums des fleurs sauvages et de la douce lumière des aubes fraîches et des crépuscules dorés, dans l'éloignement des hommes et dans la fréquentation des arbres, des rocs et des bêtes, non seulement l'âme toujours inquiète du poète des *Névroses* et de l'*Abîme* s'était apaisée, mais aussi l'expression de mélancolie douloureuse de son visage. J'en étais presque peiné. On nous avait changé notre Rollinat, celui dont la voix cruellement ensorceleuse faisait jadis vibrer tous nos nerfs et nous mordait si profondément au cœur, celui dont le masque tragique reflétait si bien les angoissantes émotions que faisait naître en nous sa musique lorsque, assis devant son piano, le buste droit, les yeux perdus dans le rêve, les doigts crispés sur les touches, il secouait les longues mèches de ses cheveux noirs en jetant au ciel ce cri déchirant :

Ne cherchez plus mon cœur, les bêtes l'ont mangé...

Hélas ! ces mèches sont allées « où nous irons tous. » Elles n'ont pu trouver grâce devant les impitoyables ciseaux du perruquier de Fresselines.

Fort heureusement, aucune des forces du poète ne résidait dans l'opulence absalonienne de sa chevelure, et le cruel coup de ciseaux du Figaro champêtre n'eut aucun fâcheux effet sur les cordes vocales. Il me semble même que la voix de Rollinat a aujourd'hui plus d'ampleur, plus de sonorité, plus d'étendue qu'il y a quelques années ; cette voix inclassable, tour à tour d'une douceur exquise et d'une gravité profonde, puis mordante, presque grinçante, et qui tout d'un coup, sans transition aucune, se pliant brusquement aux folles exigences de la musique qu'elle traduit, franchit sans effort tout l'espace du clavier.

Oh ! cette inoubliable voix qui remuait jusqu'au

fond de l'âme les plus insensibles et triomphait des natures les plus rebelles à la musique ! Théophile Gautier eût versé des larmes en écoutant Rollinat chanter le *Recueillement* ; Hugo eût applaudi à la sombre mélodie de *la Nuit tombante* écoutée avec le même sentiment de terreur vague que celui qu'on éprouve en sentant s'épaissir autour de soi les ténèbres dans la solitude ; Théodore de Banville ne pouvait se lasser d'entendre la musique éolienne des *Blanchisseuses du Paradis*. — L'anecdote suivante prouvera la magique puissance de ce tzigane de génie.

Ainsi que Gautier, qu'Hugo, que Banville, et peut-être même à un degré plus... paroxyste, Barbey d'Aurevilly avait la musique en horreur.

La seule vue d'un piano le rendait mélancolique, et au son de cet instrument barbare il fuyait éperdu. Un jour, on parlait devant lui de Rollinat qu'il n'avait jamais vu et dont il ne connaissait sans doute pas encore le nom. « C'est un artiste étrange, disait-on. Non content d'écrire lui-même des vers superbes, il a osé mettre Baudelaire en musique, et il a réussi... » « Mettre Baudelaire en musique ! hurla Barbey d'Aurevilly pris d'un furieux accès d'indignation. Le misérable ! » Et se dressant brusquement dans une de ces poses prophétiques qui lui étaient familières, il déclara à l'inconscient provocateur de cette violente apostrophe que ce Rollinat n'était qu'un drôle et pria qu'on ne prononçât désormais plus son nom devant lui...

Quelques jours plus tard, à la suite d'une très

habile conspiration, Barbey d'Aurevilly entendait Rollinat chanter *la Causerie* de Baudelaire au piano. L'effet fut d'un comique prodigieux. L'auteur de *l'Ensorcelée* n'en pouvait croire ses oreilles. Il se crut le jouet d'un rêve. Il s'avança vers le poète-musicien et le pria de chanter encore, après lui avoir serré les mains avec une touchante effusion. Puis il l'invita à le venir voir, et jusqu'à son départ pour les champs où il séjourna près de dix ans, amassant sans doute dans le recueillement de la solitude un merveilleux trésor de strophes et de mélodies, Rollinat devint l'intime ami, l'hôte familier de Barbey d'Aurevilly. Ce dernier se plaisait à répéter qu'il ne connaissait vraiment Baudelaire que depuis qu'il avait entendu Rollinat, et que l'auteur des *Fleurs du mal* lui-même aurait goûté cette musique dont il fut le mystérieux inspirateur, et qui est comme le prolongement mélodieux de sa pensée.

Demandez à Alphonse Daudet ce qu'il pense des chants de Rollinat. Je me trompe fort si l'illustre écrivain ne vous répond pas que pendant les heures les plus douloureuses de sa vie souffrante, il regrette de n'avoir pas cet extraordinaire charmeur auprès de lui pour l'entendre chanter ces deux mélodies qu'il affectionne tout particulièrement : *l'Invitation au voyage* et *le Jet d'eau*, œuvres exquises où le poète et le musicien ont intimement marié leur génie pour nous faire respirer un instant les parfums les plus rares, pour faire passer devant nos yeux hallucinés les plus troublantes visions, les plus indéfinissables couleurs, pour nous faire entrevoir des paradis rêvés, et pour exprimer dans un subtil et divin langage tout le charme berceur et caressant de la contemplation amoureuse.

Edmond de Goncourt lui-même n'a-t-il pas écrit quelque part que la musique de Rollinat l'avait très profondément impressionné !

Je me demande en vérité si la lyre et le chant d'Orphée, qui attendrissaient les rocs et faisaient pleurer les bêtes, auraient produit de tels enchantements sur des musicophobes aussi raisonnables que ceux que je viens de nommer.

*
* *

Voilà bientôt vingt ans que je vis Rollinat pour la première fois. C'était dans une petite brasserie du quartier Latin, tout à côté de l'Odéon. Il n'avait encore publié aucun volume et, rapsode errant de la rive gauche, il noctambulait infatigablement à travers les ruelles désertes des vieux quartiers et le long des quais silencieux, toujours accompagné d'un groupe d'admirateurs fervents, avides des sensations aiguës qui naissaient de ses vers et de ses chansons tristes.

Parfois le groupe des promeneurs s'arrêtait devant un café, riche d'un piano presque aphone et très délabré, mais auquel d'effrayants accords rendaient miraculeusement la jeunesse et la voix.

L'impression que produisit sur moi cette rencontre fut si profonde, qu'aujourd'hui encore je ne puis me fredonner à moi-même un de ces airs si douloureusement évocateurs, si étrangement nostalgiques, sans revoir aussitôt, à travers toutes ces années disparues, cette petite salle de brasserie, toute basse, tout enfumée, pleine d'auditeurs attentifs, poètes, écrivains, peintres, sculpteurs..., dont beaucoup sont aujourd'hui célèbres. Et au son de cette musique inouïe, faite de mélodieux lambeaux dont Rollinat habillait tour à tour, avec un art magique, les poésies de Baudelaire et les siennes, des émotions confuses, puis poignantes, prenaient tous ces cœurs d'artistes et les visages pâlissaient et les yeux s'emplissaient de larmes.

Quant à Rollinat, tantôt si bas courbé sur son piano que les longues mèches de ses cheveux noirs en balayaient les touches, tantôt brusquement redressé, les yeux au ciel, le masque douloureusement tragique, il me faisait songer à l'étrange et vivante ébauche de Paganini par Delacroix. Vous rappelez-vous ce maigre personnage vêtu de noir, à la taille très courbée, presque déhanchée? Son teint est d'une mortelle pâleur, son sourire amer et satanique, et de son Guarnerius enchanté on croit entendre s'échapper à la fois, dans une fantastique harmonie, les lamentations de Moïse et les ricanements des stryges.

Tel Rollinat m'apparut pour la première fois dans cette petite brasserie enfumée, au milieu de cet auditoire très compréhensif.

*
* *

Puis, las de la ville, il s'exila définitivement dans

son cher pays natal, après avoir publié *les Névroses*, ce livre superbe, où, dans une forme si divinement pure, dans un rythme d'une originalité si savoureuse, il a chanté les obsessions fantastiques de son âme inquiète, et les mystérieuses beautés de la nature.

Vainement, ses amis s'étaient efforcés jusqu'à ce jour de faire revenir à Paris le sauvage solitaire qui, dans son exil agreste, ferme obstinément l'oreille à tous les bruits de la grande ville. Sans doute même ignore-t-il (ô comble de la surdité volontaire !) les innovations rythmiques et les prédications retentissantes de tous ces joyeux salutistes de la littérature, pèlerins plus ou moins magnifiques, plus ou moins passionnés du symbolisme décadent, fanatiques partisans des théories harmoniques d'Helmhotz ou du romanisme régénérateur...

Pendant ce temps, il glorifie la grâce des pouliches et des lézards, la pourpre des coquelicots et la blancheur des pâquerettes dans des strophes limpides et fraîches comme les eaux de la Creuse.

Mais Rollinat ne se borne pas à sertir, avec sa conscience d'artiste impeccable, ses naïves inspirations champêtres dans la plastique savante de son vers. Il continue à composer ces originales mélodies d'une suggestivité si troublante, si pleines de mystérieuses évocations et qui sont comme les complémentaires indispensables du Verbe, toujours impuissant, malgré sa prestigieuse subtilité, à l'expression de l'inexprimable. Cette musique étrange, harmonieux prolongement de la pensée du poète, est impérieusement impressionnante, malgré une inexpérience, parfois presque enfantine, de la forme. Et n'est-ce pas là l'essentiel ? Qui nous fera connaître la vraie formule d'art ?

Qu'importent en vérité les procédés de l'artiste, s'ils suffisent à la forme de son rêve, et s'il y trouve les moyens d'émouvoir ?

« La musique de Rollinat est vraiment d'une compréhension tout à fait supérieure. Je ne sais pas quelle est sa valeur près des musiciens, mais ce que je sais, c'est que c'est de la musique de poète et de la musique parlant aux hommes de lettres. Il est impossible de mieux faire valoir, de mieux monter en épingle la valeur des mots, et quand on entend cela, c'est comme un coup de fouet donné à ce qu'il y a de littéraire en nous. »

Je détache ces lignes du journal des Goncourt.

Deux de nos grands compositeurs musicaux, deux maîtres, ont ainsi exprimé leur opinion sur Rollinat, qui venait de chanter devant eux, de sa voix stridente et plaintive, quelques-unes de ses plus extraordinaires mélodies :

« Quel excellent élève cela ferait ! » dit l'un, d'un air légèrement pincé.

« Mais c'est un fou de génie que ce Rollinat ! » s'écria le second que cette musique extraordinaire avait remué jusqu'au fond du cœur.

A vrai dire, et j'espère que Rollinat ne me tiendra pas rigueur de l'opinion que je vais porter à mon tour sur ces deux jugements, je préfère de beaucoup, même dans l'exagération indiscutable de son expression, la seconde appréciation, qui est de Gounod.

Ce fou de génie procure, en ce moment, nous dit-on, de bien douces émotions aux habitants de Fresselines, bourg de la Creuse où il s'est réfugié, et dont le brave curé est son fidèle compagnon de pêche et son meilleur ami. Aux offices du dimanche il *tient l'harmonium* de la petite église champêtre et, s'accompagnant de cet instrument effroyablement nasillard, il chante aux fidèles stupéfaits et attendris *les Blanchisseuses du paradis, la Mort des Fougères, l'Invitation au voyage, le Recueillement,* son chef-d'œuvre...

Heureux habitants de Fresselines !

AU PAYS DE L'IDÉAL

ET DE LA MISÈRE

A Joseph Allioli.

Je signale une tâche intéressante aux amoureux de statistique : c'est de faire le relevé de tous les ateliers de sculpture de la rive gauche, depuis ceux, relativement somptueux, des quartiers Saint-Michel, Notre-Dame-des-Champs et de l'avenue du Maine, où Dalou, Falguières, Injalbert, Mercié... pétrissent magistralement leurs modèles, dans la ronflante et bienfaisante chaleur des grands poêles aux flancs rougis... jusqu'aux turnes glacées, éparses dans les jardins vagues des rues d'Alésia, de Gergovie, des Fourneaux, Vercingétorix, du Moulin-au-Beurre... etc., où de braves jeunes gens de Béziers, de Castelnaudary, de Toulouse, ou d'ailleurs... presque tous très barbus et fort audacieux, barbotent comme des enragés dans des monceaux de terre glaise en rêvant des charmilles de la villa Médicis et des lauriers de l'Institut.

Le nombre de ces possédés croît chaque jour dans une inquiétante progression, et l'administration des

Beaux-Arts, qui réserve dans son budget un maigre crédit aux artistes nécessiteux, pourrait seule conter les infortunes et les misères de cette folle armée de casseurs de pierres en marche vers la gloire. Ah! que de chutes douloureuses, que de navrantes culbutes avant d'avoir atteint le terme! Et ils vont tout de même de l'avant, ne doutant de rien, si ce n'est toutefois de la fortune et du bien-être futur, car ils savent qu'ils n'auront jamais, même dans leur extrême vieillesse, l'élégant hôtel de cette fameuse rive droite sur laquelle flotte comme un nuage d'or, somptueuse demeure douillettement capitonnée où l'on marche sur de lourds tapis fleuris et où se prélassent tant de vaines et éphémères célébrités du pinceau. Et c'est ce pur désintéressement, ce culte fervent et absolu de leur art qui nous les fait aimer.... Cependant que de véritables talents, que de prodigieux tempéraments d'artistes dans cette armée de sculpteurs! Mais hélas! la plupart du temps la misère éteint l'action, et tel qui rêvait de réaliser dans des formes superbes un sujet d'une haute inspiration, se voit contraint, pour ne pas mourir de faim, à abaisser son talent au vulgaire métier de praticien et à travailler à la mise au point des commandes officielles attribuées à des confrères plus heureux.

Il est difficile de se figurer ce qu'un sculpteur *indépendant* doit traverser de cruelles et douloureuses épreuves avant de connaître la célébrité. Bien entendu, je ne parle pas des lauréats de l'École de Rome, qui, à peine sortis de la villa Médicis et tout jeunes encore, sont très paternellement traités par l'État, jusqu'à leur entrée traditionnelle à l'Institut. Mais qui saura de combien de terribles efforts, de combien d'amères souffrances, furent faites les laborieuses existences des Barye, des Préault, des Dalou, des Rodin, des Constantin Meunier, des Baffier, des Camille Claudel, des Desbois.... etc., avant que ces grands indépendants eussent, à coups de génie, forcé l'admiration ou même l'attention de leurs contemporains.

Je viens de décrire ici-même les stations du douloureux calvaire gravi par Jean Carriès, cet autre indépendant, avant son brusque saut en pleine gloire, puis dans la mort.

En ce moment, je suis d'un œil très attentif les efforts persistants d'un jeune sculpteur qui, pauvre comme Job, habite bien loin là-bas, dans les terrains vagues de Billancourt, où il s'est élevé une case extraordinaire. Pendant longtemps il n'eut d'autre refuge qu'un vieux chaland en retraite, solidement amarré à l'une des berges de la Seine. Il y vécut avec sa petite famille, modelant en plein air, quand le ciel était clément, se réfugiant philosophiquement dans les flancs ténébreux de son bateau, quand il pleuvait. La seule pensée de n'avoir pas de concierge lui faisait trouver délicieux le séjour de son immeuble flottant.

Mon Dieu, je puis nommer ici ce Robinson de la sculpture.... Il s'appelle Alexandre Charpentier et n'est guère encore connu que d'un petit nombre d'artistes et de connaisseurs. Retenez bien ce nom. Il ne peut tarder à être célèbre.

⁎⁎⁎

Avant de quitter le dur pays des sculpteurs, voici une touchante histoire !

C'était pendant le cruel hiver de 1891. Mes fonctions m'avaient appelé dans un des faubourgs les plus excentriques de Paris, pour examiner le modèle en terre glaise d'une olympienne, de la svelte Artémis, dont la traduction en marbre était sollicitée par l'artiste. Avant d'arriver à l'atelier (une toute petite baraque en planches disjointes), je dus traverser un assez grand espace couvert d'une neige durcie d'où émergeaient des monceaux de détritus de toutes sortes et des troncs de choux défeuillés. Triste paysage, et très propre à exalter l'imagination suburbaine d'un Raffaëlli ou d'un Billotte, ces peintres raffinés de nos banlieues mélancoliques.

A peine eus-je cogné à la porte de la masure que l'artiste se présenta. C'était un tout jeune homme d'aspect phtisique, à la figure pâle et rêveuse. Je ne le nommerai pas, bien que le mal dont il souffrait déjà à cette époque ait depuis brisé sa vie.

« Monsieur, me dit-il, je vous prie de vouloir bien attendre quelques instants avant d'entrer. Vous savez que les sculpteurs ne sont pas riches. Je n'ai pas les moyens de me payer un modèle; c'est ma femme qui consent à *me poser*. Permettez-lui de se vêtir un peu. »

L'artiste disait cela rapidement, avec une sorte de bégayement honteux.

La toilette du modèle ne fut pas longue.

Bientôt, je pénétrai dans le sanctuaire.

Pas de feu.

La malheureuse femme posait toute nue dans cette atmosphère glacée. Et (détail navrant) sous le vieux manteau troué qui la recouvrait à peine, sa taille apparaissait toute déformée par le travail d'une grossesse très avancée.

Tel m'apparut, par un froid crépuscule de décembre, à côté de la figure élancée, de l'image presque ailée de la *Diana Venatrix*, le modèle douloureusement meurtri, tout grelottant sous des haillons, de la divine Artémis, qui, au dire de Winckelmann, « a plus que toutes les autres grandes déesses les formes et l'air d'une vierge ».

ALFRED GAUVIN

Un artiste d'un grand mérite et d'une modestie rare, Alfred Gauvin, vient de mourir. Quelques amis, oh! en très petit nombre, ont accompagné son cercueil jusqu'au columbarium du Père-Lachaise. Pas un adieu! pas un discours! pas un bouquet de fleurs! Il en eût sans doute été autrement si Gauvin avait appartenu à un Institut quelconque et si, comme tant d'autres, il avait bénéficié des faveurs officielles et collectionné dans ses tiroirs les papiers honorifiques et les rubans multicolores. Mais je l'ai dit, sa modestie était grande, excessive, presque maladive. Son art ne s'exprimait ni dans la blanche et divine splendeur des marbres, ni dans le style pompeux des décorations panthéonesques. Il se qualifiait lui-même : « un bon artisan, courageux et consciencieux », bien qu'il fût un véritable maître, un maître de premier ordre dans l'art du damasquinage. Et c'est à peine cependant si on s'est aperçu de la disparition de cet artiste de grand talent qui fut aussi un homme de bien. La France est, paraît-il, trop riche en gloires. L'Espagne fut plus généreuse à l'égard de son illustre Zuloaga, un des précurseurs de Gauvin. Mais l'heure de la réparation viendra et nous verrons un jour figurer, parmi les joyaux les plus purs de nos musées, toutes ces pièces exquises de goût et prodigieuses d'exécution, sorties des mains de Gauvin, et où l'art si délicat et si difficile de l'incrustation de l'or dans le fer se joue avec une fantaisie toujours originale et d'un dessin savant. Son habileté était extraordinaire. Il avait pénétré à fond le mystère des vieilles techniques des Orientaux, des Espagnols, des Vénitiens, des Japonais, et je sais plusieurs collections parisiennes et étrangères des plus renommées, où bon nombre de pièces : armures, coffrets, cadres, médailles, sont sorties *entières* de l'atelier de Gauvin et figurent sur les riches catalogues avec les plus glorieuses attributions et des commentaires historiques très instructifs. Je connais surtout, pour l'avoir souvent sorti de sa gaine, et amoureusement palpé, un certain poignard, tout ruisselant de blanche lumière :

Comme un kangiar turc damasquiné d'argent,

et dont la prestigieuse exécution est attribuée à un certain Abdul-Mourschid, de Smyrne, qui vivait, fort renommé dans son art, à l'époque de la domination sedjoucide. Pauvre Gauvin !

Amateurs de bibelots, mes frères, méfiez-vous de

plus en plus de l'*indiscutable* authenticité des choses !

Je ne pousserai pas plus loin l'indiscrétion.

***

L'atelier de Gauvin ! Figurez-vous une chambre minuscule donnant sur une petite cour, non loin de la gare de Sceaux. Cette chambre faisait partie d'un très modeste appartement, le véritable appartement du « bon artisan bien courageux », où Gauvin habitait seul avec sa femme, créature douce, simple et absolument dévouée. C'est là où je vis pour la première fois le vaillant artiste. J'avais été délégué par l'Administration des Beaux-Arts pour suivre un magnifique travail qui lui avait été commandé par l'Etat. C'était un lourd cadre en fer de quarante-cinq centimètres de haut, sur trente de large, sculpté dans une plaque de trois centimètres d'épaisseur avec quantité de figures en haut-relief, symbolisant l'apothéose du travail, et tout étincelant d'or. Cette œuvre superbe restera, bien qu'inachevée, comme un spécimen unique dans l'art du fer sculpté.

Je vois encore le vaillant artiste courbé, et comme cassé en deux sur ce bloc de métal dur et froid, pendant que ses mains maigres et nerveuses, armées du burin et du marteau, traitaient directement le sujet dans le fer, au milieu du vol des escarbilles tranchantes qui faisaient saigner ses doigts et l'obligeaient parfois à fermer presque complètement les yeux. Quel cruel et terrible labeur, et quelle dérisoire rétribution ! On peut dire que Gauvin est mort à la peine. Sa santé délicate ne pouvait résister indéfiniment à ce travail insensé qui brise à la fois le corps et l'âme, car la pensée ne peut être un instant distraite du travail de la main qu'elle dirige impitoyablement.

Aussi je me sentais envahir par un douloureux sentiment de tristesse et de pitié lorsque, avec un enthousiasme juvénile où se mêlait parfois un peu d'amertume, il me faisait part de ses projets d'avenir. Il espérait obtenir sous peu une importante commande de la Ville de Paris :

« Je rêve, me disait-il, de sculpter dans une gigantesque porte de fer, qui sera la porte de la salle du conseil de la municipalité de Paris, les principaux événements de l'histoire de la grande ville. Je ferai ce travail en dix ans. Quel merveilleux sujet ! Et comme je le possède ! J'y songe nuit et jour. Cette porte, je la ferai. Le prix m'importe peu ; je vis de rien. Et quand elle sera montée, avec la signature d'Alfred Gauvin au bas, on verra que je savais faire autre chose que des coffrets, des médaillons, des poignards... destinés à glorifier des artistes morts depuis des siècles et à servir le mercantilisme de collectionneurs sans pudeur... »

La mort a tué le rêve.

JEAN BAFFIER

A Armand Silvestre.

Poursuivons notre promenade à travers ce pays de l'idéal et de la misère où nous avons déjà fait pénétrer le lecteur.

« Cocher, rue Lebouis, 6 ! » — « Hue, Cocotte! »

Et le véhicule continue sa marche monotone et cahotée à travers des quartiers étranges, aux maisons basses, aux rues tortueuses et sales. Que nous sommes loin des boulevards ! Loin de partout... car rien ici ne rappelle Paris. C'est un immonde squelette de ville, où la masure qui surgit dans les détritus des terrains vagues sert d'appui tremblant à celle qui, à peine construite, vacille déjà sur ses fragiles fondements. Et à travers tout cela court une lamentable farandole d'enfants maigres et haillonneux, et des chiens faméliques.

— Rue de Tolbiac !...

Imaginez-vous une chaussée infiniment longue, traversant une plaine que domine la masse sombre de l'asile de Bicêtre. Par-ci, par-là, quelques agglomérations de maisons tristes et d'aspect louche. La plupart sont veuves de toit, leurs murs de plâtre et de pisé se décollent sous l'action de l'humidité, et l'on peut voir, en passant, les peintures ocreuses, et les tapisseries fleuries des cloisons lézardées. Une pluie persistante et fine enveloppe de son voile gris ces ruines grotesques qui font vaguement songer, avec leurs blancheurs sales et leurs violentes peintures, aux restes d'une Pompéi sordide et boueuse.

Longtemps *Cocotte* nous traîne à travers cette interminable rue de Tolbiac, bordée sur toute sa longueur de croix de bois, avec cette inscription : *Terrains à vendre.* — Avis aux spéculateurs. — Clovis méritait mieux. Enfin, après des zigzags sans nombre, la voiture s'arrête à la porte de l'atelier du sculpteur Jean Baffier. Nous sommes tout près de Vanves. C'est l'artiste lui-même qui nous ouvre.

*
* *

Baffier peut avoir une quarantaine d'années. C'est un colosse au sourire d'enfant, aux grands yeux francs, doux et bons, à la chevelure nazaréenne et à la barbe noire, longue et soyeuse. Il fait songer à la fois à Charlemagne et à Courbet, à l'empereur à la barbe fleurie et à cet Alcibiade d'Ornans qui traitait la glorieuse colonne Vendôme comme une vulgaire queue de chien. Je n'ai jamais vu Courbet, mais je crois cependant que Baffier ressemble moins à ce dernier qu'à Charlemagne que je connais, et dont il a toute la sérénité olympienne et la gravité puissante.

Parmi les quelques sculpteurs du jour qui se sont déjà taillé une place lumineuse en plein soleil, Jean Baffier est un de ceux sur lesquels il faut le plus compter, car, après de longues et infatigables recherches, avec toujours la grande et éternelle nature pour modèle et aussi pour seul maître, il a pénétré tous les mystères de la plastique et il a mis sa vigoureuse et originale maîtrise au service d'un idéal bien particulier. Les statues de Louis XI et de Marat, d'une si saisissante expression historique dans leur exécution savante et nerveuse, ne sont cependant que des manifestations incomplètes de son art. Il a voulu fixer définitivement dans l'immobilité du bronze les figures tragiques de ces deux terribles amis du peuple, et nous ne pouvons que nous en réjouir et l'en féliciter.

Mais, malgré ses incursions retentissantes et passionnées dans l'histoire et aussi dans la triste politique contemporaine (rappelez-vous la mésaventure de ce pauvre Germain Casse qui faillit mourir comme César), Baffier est et demeure le doux et naïf enfant du Berry, de ce Berry si ensorceleur qui s'empare complètement de l'âme de ceux qui sont nés dans ses vallées, sur ses coteaux ou dans ses brandes, et qui leur inspire parfois des poèmes si tendres et de si douces chansons.

Aujourd'hui, il est tout entier au culte de son pays natal. Il s'y est fait construire, en pleine solitude, un vaste atelier où il passe le printemps et l'été. Il y sculpte de ses poings de géant une cheminée colossale, d'un style très personnel, d'un style bien à lui, d'où toute réminiscence romane ou gothique... est bannie, et où s'ébauche déjà, dans le symbolisme très réaliste d'une décoration pleine de fantaisie, la vie intime des populations rustiques du Berry.

Entre temps, pour se distraire, Baffier modèle un torse, un buste, ou bien encore assouplit entre ses doigts puissants un bloc de terre glaise d'où sortiront, sous la forme impérissable et savoureuse de l'étain, des vases à la silhouette grêle et précieuse, des corbeilles à fruits d'un dessin tout nouveau, et que supportent de leurs bras finement musclés deux petites Berrichonnes à la jupe courte et à la gorge nue...

JULES DESBOIS

Le nom de Jules Desbois est encore à peine connu aujourd'hui du grand public. Et cependant, nombreuses sont déjà les œuvres remarquables de cet artiste, sans compter son groupe si terrifiant de la *Mort et du Mourant*, qui fut exposé au Salon de 1890, et son exquise *Léda*, d'une si originale et si gracieuse conception. L'Etat, fort bien inspiré, lui a commandé une traduction en marbre de cette figure charmante que nous retrouverons au Salon de 1894. Cependant, malgré ses efforts héroïques, malgré les éclatantes manifestations de son talent, Desbois n'a pu encore, jusqu'à ce jour, s'imposer d'une façon triomphante à l'attention des foules. Mais bientôt, et avec éclat, il va prendre une place d'honneur parmi les maîtres de la sculpture moderne, entre Rodin et Carriès, dont il résume les caractères et les tendances, dans son amour passionné de la nature humaine jusqu'au moindre tressaillement de ses chairs, et dans son culte amoureux de la forme élégante et capricieuse des choses. Son exposition prochaine ne comprendra pas moins de douze pièces, parmi lesquelles des bougeoirs dont les tiges sont des fleurs, et les poignées des torses de femmes voluptueusement renversés ; des gourdes ornées de figures exquises ; des vases aux formes imprévues, où sont gravées en creux, à la manière des bas-reliefs égyptiens, toutes sortes de tendres allégories. Voici encore un superbe buste d'enfant, et, tout à côté de cette fraîche et souriante image de la jeunesse ; un grand médaillon d'un aspect terrible, obsédant, bien fait pour être cloué sur le marbre d'une tombe, et qui sera catalogué sous ce simple titre : *La Mort*. L'amour et la Mort ! ce sont les deux sujets qu'affectionne Desbois, et son rêve est continuellement traversé par des visions roses et blanches qui traînent dans leurs voiles et dans leurs suaires les rires et les sanglots de la vie. De là le caractère à la fois caresseur et troublant de son art, soit qu'il s'exprime dans l'énergique relief de la ronde-bosse ou dans le modelé nuageux, presque impalpable, et cependant si *serré*, des figures décoratives qu'il fait vivre sur les modestes surfaces d'un vase en terre glaise, avant d'en arrêter définitivement les fins contours dans la pâte solide et brillante de l'étain.

Car tous ces objets, y compris le buste d'enfant et le masque de la mort, seront fondus en étain. C'est sous cette forme, dans cette matière, qu'ils paraîtront au Champ-de-Mars, à côté des fontaines, des brocs, des vasques de Charpentier, des corbeilles à fruits, des pots de Baffier.

Un véritable concours entre trois artistes de grand talent, bien personnels, et aussi une vraie renaissance d'un art superbe presque disparu, depuis des siècles, et dont le réveil mérite d'être salué !

Comme je complimentais Desbois sur l'élégante originalité de ses formes, il m'indiqua, en souriant, toute une partie de son atelier où s'alignaient des quantités de courges, de calebasses... voire même des légumes... tout comme chez un grainetier des quais. « Ce sont là mes modèles, me dit-il ; je ne vais pas les chercher ailleurs. Je me contente simplement d'en épurer parfois la silhouette. Voyez-vous, c'est encore la Nature qui nous donne les plus belles leçons. Il faut savoir la regarder. Voilà tout. »

Desbois peut avoir une quarantaine d'années, comme Jean Baffier, dont il est l'ami et le voisin. Il est de petite taille. Du moins, il m'a paru tel à côté de son colossal ami. Son allure est très vive, sa parole rapide, ses yeux bleus et brillants ; son front très large est encadré de cheveux châtains, courts et frisés.

C'est aussi un simple un et rustique. Il est né dans un petit hameau du Maine-et-Loire, perdu en pleine solitude campagnarde, au fond des grands bois de pins, dont la douce musique a bercé les heures de son enfance.

De toute sa personne, de tous ses mouvements il

se dégage une puissante impression d'opiniâtre énergie et d'indomptable volonté.

Signe particulier : n'a fait que traverser l'École des Beaux-Arts, laissant dans l'esprit de M. Cavelié, tout réjoui de son départ, la conviction qu'il était le plus mauvais de ses élèves.

CAMILLE CLAUDEL

Mᵉˡˡᵉ Camille Claudel, encore toute jeune, eut pour maître Auguste Rodin. Elle fut d'ailleurs, si je ne me trompe, son unique élève. Et nous devons nous en réjouir, car Rodin est, certainement, avec son art si particulier, si étrangement original, si troublant, le maître le moins désigné pour faire école. Il est impossible de l'étudier sans subir son influence tyrannique et sans voir sa propre personnalité s'amoindrir dans des réminiscences involontaires. Ceux qui, n'ayant même pas pénétré dans son atelier, le pastichent de si insupportable façon, sont déjà bien assez nombreux pour que nous puissions ne pas souhaiter la publicité de son enseignement.

Mᵉˡˡᵉ Claudel a vivement senti la griffe du maître. Elle en porte encore la marque profonde. Et il ne pouvait en être autrement. Mais son originalité native est assez puissante pour lui permettre de se libérer un jour de l'impression trop persistante produite par le contact direct. Elle l'a fort bien compris en s'isolant complètement dans sa petite thébaïde du boulevard d'Italie, où modelant, du matin au soir, des figures presque aussitôt détruites, elle cherche dans l'acharnement d'un travail plein de fièvre la définitive formule de son rêve. Et elle y arrivera, car chacun de ses efforts marque un progrès dans cette héroïque et douloureuse période d'émancipation. Je ne connais vraiment pas de plus noble spectacle que celui de cette jeune femme perdue seule, là-bas, dans ce pauvre quartier, et luttant sans trêve pour s'affranchir des souvenirs obsédants qui l'enveloppent comme un manteau de feu. La nuit seule met fin à sa tâche quotidienne, chaque jour recommencée. Malgré les impitoyables hécatombes, son atelier s'emplit, peu à peu, d'œuvres exquises ou étrangement impressionnantes : de bustes d'enfants au sourire ingénu, de filles des champs lourdement encapuchonnées comme des bergères de Millet ou des veuves de Butin, de masques grimaçants, de torses nus pleins de vivants tressaillements, de couples étroitement enlacés, les lèvres unies, mais le regard si triste, si navré, que leur amour ressemble à la douleur... Et ici on sent flotter autour de soi cette folie de *Baudelaire*, respirée à pleine âme dans l'atelier de Rodin à l'ombre de la *porte de l'Enfer* où se tordent les essaims damnés des « chercheuses d'infini ».

C'est contre l'influence de l'idée, plus encore que contre le métier du maître, que Melle Claudel doit se tenir en garde. Tout idéal a son style absolu. Sa plastique ne ferait que gagner en originalité si elle pouvait se convaincre que dans l'exécution de ses sujets les plus familiers elle se livre presque toujours à une sorte de collaboration inconsciente.

*
* *

Pendant ma visite à l'atelier de Melle Camille Claudel, une œuvre a tout particulièrement attiré mes regards.

C'est un groupe en plâtre, de deux danseurs. L'artiste a voulu en faire une représentation symbolique de la *Valse*, et cela en sacrifiant le moins de nu possible, afin de pouvoir sans doute y développer, en toute liberté, dans le plein mouvement des corps, l'art, si difficile, de faire passer dans le marbre la vie intime et frissonnante de la chair, art dont Rodin lui a révélé le savant mystère.

Sous cette forme, d'un symbolisme un peu réaliste, l'expression juste de l'idée était difficile à rendre.

En habillant complètement ses personnages, Melle Claudel s'exposait, en effet, à rapetisser son œuvre à la taille d'un bibelot, sans haute signification artistique, et tout indiqué pour figurer sous la forme de bronzes réduits à l'un des étalages de nos fondeurs à la mode. Si, au contraire, son amour passionné du nu la déterminait à risquer un anachronisme chorégraphique en ne donnant pour voile à la *Valse*, danse presque moderne, que la chevelure de la valseuse, elle s'exposait à alourdir le mouvement rythmique de son groupe par la légèreté même du costume de ses personnages.

Ce qui, en effet, donne à la valse son aspect gracieux et voltigeant, c'est le vif mouvement des draperies avec leurs continuels tournoiements. La robe est à la valseuse ce qu'est l'aile à l'oiseau.

Mais Mlle Claudel a su faire de sages concessions. Elle a drapé ses valseurs. Oh! bien discrètement!... Bien frêles sont les draperies... Elles suffisent du moins à affirmer le caractère du motif. Cette écharpe légère qui se colle aux flancs de la femme, laissant nu tout le torse gracieusement renversé comme pour fuir timidement un baiser, se termine en une sorte de traîne frissonnante qui met des ailes aux pieds des valseurs.

PAUL RENOUARD

Lorsqu'on me demanda d'écrire ces pages, à l'occasion de l'exposition des dessins de Paul Renouard, je ne connaissais que très incomplètement l'œuvre de l'artiste, et sa physionomie m'était tout à fait étrangère. Aussi, malgré mon très vif désir de dire de ce talent si original et si primesautier tout le bien que j'en pense, j'allais décliner l'offre flatteuse qui m'était faite, quand j'appris que Renouard, le plus nomade des artistes, était, chose étrange, en ce moment à Paris. Je sautai bien vite en voiture, et malgré l'heure très avancée de la nuit, je me fis conduire chez lui, rue de l'Arbre-Sec, entre le musée du Louvre et les Halles centrales.

Cette visite comptera parmi les plus alpestres souvenirs de mon existence.

Après avoir traversé plusieurs cours, gravi, au milieu de ténèbres opaques, un nombre considérable d'étages, en m'accrochant à la rampe branlante d'un escalier glissant, je me trouvai dans un étroit corridor où se mariaient, puissants aromes, les odeurs des siècles et les senteurs des chats, et au fond duquel tremblotait un lumignon craintif.

Tout à fait sinistre, ce promenoir silencieux !

Mon nocturne pèlerinage fut brusquement arrêté par une porte basse à laquelle je cognai discrètement, mais non sans une certaine appréhension.

Un homme d'une quarantaine d'années, prodigieusement barbu, le visage maculé de mine de plomb, coiffé d'un yokohama très antique, m'ouvrit en fronçant le sourcil d'un air presque courroucé.

— M. Paul Renouard ? hasardai-je, timidement...

— C'est moi, monsieur, que désirez-vous ?

Et cette réponse était accompagnée d'un regard aigu et profond, d'une intensité extraordinaire. Je m'empresse d'ajouter qu'un joyeux sourire éclaira la figure broussailleuse et un peu sauvage de l'artiste, lorsqu'après m'être nommé, j'eus fait connaître la cause impérieuse de ma nocturne visite.

— Vous avez eu, me dit-il, un flair étonnant en venant ce soir ; demain vous ne me trouviez plus. Je pars dans quelques heures pour Rome, où « je vais faire ma semaine sainte » pour le *Figaro Illustré*.

L'atelier aérien de Renouard, vaste salle aux grands murs nus, largement éclairée par le haut et meublée avec une simplicité claustrale, était encombré de dessins. Depuis plusieurs jours l'artiste travaillait sans relâche à y centraliser les meilleures de ses œuvres innombrables. Je confesse que mon trouble a été grand lorsque je me suis trouvé plongé au milieu de ces amoncellements de dessins qui s'échappaient des cartons trop pleins, s'étageaient sur les chaises, faisaient ployer les tables, s'étalaient sur le parquet... car je songeais avec une très légitime inquiétude que je n'avais que de courts instants pour étudier les infinis détails de cette œuvre si vivante, si complexe, si variée, et quelques pages seulement pour résumer mes impressions.

**

Ici un léger prélude biographique est de rigueur.

La vocation artistique de Renouard fut longue à se manifester. Il avait vingt-quatre ans, lorsqu'il poussa pour la première fois son : « Ed anch'io son pittore! » Il remplissait à cette époque les humbles fonctions de petit employé de commerce dans un modeste magasin, et ce fut par un dimanche pluvieux, un de ces dimanches lamentables où les galeries de nos musées deviennent des refuges pour les troupeaux errants des bourgeois attristés, qu'il sentit fleurir dans son âme le goût de l'art sous le regard caressant d'une Vierge de Botticelli. Indifférent à la foule vulgaire et bruyante, dont il devait être bientôt l'observateur passionné, et qui, en ce moment, s'écrasait autour de lui, il se laissa doucement pénétrer, puis séduire, par la grâce mélancolique et l'archaïsme élégant du Maître florentin. A partir du jour où la religion de l'art lui fut si soudainement révélée par le mystérieux sourire de la Vierge, il ségara dans d'interminables songeries esthétiques et devint le plus détestable ficeleur de paquets de son magasin.

Dès lors, sans doute, sa famille le crut irrémédiablement perdu.

Enfiévré par le désir de réaliser ses rêves d'artiste, douloureusement hanté par la pensée des années perdues, Renouard se mit à travailler avec une véritable fureur. Il dit un éternel adieu au commerce et fit de la lithographie industrielle pour vivre. Le soir il suivait les cours de dessin de l'école communale de son arrondissement, et ses progrès y furent si rapides, qu'au bout de quelques mois, il entrait à l'atelier de Pils. Ce dernier ne tarda à reconnaître en lui un artiste de race et le prit en très vive affection.

Sur ces entrefaites, le Maître fut chargé de la décoration de l'escalier de l'Opéra. Mais le mauvais état de sa santé l'obligea à se faire suppléer dans cette lourde tâche par un de ses meilleurs élèves, Georges Clarin, qui s'empressa de s'adjoindre son excellent ami Renouard. Cette bonne aventure eut sur la carrière artistique de ce dernier une influence décisive.

J'ai puisé à bonne source les détails qui suivent, et ils m'ont semblé assez pittoresques pour être mentionnés, et bien de nature à mettre en pleine lumière la physionomie originale de Renouard, qui, paraît-il, n'est pas seulement un dessinateur de très grand talent, mais aussi un chanteur de premier ordre.

Je n'ai pu savoir si sa voix merveilleuse s'est subitement épanouie dans l'atmosphère musicale de l'Opéra, comme son goût pour la peinture au milieu des cadres gothiques des primitifs italiens, mais ce que je n'ignore pas, c'est que lorsqu'il brossait les lions décoratifs du grand escalier, il lançait des roulades étourdissantes où les *ut* de poitrine se succédaient sans effort. Et l'effet de cette voix superbe était si prodigieux, que les visiteurs étonnés se demandaient si M. Halanzier n'avait pas eu l'idée bizarre de confier à ses pensionnaires le soin de décorer les murs de son théâtre.

Mais Renouard n'est pas seulement un chanteur émérite, un exécutant remarquable. Comme beaucoup de ses contemporains, il est atteint aussi de musicomanie aiguë et il abandonnait volontiers brosses et pinceaux pour pénétrer dans la salle à l'heure des répétitions. Ah! la chose n'était pas facile. Mais, grâce à la souplesse remarquable de ses mouvements, il réussissait presque toujours, en rampant sans bruit derrière les fauteuils, à trouver dans un recoin ombreux une bonne place à côté de la rampe. Et là, invisible à tous les yeux, il s'emplissait voluptueusement les oreilles de bruits variés et couvrait de croquis les feuilles de son album.

Mais le spectacle artificiel de la scène fut impuissant à satisfaire son esprit d'observation toujours en quête d'attitudes nouvelles, de types et de milieux nouveaux. Attiré par le chant, charmé par la danse, séduit par les décors, il voulut étudier de près, dans la réalité de leur existence, les artistes entrevus dans le prestige des rôles et les machinistes dissimulés derrière la magie des décors.

Bientôt, toujours avec une discrétion savante, Renouard pénétrait dans les coulisses, son album sous le bras, et la tenue de cet audacieux, éternellement vêtu de sa longue redingote noire de clergyman, commandait un si profond respect qu'il ne vint jamais à la pensée d'un surveillant de le troubler dans l'exercice de ses fonctions en lui demandant s'il était autorisé à franchir les entrées prohibées. Pendant des semaines, pendant des mois, il erra en toute liberté à travers les innombrables intestins du théâtre, son crayons aux doigts. Les promenades de Renouard dans tous les méandres de l'Opéra, qui semblait être devenu son domaine, ne pouvaient se prolonger indéfiniment sans attirer l'attention du directeur qui, malgré l'attitude pleine de gravité de notre artiste, se permit de lui demander un soir, en le voyant très occupé à croquer un pompier somnolent, s'il avait été officiellement autorisé à pénétrer dans les coulisses du théâtre et à fixer à la mine de plomb les sveltes élégances des danseuses et les raccourcis des pompiers.

— Jamais, monsieur, dit Renouard en s'inclinant.

— Et depuis quand, monsieur, faites-vous ce métier ? répliqua M. Halanzier, visiblement piqué.

— Depuis quatre mois, répondit Renouard avec un calme majestueux.

— Voulez-vous avoir l'obligeance de me faire voir votre album ? fit le directeur foudroyé.

— Voilà, dit simplement Renouard en remettant l'objet.

M. Halanzier le feuilleta longuement, puis le rendit à l'artiste en lui disant :

— Tous mes compliments, mon cher ami. Faites-moi le plaisir de m'accompagner jusqu'à mon cabinet que je vous délivre l'autorisation nécessaire. Désormais vous êtes ici chez vous.

A partir de ce moment, Renouard devint l'hôte assidu de l'Opéra. Il y rôdait du matin au soir, vêtu de cette longue et imposante redingote noire qui ajoutait encore à l'austère gravité de sa physionomie et dont la sombre apparition rendait très circonspects les *rats* les plus familiers. Pas un recoin du théâtre n'a échappé à ses pénétrantes investigations, et tout le personnel de notre Académie nationale de musique, depuis l'humble choriste jusqu'aux plus éblouissantes étoiles, a inconsciemment posé devant son infatigable crayon. Il y aurait assurément la matière d'un merveilleux album, dans tous les croquis qu'il fit alors et dont la plupart ont été publiés par nos principales feuilles illustrées.

C'est de cette époque que datent ses très remarquables gravures originales à l'aqua-tinte d'une si séduisante habileté d'exécution, d'une couleur si puissante, et qui constituent, à notre avis, une des parties les plus importantes de son œuvre. Nous ne saurions trop conseiller au visiteur de l'exposition de la rue Saint-Lazare de s'arrêter longuement devant les cinq pièces capitales qui figurent au catalogue sous ces divers titres : *Le Charpentier de l'Opéra, Une Visite sur les Toits, Exercices de Danse, Batterie de l'Orchestre, Le Harpiste...*(1).

La publication des premiers croquis de Renouard frappa vivement l'attention du public. Les lecteurs artistiques de nos feuilles illustrées, écœurés depuis longtemps par le spectacle éternel des fades vignettes où se trouvent emprisonnés dans une formule impersonnelle les traits agaçants et les gestes composés de personnages ridiculement romanesques, furent fort agréablement surpris par la soudaine apparition de ces dessins si originaux et si vivants, d'une exécution si forte et d'une couleur si vraie. Le succès qu'obtinrent *les Petites Violonistes*, publiées, si je ne me trompe, dans l'*Illustration*, fut considérable. Et vraiment, même dans la suite, Renouard fut rarement mieux inspiré que lorsqu'il peignit de son crayon gras et lumineux ces charmantes fillettes en robe courte debout devant leurs pupitres, dans toute l'exquise fraîcheur de leur jeunesse gracile, et si charmantes dans leurs attitudes encore enfantines.

Entre temps il s'arrachait aux séductions de l'Opéra et du Conservatoire, milieux attirants où sa mélomanie trouvait aussi son compte, pour enrichir sa collection de figures nouvelles, saisies presque toujours dans le mouvement d'une occupation professionnelle.

Qui ne se souvient de ses amusantes séries de

(1) Toutes ces eaux-fortes (une trentaine) ont été publiées depuis peu sous la forme d'un superbe album intitulé : *à l'Opéra.*

22.

dessins, d'une observation si profonde, sur les *Gens de robe*, sur les *Cuisiniers*, sur les *Comédiens*, sur les *Orateurs des réunions publiques*, sur les *Chroniqueurs judiciaires*, sur les *Téléphones*, sur le *Peuple des Halles*, sur le *Voyage de Paris à New-York*, sur l'*Armée du Salut*, etc., publiés en grande partie par la *Revue Illustrée*, sujets pleins d'épisodes joyeux qu'il a décrits dans des poses inoubliables et des expressions d'un grotesque parfait, sans jamais pour cela avoir recours au procédé caricatural? Car ce qui assure à Renouard une place tout à fait à part parmi les illustrateurs modernes, indépendamment de la puissante originalité de son exécution primesautière, c'est son étonnante faculté de résumer dans l'attitude, le geste et les traits d'un personnage d'une de ses *catégories*, la physionomie générale de la catégorie tout entière, en évitant d'accuser davantage le caractère de son prototype par une exagération comique, souvent trop facile à réaliser.

Le personnage de Renouard est très simplement humain, et l'artiste a pensé sans doute qu'il n'avait qu'à peindre en toute sincérité l'agitation de ses contemporains pour les rendre suffisamment ridicules.

De toutes les bêtes de la création, Renouard a choisi l'homme de préférence comme sujet d'étude, ce qui ne l'empêche cependant pas de saisir au passage des physionomies d'animaux d'ordre inférieur dont il nous a magistralement dépeint les poses et les mouvements. Il a de son prestigieux crayon écrit des pages exquises sur les mœurs des volailles et les culbutes des singes. Mais c'est surtout dans la peinture de la vie intime du cochon, cette splendeur, qu'il a trouvé les plus brillantes occasions de faire exprimer par son crayon à la fois délicat et puissant, souple et robuste, les molles somptuosités des contours et les finesses des colorations. Ces cochons de Renouard... quelles merveilles !

J'ai toujours devant les yeux ce superbe dessin représentant une énorme truie maternellement étendue sur le flanc et livrant avec un mouvement plein de grâce nonchalante, en soulevant légèrement une de ses jambes de derrière, son large ventre tout mamelonné de tétines à l'appétit naissant de sa nombreuse et grouillante famille. Ah ! il faut voir avec quel entrain et quel empressement maladroit les porcelets s'élancent à l'assaut des mamelles turgescentes, piétinant le ventre mou, tenaillant de leur bouche inexpérimentée les douloureux tétons au milieu des flots de lait qui inondent le champ de bataille. Et pendant ce temps la bonne mère, la douce et impassible martyre, feint de sommeiller derrière l'éventail de ses larges oreilles.

Le choix des sujets d'où sont nées toutes les séries que nous venons de mentionner, aussi bien que tous les croquis enlevés au foyer de la danse à l'Opéra et dans les classes du Conservatoire, indiquent assez que Renouard se complaît volontiers dans le spectacle de motifs peu propres à inspirer de funèbres méditations.

Cependant l'examen des innombrables cartons de cet artiste nous autorise à penser qu'aujourd'hui son terrain d'étude préféré est celui où s'agitent et sanglotent les misères et les douleurs humaines. On sent qu'il éprouve une sorte de volupté âpre, faite de souffrance et de pitié, à nous promener à travers tous ces lamentables milieux, à travers toutes ces géhennes parisiennes qui s'appellent : les prisons, les tripots, les dispensaires, les dépôts, les hôpitaux, les infernales coulisses de la Bourse, les carrefours nocturnes... lieux maudits dont il a magistralement fixé toutes les tristesses et les misères avec une puissance d'observation rare et dans une forme extraordinairement synthétique.

Chacun de ses misérables est comme la personnification quintessenciée du vice, et, pour ma part, je ne puis plus me représenter le joueur autrement que me le montre Renouard, avec ses yeux à la paupière pochée, ses tempes bilieuses, sa physionomie inquiète et ses joues pâles et maigres ravinées par le sillon des larmes.

*
* *

Dans ces notes rapides, inspirées par des choses à peine entrevues, je renonce à entretenir chronologiquement le lecteur des travaux de Renouard. Je me demande d'ailleurs si l'artiste lui-même pourrait aujourd'hui écrire une date précise au bas de ses nombreux dessins. Sollicité de plus en plus, chaque jour, par les directeurs des principales feuilles illustrées d'Europe et d'Amérique, il n'a guère le temps, dans sa vie errante et faite d'un labeur incessant, de cataloguer très méthodiquement ses cartons dans le calme de son grenier de la rue de l'Arbre-Sec, où il ne fait que de rares et courtes apparitions.

L'ensemble des dessins au crayon et au lavis qu'il a rapportés d'Angleterre et d'Irlande forme une des parties les plus essentielles de son œuvre.

A ce moraliste amer, qui cherche de préférence ses sujets d'étude dans les tristesses de la vie, préférant aussi Vireloque à Brummel, et l'éloquence pittoresque du haillon à la banale correction du frac, les hideux taudis de Witchapel et les sombres tavernes irlandaises pleines de chants d'ivresse dont les refrains sont des basphèmes et des cris de haine devaient fournir de puissants motifs.

Parfois cependant il fait une courte apparition dans le West-End et il en fixe rapidement, d'un crayon léger, les aristocratiques élégances. Puis il pénètre dans les somptueux ateliers des maîtres contemporains de la peinture anglaise, et il en rapporte des vues d'intérieur d'un intérêt saisissant où vivent, dans toute la fièvre de leur travail et dans la réalité de leurs attitudes coutumières, les Frédéric Leighton, les Millais, les Alma Tadéma, les Pettit, les Long, les Luke Fildes... Ceci, à proprement parler, n'est plus de l'illustration. C'est l'expression la plus vivante et la plus moderne du grand art du portrait.

Mais il n'était guère possible que, pendant son

séjour à Londres, la ville du monde où les danseuses de théâtre sont en plus grand nombre, Renouard ne fût pas vivement sollicité par le désir de croquer quelques-uns des congénères de ses chers petits *rats* de l'Opéra.

Avec le grand maître Degas, avec Chéret et Forain, Renouard forme une sorte de quadruple alliance artistique qui semble avoir solennellement juré d'élever un autel impérissable à la moderne Terpsichore. Rien n'était plus propre, il est vrai, à tenter le pinceau et le crayon de ces artistes, si fiévreusement épris de modernité, si courageusement partis en guerre contre les formules surannées, que la ballerine élégante et nerveuse, avec la grâce troublante de ses mouvements rapides, le modelé vibrant de ses chairs, les délicates nuances de ses maillots et les envolées subites de sa jupe de gaze, blanche auréole de la croupe, où passe et frissonne, dans une lumière d'or, toute la mystérieuse féerie des reflets.

L'officine de Mrs Kattey-Lalner, « la fabricante de danseuses », fut bientôt pour Renouard un centre d'étude plein d'inépuisables sujets d'observation, un lieu paradisiaque où il passa, m'a-t-il dit, les heures les plus délicieuses de sa vie, chargeant ses albums de croquis sans nombre, au milieu des petites danseuses qui voltigeaient autour de lui, se préparant, par des exercices savamment réglés, aux éblouissantes apothéoses de Drury-Lane.

Toute la série de dessins sur les petites danseuses de Londres est à examiner de très près.

Tantôt comiques, comme dans le déjeuner de Kattey-Lalner, tantôt touchantes, comme l'arrivée en haillons des petits sujets que d'infatigables *rabatteurs* ont racolés dans les carrefours misérables et les taudis de la Cité, ces vivantes études empruntent un intérêt nouveau au caractère très particulier du dessin. Ici Renouard a su, pour rendre l'exquise délicatesse des traits souvent alanguis de ses petits modèles, pâles fleurs écloses dans l'ombre, trouver des caresses de crayon d'une étonnante douceur. Ce vigoureux burineur de figures farouches et ravagées se révèle, dans les portraits de ces fillettes aux fines allures et aux angéliques visages, comme un maître dans l'art d'exprimer la grâce des physionomies à l'aide d'un dessin qui, dans sa distinction savante, fait songer aux meilleurs cartons de certains maîtres du siècle passé.

En Angleterre, *la mère de la danseuse* est un type exceptionnellement rare. Jamais sa figure, désormais légendaire chez nous, n'apparaît dans les compositions londoniennes de Renouard.

Les petites danseuses de Kattey-Lalner, abandonnées presque nues dans les plus sombres endroits de la ville, et soigneusement recueillies par les rabatteurs de la vénérable Kattey, ignorent presque toujours les traits de la malheureuse qui les a livrées à la vie sur un fumier quelconque.

Remercions le ciel qu'il n'en soit pas de même à Paris ! Nous n'aurions jamais connu les cruelles déceptions et les sublimes angoisses de madame Cardinal.

*
* *

Pendant son récent séjour aux États-Unis, Renouard a choisi de préférence ses sujets d'étude dans le monde politique américain. Il a rapporté de Washington des compositions d'une importance considérable, parmi lesquelles nous signalerons aux visiteurs de son exposition les superbes dessins à la mine de plomb, catalogués sous les titres suivants : *La Commission des Finances*, *le Club des Hommes politiques*, où nous remarquons M. Roustan, notre ambassadeur à Washington, et où nous reconnaissons les traits si caractéristiques de M. Paterson Bonaparte ; *la Commission des Voies et Moyens*, terrible aréopage où fut élaboré le projet de loi qui frappe les œuvres d'art d'un droit d'entrée. Tous ces groupes, d'un ordonnancement très habile, forment des réunions de portraits d'une surprenante réalité.

Renouard nous permet aussi d'assister, en faisant passer devant nos yeux des cartons grouillants de personnages, tous animés d'une vie débordante, à des séances des parlements américains. Et nous avons pu constater, non sans une intime satisfaction, que ce n'était pas seulement chez nous que les honorables représentants du peuple souverain manquaient quelquefois aux plus élémentaires principes de la bienséance parlementaire. Il n'est encore jamais arrivé, croyons-nous, à un de nos députés de poser ses pieds sur le dossier du fauteuil de son voisin, et si le règlement obligeait nos secrétaires, ainsi que cela se pratique aux États-Unis, à circuler à travers les groupes l'urne de vote à la main, ils ne pourraient, sans nul doute, regagner leurs fauteuils respectifs sans avoir reçu force horions, tout comme dans une vulgaire réunion d'anarchistes.

Parmi tous ces portraits d'hommes politiques américains, aux traits énergiques et aux allures souvent violentes de cow-boys mal dégrossis, deux ou trois ont tout particulièrement attiré notre attention, entre autres celui de M. Carliste, président de la Chambre des députés, dont la tête intelligente et rêveuse, d'une construction toute romaine, contraste si singulièrement avec la physionomie hirsute et rageuse de M. Ingalls, son collègue à la présidence du Sénat.

Un bon type, en vérité, que ce président américain ! L'histoire de son portrait vaut la peine d'être contée.

Renouard put obtenir de lui deux heures de pose, au moment même où il venait de terminer un terrible réquisitoire qu'il prononça contre le président Cleveland. M. Ingalls était encore tout fumant de colère, lorsque, les bras croisés sur la poitrine, les sourcils orageux, le front chargé de tempêtes, il posa devant l'artiste, dans un local voisin de la salle des séances.

Au bout d'une demi-heure de travail, Renouard se permit d'offrir à son modèle un instant de repos.

— Merci, répondit le président Ingalls. Je ne suis pas fatigué. Continuez.

L'artiste réitéra quatre fois sa proposition pendant la durée de la séance.

Il obtint quatre fois la même réponse.

Ce furent les seules paroles qu'échangèrent ces messieurs.

— Quand j'eus donné mon dernier coup de crayon, me dit Renouard, j'étais à bout de forces. Je me sentais défaillir et la sueur m'inondait.

M. Ingalls avait posé pendant deux heures, dans l'immobilité la plus complète, sans manifester la moindre lassitude.

Voyant l'état navrant dans lequel se trouvait l'artiste, il lui offrit très gracieusement son bras pour le reconduire jusqu'à la porte de sortie, *sans même lui demander à voir son portrait.*

Renouard nous présente aussi dans sa série américaine cet extraordinaire M. Martin, représentant du Texas, méditant, en se promenant dans son jardin, le grand discours qu'il va prononcer à la Chambre.

Lorsque ce curieux personnage, dont les homélies sont d'un comique inénarrable, demande la parole, un vote immédiat de la Chambre remet l'audition de son discours à une séance de nuit, spécialement consacrée au fantastique orateur. Alors c'est fête à Washington. Les billets d'entrée font prime. Tout le public *chic* de la ville envahit les tribunes. Chacun emporte un petit panier de *délicatesses* réconfortantes, et pendant des heures entières on écoute, au milieu d'une joie bruyante, les prodigieux développements oratoires de M. Martin, qui finalement s'affale dans son fauteuil, avec un hoquet d'épuisement, au milieu d'un inextinguible éclat de rire.

Voici encore un autre bon type. Toujours un député. Je regrette que son nom m'échappe. C'est un protectionniste convaincu, qui, à bout d'arguments contre les théories libre-échangistes, sort brusquement de son pupitre un pantalon d'origine américaine et s'efforce de proclamer l'incomparable excellence de la fabrication nationale en cherchant vainement à mettre en pièces le pantalon justificateur...

* *

Au milieu de cette exposition de blanc et de noir, l'œil du visiteur sera vivement attiré par deux ou trois pastels, œuvres à coup sûr intéressantes et où l'on retrouve toutes les qualités originales et puissantes du dessinateur, mais que nous eussions voulus moins chargés de couleur, plus légèrement frottés, d'une exécution moins accentuée. Nous ne pouvons néanmoins qu'applaudir au résultat obtenu par M. Renouard dans un genre tout nouveau pour lui. Les lumineux effets qu'il a retirés du crayon de couleur permettent d'affirmer que notre brillante école de pastellistes compte désormais une précieuse recrue de plus.

Ce que nous avons vu jusqu'ici, de l'œuvre si vivante, si variée, si originale de Paul Renouard nous fait un devoir de proclamer très haut que cet artiste remarquable, si justement apprécié à l'étranger, est trop insuffisamment connu de ses compatriotes, et que la prochaine exposition de ses œuvres sera fertile en intéressantes révélations. Il y aura de bons moments à passer dans l'examen recueilli de tous ces cartons, sorte de miroirs fidèles où se reflètent, dans toute leur réalité, les grotesques et les damnés de la vie, et qui couvriront bientôt les murs d'où se sont enfuis, légers papillons aux ailes délicatement veloutées de poudre d'or et d'azur, les inoubliables pastels de Chéret, dont on se souvient comme d'une vision rose illuminée par un blanc sourire.

NOTES SUR LA CARICATURE FRANÇAISE

AU XIXe SIÈCLE

« Les sujets choisis de préférence par les premiers peuples pour orner leurs habitations furent ceux qui représentaient des idées risibles. Le guerrier qui caricaturait son ennemi, dans le discours qu'il prononçait à la table du festin, chercha bientôt à donner à ses railleries une forme plus durable en traçant de grossières ébauches sur la roche nue. Telle fut l'origine de la caricature. »

Ainsi s'exprime gravement sir Thomas Wright, le savant auteur de l'*Histoire de la caricature et du grotesque.*

Depuis ces très lointaines époques, et même depuis le jour où les Grâces, après avoir, au dire de Platon, vainement cherché un temple qui ne fût pas exposé à tomber en ruines, rencontrèrent enfin l'âme d'Aristophane, qui errait en chantant dans les jardins de l'Attique, l'art satirique n'a pas désarmé. Aussi les railleurs terribles et charmants qui l'ont illustré sont innombrables.

La modeste dimension de notre cadre d'étude nous interdit tout développement rétrospectif, et nous devons entrer brusquement, sans aucune transition historique, dans le vif du sujet, alors que nous eussions éprouvé une joie si grande à faire connaître au lecteur ravi l'opinion de Pline sur Péreïcus de Rhyparographe, un des précurseurs de J.-L. Forain.

*
* *

La Révolution de 1789 surexcita vivement la verve des caricaturistes. Déjà, au début du règne de Louis XVI, les épigrammes burinées pleuvaient sur le trône, sur la noblesse et sur l'autel. Mais elles n'effleuraient encore que des ridicules superficiels, comme si la verve des satiriques voulait s'essayer d'abord très innocemment, pour ne pas tarir dans la suite sur des sujets plus graves.

La mode des grandes coiffures servit surtout de thème à l'imagination des caricaturistes de l'époque. L'artiste satirique n'avait d'ailleurs, pour donner une belle couleur caricaturale à son œuvre, qu'à peindre fidèlement, dans la simple réalité de ses fonctions complexes, le perruquier de l'époque, tour à tour, et dans la même séance, architecte, serrurier, mécanicien et jardinier, et à nous le montrer, tantôt dressant péniblement la frégate la *Belle-Poule* sur la *carcassière* orageuse de madame de Polignac, tantôt mettant la dernière main, du haut de son marchepied, à la légendaire coiffure de la duchesse de Chartres : coiffure fantastique qui contenait à la fois, nous dit plaisamment Bachaumont, une nourrice assise sur un fauteuil et tenant le duc de Valois sur ses genoux, un perroquet becquetant une cerise, un négrillon conduisant un chien en laisse, une touffe de cheveux du duc de Chartres, une autre touffe de cheveux du duc d'Orléans, son beau-père, et quelques autres menus objets : chaises, tables et tableaux...

Bientôt les boutiques des marchands d'estampes furent tapissées de caricatures. Presque toujours la reine figurait au premier plan dans ces images plus malicieuses que méchantes. Mais ces moqueries, exprimées souvent dans un très spirituel dessin, n'enlevèrent rien à l'empire de la mode, et les grandes coiffures résistèrent jusqu'au jour où la belle chevelure de Marie-Antoinette tomba sous le fer des ciseaux, à la suite d'une couche.

A partir de ce moment, les prodigieuses conceptions de Léonard Antier, ministre de la coiffure et académicien de la perruque, s'évanouirent comme des rêves grotesques, et la gracieuse *coiffure à l'enfant*, qui survécut longtemps à sa créatrice, remplaça avantageusement, au grand désespoir des caricaturistes, les coiffures à la *marmotte*, au *hérisson*, à la *paresseuse*, au *parterre galant*, au *berceau d'amour*, etc., etc.

Ce fut seulement à l'arrivée de Calonne et de Loménie de Brienne aux affaires que l'épigramme d'abord, puis la caricature, prirent un caractère agressif et mordant.

Qui ne connaît la célèbre estampe où le premier

de ces ministres, représenté sous les traits d'un singe vêtu en maître d'hôtel et entouré de dindons, s'exprime en ces termes : « Mes chers administrés, je vous ai rassemblés pour vous demander à quelle sauce vous voulez être mangés. »

Et les dindons de répondre : « Mais nous ne voulons pas être mangés du tout. Vous sortez de la question. »

La caricature ne tarda pas à devenir une arme terrible aux mains des mécontents. Bientôt elle se répandait partout. Les gilets, que la mode enrichissait des dessins les plus variés, devinrent eux-mêmes des cadres satiriques.

Lors de la réunion des Notables, on eut les gilets aux Notables, auxquels l'estampe suivante servit de modèle : Le roi est au milieu, sur un trône ; de la main gauche, il tient une légende où on lit ces mots : « l'âge d'or. » Mais, par une maladresse voulue, il est placé sur le trône de façon que sa main droite semble fouiller dedans.

Une fois les partis déchaînés dans la lutte ardente de la politique, la caricature perdit toute mesure. Elle s'attaqua avec une violence extrême à tout et à tous. Montagnards et Girondins, Jacobins et Feuillants, sans-culottes et émigrés, prêtres constitutionnels et prêtres non assermentés furent caricaturés avec une verve cynique et brutale. Les violentes polémiques de l'*Ami des Patriotes*, des *Actes des Apôtres*, de l'*Ennemi des Aristocrates*, du *Contre-Poison*, du *Déjeuner du Peuple*, etc... se prolongeaient avec d'interminables commentaires dans les innombrables estampes que la tourmente révolutionnaire dispersait dans tous les carrefours et jetait jusqu'au pied du trône.

Même sous la Terreur, au milieu des sanglots et des cris de colère, à cette heure de sinistre angoisse, où la liberté agonise dans un bain de sang, la caricature ne désarme pas.

D'impitoyables crayons tentaient d'exprimer d'une façon comique le rictus macabre des têtes que le peuple souverain promenait triomphalement au bout des piques, pendant que les passants s'arrêtaient au coin des rues pour entendre chanter *la Guillotine d'amour*.

Certes, pendant toute cette époque mémorable, beaucoup d'esprit fut dépensé dans notre plaisant pays de France.

Bien des couplets satiriques de l'époque révolutionnaire demeurèrent comme des modèles du genre, et quelques caricatures comme le *Convoi d'un fermier-général*, les *Couches du papa Target*, les *Pèlerins de Saint-Jacques*... offrent un véritable intérêt artistique.

Cependant, il faut le reconnaître, à partir du moment où la liberté de l'injure put s'exercer impunément, la satire prit un caractère odieux dans sa trivialité cynique, comme s'il lui était interdit de s'élever à la hauteur de l'art après avoir brutalement franchi les limites de l'allusion.

Tant que les dessinateurs satiriques de la fin du siècle se bornèrent (pendant la période comprise entre l'avènement de Louis XVI, et la fin de la législature) à enfermer leurs critiques mordantes dans une forme spirituelle et discrète, ils produisirent des œuvres charmantes qui font véritablement honneur à l'art français. Mais lorsque la caricature plongea son crayon dans la boue sanglante pour faire grimacer la mort, elle ne donna plus que des œuvres sans nom, conceptions hideuses, grossièrement exécutées, et qui semblent avoir été coloriées dans une nuit d'orgie par de très médiocres élèves de Gillray et de Rowlandson.

L'art caricatural ne se releva pas pendant la période relativement calme comprise entre la fin de la Convention et le coup de main de Brumaire. Toujours la même production excessive de grossières images aux légendes cyniques, toujours l'exagération grotesque de la forme au détriment de la pensée.

Voici cependant une œuvre unique en son genre, et d'un intérêt puissant : la charge de Larevellière-Lépeaux, par Prud'hon. C'est, croyons-nous, le seul dessin satirique du grand artiste, qui a cru devoir, par une fantaisie étrange, choisir de préférence la physionomie du plus intègre des hommes de la Révolution, de l'austère collègue de Barras au Conseil directorial, pour nous apprendre qu'il savait comme son maître Léonard de Vinci, dont il emprunta volontairement le procédé caricatural, exprimer aussi bien la laideur des traits dans un vigoureux dessin, qu'envelopper la grâce des formes et le charme des sourires dans l'harmonie des lignes et dans la suavité des modelés.

Mentionnons aussi, dans ce rapide aperçu historique, quelques humoristes français de la fin du dix-huitième siècle et du commencement du dix-neuvième, tels que Debucourt, J.-B. Isabey, Carle Vernet..., artistes spirituels et charmants, qu'on ne peut guère classer parmi les caricaturistes, car ils furent toujours plus préoccupés de décrire, dans un syle élégant, les plaisirs de la vie mondaine que d'en flageller les travers et les vices.

Ils rivalisèrent avec les satiriques d'outre-Manche par l'ingéniosité de leurs compositions, l'élégance de leurs dessins, et leur furent souvent supérieurs par le charme de leur couleur.

Du commencement du Consulat, qui était déjà le gouvernement personnel de Napoléon, jusqu'à la fin de l'Empire, la caricature ne se montra que timidement. Seules, au début de cette période historique, les estampes satiriques inspirées par les bombances du gros Cambacérès et de son cher d'Aigrefeuille purent circuler assez librement. Le premier Consul s'en amusait parait-il, très volontiers. Mais toute allusion ironique contre le pouvoir personnel était formellement interdite en France. En revanche, les boutiques de marchands d'estampes de Londres étaient encombrées de charges très agressives contre l'Empire, dépourvues d'ailleurs, la plupart, de tout caractère artistique et signées de mystérieux pseudonymes. Beaucoup de ces caricatures, qui rappelaient vaguement la manière de Bunbury, de Gillray, de Georges Cruikshank, traversèrent la Manche, mais elles n'eurent aucune prise sur l'esprit national, auquel leur origine déplaisait

Sous Louis XVIII et sous Charles X, la caricature reconquit une partie de ses droits et, sous une forme encore un peu hésitante, mais cependant bien française, dans sa raillerie cruelle et voilée, elle sut dire de dures vérités aux nobles, aux jésuites, aux émigrés, à leurs amis les Anglais et même aux chefs suprêmes du pouvoir.

Mais jamais l'art de la caricature ne se manifesta avec plus de puissance que pendant le règne de Louis-Philippe, dont la tête piriforme servit si souvent de cible aux traits acérés de l'impitoyable Philipon. Jamais elle n'apparut aussi formidablement armée, jamais elle ne porta de plus terribles coups. Mais aussi quels artistes que ces intrépides dessinateurs du fameux journal de Charles Philipon, la *Caricature!* Armés de leurs crayons, dont les blessures étaient mortelles, ils se jetaient dans la lutte politique, au péril de leur liberté, soutenus par l'ardeur de leurs convictions et toujours poussés en avant par la brûlante inspiration de leur directeur. Le journal la *Caricature* fut, sans contredit, la plus redoutable des armes adoptées par les républicains contre le gouvernement de Juillet. Chacun des merveilleux artistes de combat dont sut s'entourer Philipon avait une personnalité bien marquée. Il les lançait tour à tour, avec une violence inouïe, contre le ministère, contre les vices et les ridicules d'une bourgeoisie pourrie, et jusqu'à l'assaut du Trône.

Le plus grand d'entre eux fut Daumier qui,

comme on l'a dit très justement, a imprimé la griffe du lion sur son époque. Mais l'œuvre immense de cet artiste n'est pas seulement politique. Lorsqu'il échappait un moment à l'influence de Philipon toujours prêt à jeter dans son imagination, un peu paresseuse, le trait typique, qu'il fixait aussitôt sur la pierre dans une forme michelangelesque, il se plaisait à représenter dans de superbes dessins, rehaussés d'aquarelles, des sujets empruntés à la vie des robins et des saltimbanques. Les hommes de justice, auxquels il ne pardonna jamais la condamnation que lui valut son *Gargantua*, figureront éternellement avec leurs rires de requin, leurs larmes de crocodile et leurs battements d'ailes, entre les médecins de Molière et les bourgeois d'Henri Monnier.

Mais arrêtons-nous, car la place nous manque et le sujet nous entraîne. Daumier est de ces puissants artistes dont on ne peut esquisser l'œuvre en passant. M. Arsène Alexandre l'a fort bien compris en publiant tout récemment sous ce titre : *Honoré Daumier (l'homme et son œuvre)*, une très savante étude que liront avec intérêt les nombreux admirateurs du grand caricaturiste, et à laquelle il aurait pu donner pour épigraphe ce jugement de Baudelaire : « Daumier fut non seulement un des hommes les plus importants de la caricature, mais encore de l'art moderne. »

Puis viennent : Decamps, dont le crayon puissant et lumineux s'exerça tout d'abord avec une violente franchise dans la caricature politique; Charlet, qui éclaira quelquefois la physionomie un peu sombre et cruelle du journal par l'ivresse joyeuse de ses vieux grenadiers ; Raffet, toujours tragique dans ses satires implacables ; Traviès, dont les maigres compositions sont pleines d'allusions haineuses qui blessent comme des flèches empoisonnées ; Grandville, qui transporte dans l'art de la caricature la patience du miniaturiste et dont la plupart des dessins artistiques, quelquefois trop énigmatiques malgré l'étendue de leurs légendes, demeurent inoubliables dans leur sanglante et féroce réalité. J'ai toujours devant les yeux cette lithographie célèbre, dédiée à Sébastiani et qui porte pour légende : « L'ordre régne aussi à Paris. » Elle représente un argousin à tête de mort, essuyant tranquillement de son mouchoir, au milieu des flaques de sang et des cadavres égorgés, sous un ciel livide, son épée rouge. L'effet de cette estampe est vraiment terrifiant.

Henri Monnier, le père de l'immortel Joseph Prudhomme, et Gavarni, échappèrent souvent à l'influence inspiratrice de Philipon qui, dans sa haine contre la monarchie de Juillet, demandait surtout à ses collaborateurs des charges à fond de train et des allusions cruelles contre le Pouvoir. Ce genre périlleux d'exercice ne plaisait que médiocrement à Monnier et à Gavarni, qui préféraient employer les merveilleuses ressources de leur talent à la peinture des ridicules bourgeois et des misères humaines. Ces deux grands artistes furent à proprement parler des peintres de mœurs plutôt que des caricaturistes.

Au journal *la Caricature*, qui disparut après cinq années de lutte, succéda le *Charivari*, qui obtint aussi un succès énorme. De 1835 à nos jours, la rédaction du *Charivari* s'est profondément modifiée, et la physionomie du journal s'en est ressentie. Philipon n'est plus, et de tous ceux qui combattirent si vaillamment sous ses ordres et dont nous avons cité les noms, pas un seul n'existe.

L'époque actuelle avec son excessive liberté de la presse est, croyons-nous, peu favorable au relèvement de l'art de la caricature. Cependant, depuis que M. Pierre Véron dirige le *Charivari*, un caricaturiste d'une verve désopilante, Cham, un humoriste d'un talent spirituel et distingué, Grévin, un *croquiste* alerte et toujours en éveil, Henriot, ont vivement intéressé le public par leurs productions si gauloises et si personnelles.

Les deux importantes publications dont nous venons de parler ne renferment pas cependant toute la fleur de la caricature française. Sous l'Empire, Gill a rempli l'*Eclipse*, puis la *Lune rousse*, de charges puissantes, et c'est dans le *Boulevard* de Carjat, que Daumier, vieilli, publia quelques-unes de ses plus belles lithographies à côté de Durandeau, qui aurait fait bonne figure parmi les tirailleurs de Philipon au temps des grandes batailles satiriques.

Aujourd'hui, l'excessive tolérance de l'injure, sous ses formes les plus répugnantes, a fait de la caricature la plus odieuse des manifestations de la pensée. Jamais les journaux satiriques, dont le nombre grandit sans cesse, ne furent plus outrageusement rédigés.

Toutefois, à l'heure présente, trois journaux, le *Courrier Français*, le *Pierrot* et le *Fifre*, qui renferment des dessins de Willette et de Forain, obtiennent un succès de bon aloi.

Le premier de ces deux jeunes artistes, qu'on a enrégimenté quelquefois, bien à tort, dans la cohorte hirsute des caricaturistes, se complaît à symboliser sa pensée, faite de raillerie subtile, dans des compositions d'une exécution savante et bien française.

Le second, un humoriste d'une ironie amère et souvent cruelle, excelle à exprimer la réalité des attitudes comiques dans un dessin rapide et nerveux.

Parfois, une page de croquis légers et toujours pleins de verve, signée du nom de Caran d'Ache, l'Oberlander parisien, provoque une franche gaieté.

On s'arrête aussi un moment devant un placard d'un dessin sec, brutalement colorié, et que signa un lourd imitateur de Gill. Puis c'est tout.

En vérité, la caricature française semble bien déchue, car la satire sans l'art n'est que de la grossièreté. (1)

(1) Depuis que ces pages ont été écrites un nouveau journal satirique, *le Rire*, a paru, et cette publication très vivante s'est rapidement imposée à l'attention du public, grâce à la spirituelle collaboration des Hermann Paul, des Jeanniot, des Léandre, des Vallotton...

DANSE DES MORTS

A Henry Havard.

En revoyant tout dernièrement la vieille chapelle de Notre-Dame de Kermaria, que je n'avais pas visitée depuis ma première jeunesse, et dont le souvenir était encore chargé pour moi d'effrayantes visions, je songeais involontairement à cette merveilleuse strophe de *la Colombe* de Louis Bouilhet :

. . . .
Un vieux temple isolé, plein de mornes visages,
Un de ces noirs débris, au souvenir amer,
Qui dorment, échoués sur la grève des âges,
Quand les religions baissent comme la mer.

Elle ressemble, en effet, à une triste et lamentable épave, cette pauvre vieille chapelle solitaire, située sur le bord du chemin vicinal de Pléhédel à Plouha, dans le département des Côtes-du-Nord. Sous l'action du temps, ses murailles de granit moussu s'effritent chaque jour, ses vitraux volent en éclats et il est à redouter que, sous peu, les peintures murales vraiment curieuses de cet antique monument n'aient même plus quelques lambeaux de toit d'ardoises pour les défendre contre l'excessive humidité du ciel breton, dont la Commission des monuments historiques devrait se hâter bien vite de prévenir les effets.

On m'a affirmé qu'un riche gentilhomme de l'endroit se proposait de consacrer une somme importante à la restauration extérieure de cette chapelle. Puisse cette providentielle intention devenir le plus tôt possible une réalité, car Kermaria-an-Isquit ne doit, en somme, sa réputation qu'à sa décoration intérieure, et le plus pressé est d'abriter contre les intempéries de l'air les couleurs déjà très éteintes de la *Danse macabre*.

La petite chapelle gothique de Kermaria, dont différentes parties ont été maintes fois reconstruites, se compose de sept travées flanquées de deux bas-côtés, d'un transept de dimensions disproportionnées et d'un petit porche orné d'un balcon circulaire assez délicatement ouvragé. Les quatre premières travées appartiennent évidemment au commencement du treizième siècle. Les trois autres, ainsi que le petit porche, paraissent dater de la fin du quinzième siècle.

La farandole macabre se déroule à plusieurs mètres du pavé de la chapelle, dans une suite de quarante-sept compartiments, dont chacun encadre un des personnages de l'action. Chaque figure mesure environ un mètre et demi de hauteur et se détache en grisaille sur un fond jadis rouge et que l'humidité a considérablement terni. La danse se compose de vingt-trois vivants choisis parmi les diverses conditions sociales de l'époque, alternant, la main dans la main, avec un nombre égal de morts.

Pendant de longues années, cette curieuse composition fut masquée sous un épais badigeon. Ce n'est qu'en 1856 qu'on put la voir reparaître, lorsque sous l'action du temps l'enduit qui la recouvrait s'écailla. On s'empressa d'enlever avec les plus grandes précautions la chaux qui adhérait encore à la muraille, et c'est ainsi que nous retrouvons aujourd'hui, assez bien conservée, cette œuvre intéressante.

Il serait, croyons-nous, bien difficile de déterminer d'une manière précise quand et où fut exécutée la première danse macabre, la première de ces funèbres représentations qui se voyaient autrefois dans la plupart des grandes villes de l'Europe, surtout en Allemagne et en Suisse, sur les murs des églises, dans les cloîtres, dans les cimetières et jusque sur les ponts. Tableaux tristes et navrants, dont le but moral et religieux est des plus apparents. Car, malgré le grotesque parfois comique de leur aspect, ils devaient sans doute rappeler aux hommes la fragilité de la vie et la farouche inflexibilité de la mort qui fauche aveuglément la jeunesse et la vieillesse, les riches et les misérables.

D'après l'abbé Valentin Dufour, dont les remarquables travaux archéologiques furent presque complètement consacrés à l'étude des danses macabres, la première de ces funèbres compositions aurait été exécutée à Paris même, au Charnier des Innocents, et remonterait à 1424 (1).

On peut d'ailleurs contrôler facilement la véracité de l'assertion de l'abbé Dufour en consultant le *Journal d'un bourgeois de Paris sous Charles VI et Charles VII*. Nous lisons en effet à l'année 1425 :

Item, l'année mil quatre cent quatre-vingt-cinq, fut faite la danse macabre aux Innocents et fut commencée environ le moys d'août et achevée au caresme en suivant.

La danse macabre avait à peine fait son apparition à Paris qu'aussitôt les églises et les cloîtres

---

(1) Voici, sur l'origine des *danses macabres*, l'opinion de Thomas Wright, le savant auteur de l'*Histoire de la caricature et du grotesque* : « Il existait, dès le commencement du treizième siècle, au moins, une histoire légendaire de l'entrevue de trois hommes vivants et de trois hommes morts, qu'on trouve racontée ordinairement en vers français sous le titre de : *Les trois vifs et les trois morts*.

« Selon certaines versions de la légende, ce fut saint Macaire, anachorète égyptien, qui mit ainsi les vivants en rapport avec les morts. Les vers sont quelquefois accompagnés de figures qu'on retrouve sculptées et peintes sur les édifices religieux. A une époque plus rapprochée de nous, selon toute apparence au commencement du quinzième siècle, quelqu'un, étendant cette idée à toutes les classes de la société, peignit un squelette (ou au besoin plusieurs squelettes) emblèmes de la mort en contact direct avec un individu de chaque classe, et ce sujet, plus ou moins développé en raison du nombre des personnages, fut d'après la manière dont ont été formés les groupes (les morts étaient représentés dansant follement avec les vivants) appelé la « Danse des Morts. » Comme toutefois la légende primitive des Trois Vifs et des Trois Morts lui servait souvent d'introduction, l'ensemble était généralement nommé notamment au quinzième siècle la « Danse macabre » ou la « Danse de Macabre, » ce dernier nom pouvant être considéré comme une simple corruption de celui de Macaire. »

d'Allemagne, de Suisse et d'Angleterre, se couvraient de compositions étranges qui n'étaient, à vrai dire, que des copies de la fresque du Charnier des Innocents. La plupart de ces copies sont aujourd'hui détruites. Une des plus fidèles sans doute est la danse macabre de la chapelle de Kermaria-an-Isquit. Son état de conservation est encore relativement satisfaisant. L'impression qu'on éprouve en sortant de la contemplation de cette fantastique composition d'une si effrayante réalité est vraiment douloureuse et profonde.

Sous chacun des personnages se trouvait jadis un huitain en caractères gothiques. Ces inscriptions sont aujourd'hui détruites pour la plupart. Des quarante-sept, qui existaient à l'origine, six se laissent à peine déchiffrer : 1° La réponse du *cardinal*; 2° les apostrophes du *mort* au *roi* et au *patriarche*; 3° les réponses de ces derniers ; 4° et enfin, le discours du mort au connétable.

J'ai tenté de les transcrire dans toute l'obscurité de leur forme et la bizarrerie de leur orthographe gothique.

LE CARDINAL

J'ay bien cause de m'esbahyr
Quant je me voy de si près pris ;
La mort m'est venue envayr ;
Plus ne vestiray vert ne gris,
Chapeau rouge ne chappe de prix
Me faut laisser à grant destresse ;
Je ne l'avoye pas appris
Toute joye fine en tristesse.

LE MORT

Venès, noble roy couronné,
Renommé de force et prouesce;
Jadis fuste environné
De grandes pomppes, de grant noblesce,
Mais maintenant toute haultesce
Laisserés; vous n'estes pas seul,
Poy aurés de votre richesse :
Le plus riche n'a que ung linceul.

LE ROY

Je n'ay point appris à dancer,
A dance et note si sauvage;
Hellas! on peut voyr et panser
Que vault orgueil, force, lignage.
Mort destruit tout, c'est son usage,
Auxi tost le grand que le mandre.
Qui moins se prise plus est sage :
A la fin fault devenir cendre.

LE MORT

Patriarche pour basse chère,
Vous ne povés estre quitté,
Vostre double croix qu'avès chère
Ugne aultre aura, c'est équitté,
Ne pansès plus en dignitté
La ne serez frappe de Romme
Pour rendre compte estes cité :
Folle espérance déchoit l'homme.

LE PATRIARCHE

Bien pardon que mondains honneurs
Moult decheit, pour dire le voyr;
Mes joys tournent en douleurs.
Et que vault tant de honneur avoir?

Trop hault monter n'est pas savoir
Haulx estas gattent gens sans numbre;
Mès peu le veulent percevoir :
A hault monter le faitz encombre.

LE MORT

C'est de mon droit que vous mainne
A la dance, gent connétable
Les plus forts, comme Charlemainne,
Mort prend : c'est chose véritable
Rien n'y vault, chère expuentable,
Ne fort armeure, en cest asaut
D'un coup, j'abas le plus estable
Rien n'est d'armes quand mort asault.

. . . .

Et, pendant que je contemplais la farandole fantastique, cette phrase amère *des Mémoires d'Outre-tombe* me revenait à la mémoire. « La mort, dans les danses macabres, est variée à l'infini, mais toujours bouffonne à l'instar de la vie. »

VIEUX FEUILLETS

ET

JEUNES IMPRESSIONS

DE MOLTKE ET ARMINIUS

A Henry Mauger.

Ceci se passait en l'an de grâce 1879, dans l'enceinte sacrée de la Ville éternelle.

A l'auberge où j'étais descendu, le hasard m'avait donné pour voisins de table d'honorables gentlemen, à qui je dois la bonne fortune d'avoir vu de très près deux célèbres artistes dramatiques de notre temps : Adélaïde Ristori et le feld-maréchal de Molke.

Je fus présenté à madame Ristori par mon voisin de droite, un des bons amis de la grande tragédienne. Qu'on me cite un des endroits des deux hémisphères où la marquise Capranica del Grillo n'a pas de bons amis! Ce voisin de droite était un excellent Hollandais, tendre et bon comme un fromage de Rotterdam et rond comme une futaille de curaçao. La figure de van Mispelblüm était éternellement illuminée par un sourire qui la traversait d'une oreille à l'autre. Cet homme semblait être né pour rire, boire, manger, dormir très peu, se dépenser pour le plaisir d'autrui, et un peu aussi pour le sien. On eût dit, en contemplant sa large et bonne figure, rendue comiquement farouche par d'énormes moustaches et une barbe aiguisée en dague, un joyeux militaire de Terburg, échappé de son cadre pour venir se réchauffer au doux soleil de Monte-Pincio et de la villa Borghèse, et pour lorgner à travers le prisme doré du vin d'Orvieto les gorges rondes des servantes romaines.

Mon voisin de gauche, un Prussien de la vraie Prusse, remplissait à Rome les délicates et mystérieuses fonctions de correspondant d'une gazette très officieuse. Ce diable d'homme, un grand roux à lunettes d'or, me répétait sans cesse, avec une physionomie hypocritement inquiète, que l'heure de la revanche était proche et qu'il avait froid dans le dos en songeant aux représailles. Il disait cela en fermant les yeux derrière ses lunettes et en joignant les mains.

Si j'ai tracé, en passant, une rapide esquisse de mon ami Mispelblüm, c'est pour mieux dégager l'ingrate figure de ce Teuton sournois.

***

Depuis quelques jours, le feld-maréchal de Moltke était à Rome, et la garnison de la ville, précédée de ses fanfares de cirque, ne cessait de défiler sous les yeux du vieux soldat qui constatait silencieusement et avec une satisfaction discrète les réels progrès accomplis : « Quelques années encore et l'armée italienne, réorganisée sous la direction paternelle de l'état-major prussien, sera invincible... »

Le roi, ce très platonique ami des mauvais jours, et le prince Humbert, cet ennemi présumable des jours futurs, accueillaient avec une joie évidente les compliments de l'envoyé de l'Empereur.

La plupart des journaux étaient remplis d'articles dithyrambiques en l'honneur de l'Allemagne et de son héros, et je remarquai, sans trop de surprise d'ailleurs, qu'il s'y mêlait souvent des allusions cruellement blessantes pour la France.

Un matin, je vis mon Prussien entrer dans ma chambre. L'or de ses lunettes me parut plus brillant, et ses longs cheveux roux étaient plus fièrement jetés derrière ses larges oreilles teutonnes. Il m'apprit que le feld-maréchal ne pouvait prolonger plus longtemps son séjour à Rome, qu'il partait le lendemain par Naples, mais qu'il avait bien voulu accepter le punch d'adieu que lui offrait la colonie allemande de la ville. Ce punch, ajouta-t-il, aura lieu ce soir, *et je viens vous prier de nous faire l'honneur d'y assister.*

J'hésitai un instant. Depuis quelques jours je sentais, au milieu de la vieille capitale du monde latin, se dégager autour de moi une odeur de ger-

(1) Même à cette époque, déjà si éloignée de nous, il était facile de deviner que la majeure partie de la Presse romaine appartenait au grand-chancelier, le tuteur paternel de la jeune Italie.

manisme qui m'affectait péniblement. Et cependant je me hâte de dire que j'aime l'Allemagne, cette terre de l'art vraiment grand et si superbement personnifiée dans les tristes et mélancoliques figures des Albert Durer, des Gœthe, des Beethoven..... Mais l'Allemand, que je contemple avec une parfaite impassibilité lorsque je le croise dans la Frédérikstrasse ou dans l'*Allée des Tilleuls*, m'impressionne péniblement, je le confesse, quand je le rencontre à l'étranger, surtout en Italie. C'est que vraiment, depuis ses trop faciles triomphes, il y dépense une insupportable morgue, une morgue de conquérant intempérant et brutal. Pauvre Italie, tu n'es plus qu'une grande auberge allemande où les vapeurs de la choucroute, les odeurs du houblon et l'âcre senteur des pipes de porcelaine se mêlent tyranniquement aux discrets parfums des brocoli et de la polenta. Tes saintes et nobles ruines, où dort tout ton glorieux passé, ne sont pas à l'abri de son invasion et de ses lourdes railleries. J'ai vu, de mes propres yeux vu, toute une affreuse famille aux larges pieds pénétrer avec bruit, des paquets sous le bras, dans le vieux temple de Neptune, à Pœstum, puis s'attabler là où fut la *cella* du Dieu et boire irrespectueusement à ta santé, ô Poseïdon, au milieu des flacons brisés et des détritus de saucisses et de mortadelles... Et puis, il me semblait entendre encore la voix de Momsen qui à Rome même, dans un banquet où se trouvaient réunis un grand nombre d'Allemands et plusieurs notabilités du monde politique italien, s'écriait : « Je bois à l'alliance des deux grandes puissances définitivement reconstituées et qui, s'il le faut, sauront combattre, unies entre elles, pour sauvegarder leurs droits reconquis! Mais qu'ont-elles désormais à craindre de leurs voisins jaloux? La France n'est plus qu'un vain mot : nation déchue, peuple mort... »

Voilà ce que disait, à Rome, le plus grand historien de l'Allemagne.

Voilà ce que doit répéter moins verbeusement aujourd'hui Moltke, le *grand silencieux* (der grosse schweiger). Mais ce que je constatai avec tristesse, c'est que chez les artistes allemands eux-mêmes, dont l'âme ne devrait être ouverte qu'aux conceptions généreuses et grandes, et qui sont aujourd'hui très nombreux en Italie, le sentiment de haine envieuse contre la France se manifestait d'une façon excessive, et l'ardeur avec laquelle ils s'efforçaient de répandre autour d'eux ce sentiment qu'ils éprouvaient, ou que du moins ils paraissaient éprouver, me frappa tellement que je me demandais si ces gallophobes d'exportation ne trouvaient pas dans leur propagande antifrançaise une source plus considérable de revenus que dans la vente de leurs productions artistiques.

Cependant ma curiosité de touriste consciencieux triompha de mes très légitimes répugnances. J'acceptai l'invitation et, quand sonnèrent huit heures du soir, mon Prussien me trouva prêt à le suivre au cercle allemand où devait avoir lieu la cérémonie.

**

La veille, j'avais été reçu en audience par Pie IX, et quelques heures avant de pouvoir contempler tout à loisir, pendant une soirée entière, à la bleuâtre lueur du punch, le masque sec et coupant du feld-maréchal, j'avais eu la joie de franchir la grille si bien gardée de la *villa Casalini* et de causer longuement avec Garibaldi.

Tous *trois* sont morts... Seigneur, votre droite est terrible...

Un incident d'un pittoresque douloureux signala la cérémonie d'audience au Vatican. Au moment où le Pape, très pâle et très chancelant, passait devant le front des fidèles, appuyé au bras d'un de ses camériers, un cri aigu et perçant, suivi presque aussitôt du bruit sourd d'une chute, troubla le calme religieux de la salle. Une dame américaine, une dévote octogénaire, accourue du fond de son État, pour contempler, avant de mourir, l'auguste visage de Pie IX, n'avait pu résister à la force d'émotion produite sur son âme pieuse par la blanche apparition du Pape. Au moment même où, de sa lèvre tremblante, elle touchait la mule sacrée, son pauvre être affaibli et émacié par les pratiques mystiques se brisa et elle tomba foudroyée, comme au contact d'une pile électrique trop chargée.

En voyant passer près de moi, dans la chambre de pourpre, au milieu d'un morne silence, deux superbes huissiers noirs « en justaucorps de soie, à manteau de velours, la fraise au cou », chargés de cette lamentable loque humaine, presque dématérialisée par l'étisie, je crus entendre la triste héroïne des Goncourt, cette madame Gervaisais qu'une semblable crise brisa aux pieds du Pape, s'écrier, fiévreusement penchée sur son *Imitation*, dans une sorte d'exaltation farouche : « Mourir, mourir à ce qui est, mourir aux autres, mourir à moi-même, toujours mourir. »

Puisque je sens au courant de ma plume se réveiller un à un tous mes souvenirs, que le lecteur me permette d'esquisser en quelques traits le Garibaldi, cet ami passionné de la France, que j'ai pu voir, en 1879, quelques heures avant de me trouver en présence du feld-maréchal, notre mortel ennemi.

*
* *

Ce ne fut pas sans peine que je pénétrai dans la villa Casalini, située en dehors de la Porta Pia, à une lieue environ de Rome. Bien que muni de deux lettres d'introduction signées des noms de Victor Hugo et de Louis Blanc, je dus longuement parlementer avant de franchir le seuil qui était gardé par une sorte de paysan à boucles d'oreilles d'or, vêtu à la Calabraise, et d'une mine passablement farouche... un débris des Mille, sans doute... Lorsque l'ordre de me laisser pénétrer fut parvenu au fidèle gardien, je passai fièrement devant la longue caravane internationale qui faisait queue quotidiennement à la grille, et après avoir traversé un fort beau jardin rempli d'arbres et orné de statues, je me laissai conduire dans une pièce de la villa où Garibaldi vint bientôt me rejoindre.

A son apparition, je m'abandonnai malgré moi à un mouvement de douloureuse surprise. Ce n'était plus le superbe marin de Rio-Grande, ni le beau cavalier de Milazzo et de Calatafimi, aux longs cheveux bouclés et à la figure éclairée par la lueur des batailles, que j'avais devant moi, mais un vieillard aux traits amaigris par la souffrance, aux mains tordues par les douleurs et qui se traînait péniblement, courbé sur deux béquilles.

— Monsieur, me dit-il vivement en me tendant avec peine une de ses mains, soyez le bienvenu comme tous ceux de vos compatriotes qui daigneront frapper à la porte de la villa Casalini.

C'est avec une véritable exaltation juvénile qu'il parla de la France, sa seconde patrie.

Ainsi, dans l'âme de ce héros, devant lequel tous les partis devraient s'incliner comme devant la plus haute personnification de l'idée de Patrie, aucune amertume ne subsistait contre un pays où il n'avait souvent recueilli que haine et ingratitude en retour des grandes fatigues qu'il avait supportées et des dangers sans nombre auxquels il s'était exposé pour sa défense.

Il s'exprimait en excellent français, avec un accent à peine perceptible, et sa voix pénétrante et bien timbrée avait la fraîcheur d'une voix de jeune fille.

Ce qui me frappa tout d'abord dans Garibaldi, ce fut l'exquise douceur de ses manières, et la puissance attirante de son regard et de son sourire. M. Charles Yriarte fait connaître en excellents termes le secret de ses étonnants succès : « Ils sont dus, dit-il, non seulement à une éloquence entraînante, à son sang-froid et à son courage, mais aussi à une grâce indiscutable, à des dons magnétiques, à des attractions de charmeur, et peut-être, avant toute chose, à sa douceur évangélique. »

*
* *

Pendant que j'écoutais avec recueillement cette voix douce comme une musique, la porte de la pièce où nous causions s'ouvrit avec bruit. Mme Garibaldi, tenant dans chaque main d'énormes tartines, entrait en riant, belle comme la Charlotte de Gœthe, et suivie par quatre ou cinq bambins qui s'accrochaient à ses jupons en chantant.

— Voilà mon petit Manlio, mon dernier fils, me dit Garibaldi en me présentant un adorable enfant de sept à huit ans, tout rose des courses qu'il venait de faire dans les jardins et dont les grands yeux bleus luisaient de joie sous les boucles vagabondes de sa chevelure d'or.

— C'est un fameux gamin, ajouta le général en lui tapotant doucement sur la joue. Un de mes derniers rêves est de l'emmener avec moi à Paris et de le faire bénir par Victor Hugo, l'immortel grand-père, que je crains de ne plus revoir, ajouta-t-il mélancoliquement en me montrant ses béquilles.

Cependant le jeune Manlio s'était jeté avec une gloutonnerie très comique sur un plat de longues asperges vertes, à peine cuites, et roulées dans du miel, que lui tendait un domestique. Bientôt, très activement aidé par ses petits camarades, il les fit toutes disparaître. Comme je demeurais assez surpris devant l'étrangeté de ce goûter, Garibaldi m'apprit (ce qui prouve une fois de plus combien les voyages sont nécessaires à l'instruction de la jeunesse) que l'asperge verte, légèrement saucée dans le miel, est un laxatif incomparable.

Si je me permets de communiquer à mes contemporains cette recette hygiénique, c'est aussi bien à cause de la source glorieuse où je l'ai cueillie que pour la facilité avec laquelle ils peuvent, à cette époque de l'année, en expérimenter les effets bienfaisants.

*
* *

Lorsque je pénétrai dans le cercle allemand, une foule compacte s'y pressait déjà. Accoudés sur des tables de bois blanc couvertes de brocs et de chopes les assistants boivent, fument et chantent. Plusieurs, grisés sans doute par l'orgueil de recevoir chez eux le feld-maréchal, et peut-être aussi par de trop copieuses libations, s'embrassent en pleurant. C'est un touchant spectacle.

Tout à coup la porte s'ouvre et de Moltke fait son entrée, au bras de M. de Keudell, alors ambassadeur d'Allemagne à Rome.

Tous les buveurs sont debout. Un formidable *hurrah* ébranle l'établissement. On se bouscule pour voir de plus près le grand homme. Les brocs roulent sous la table.

Mais voici qu'un profond silence succède à l'explosion. Chacun a repris sa place. Le vieux soldat s'est assis à mes côtés, et je puis l'observer à mon aise. Que va-t-il se passer ? Un gros monsieur très barbu et très chevelu, un vrai type de « vieille Allemagne », un de ces purs gallophobes, si chers à Wolgang Menzel, se lève brusquement. O surprise ! Il se pose sur la tête une couronne de lierre, et cette coiffure bachique le fait vaguement ressembler à un des ivrognes de Velasquez. Tous ses compatriotes l'imitent. Nouveaux hurrahs ! Les chopes se vident, puis se remplissent, et le gros monsieur commence, d'une voix de tonnerre, un interminable discours.

M. de Keudell est visiblement agacé par tout ce tapage, et du coin de l'œil il regarde timidement le maréchal. Celui-ci, la tête inclinée sur la poitrine, semble chercher dans la profondeur de ses rêves un refuge contre les foudroyantes périodes de l'orateur. Soudain ce dernier s'élance sur une chaise, puis en descend presque aussitôt, après avoir touché du doigt une toile immense représentant l'entré d'Arminius dans le Walhalla.

Sa voix est plus menaçante, et de son poing fermé il frappe violemment la table. Les chopes bondissent et la bière ruisselle de tous côtés. Tout le monde applaudit. Jamais discours ne fut plus triomphant. C'est que l'orateur se livre à une attaque en règle contre la France, rééditant les paroles prononcées quelques jours auparavant par Momsen : « Nation déchue, peuple mort ! »

Le tableau dont la vue vient de chauffer à blanc l'éloquence gallophobe de l'orateur est une œuvre étrange, pleine d'une fantaisie échevelée qui la rend intéressante.

Assis sur son trône, Odin reçoit Arminius qui lui est présenté par une jeune Walkyrie, fort belle, ma foi. Le visage du grand dieu est empreint d'une extrême bonhomie, et c'est vraiment plaisir de voir son sourire *bon enfant* s'épanouir au milieu de l'énorme barbe qui descend en cascades d'or sur son divin abdomen. Je croyais le fils de la géante Beïla d'aspect plus grave, et devant cette joyeuse figure je songe involontairement à Gambrinus. Il semble dire à Arminius qui fléchit respectueusement le genou devant sa haute puissance : « Pas tant de manières, mon garçon, débarrasse-toi de ta lourde coiffure encornée et viens prendre place à ma table entre la blonde Hilda et la rieuse Rangryd. » Cependant les blanches Walkyries accourent des profondeurs du Walhalla, dont les collines bleues se déroulent harmonieusement dans les lointains très réussis du tableau. Les unes portent des cornes argentées où l'hydromel écume, d'autres des couronnes de fleurs, d'autres enfin s'avancent les cheveux dénoués, les bras ouverts, le torse renversé, dirigeant les pointes roses de leurs seins de neige vers les lèvres du bienheureux vainqueur de Varus.

Dans un fol accès de lyrisme, l'orateur avait cru devoir prédire au maréchal une destinée immortelle semblable à celle de l'héroïque Arminius, et je me souviens fort bien que le regard du vieux soldat s'arrêta longuement, avec une expression de satisfaction très évidente, sur certains détails folâtres de la toile en question.

Le discours de réception est terminé. Les chants recommencent. Chants rauques et sauvages, plus faits pour se marier aux voix des loups dans la nuit des forêts, que pour troubler les doux échos du ciel latin.

En voyant s'agiter à mes côtés, dans le délire d'une ivresse déjà presque complète, ces hommes roux et barbus, accourus en foule de tous les coins de l'Italie pour se prosterner devant la plus haute personnification de la puissance brutale, je sentais une grande tristesse m'envahir. Malgré moi ma pensée se portait vers ces lointaines époques où les hordes des barbares du Nord campaient sur les ruines fumantes de la vieille Rome...

*
* *

Je n'attendis pas la fin de cette orgie patriotique et je m'esquivai, après avoir jeté un dernier regard au feld-maréchald. Sa perruque était légèrement de travers, ses yeux fatigués se fermaient involontairement, et sur sa figure vieillotte et flétrie, un immense ennui était répandu.

Je dus marcher assez longtemps à travers les rues désertes et dans la nuit calme et claire pour ne plus entendre hurler ces enragés dont les chants sauvages couvraient les doux murmures de la fontaine de Trévi.

DANS LE NOIR

A Maurice Vallery Radot.

En plein soleil, près de nous, sur des débris de colonnes, des bambins demi-nus et de jeunes campagnoles à peine couvertes de haillons poudreux, dormaient profondément.....

Assis sur les restes augustes de la tribune aux harangues, à l'ombre de l'arc de Septime-Sévère, nous embrassions du même regard les ruines qui furent autrefois les temples de Castor et Pollux, la basilique Julia et le temple de César, des marches duquel Antoine prononça son discours fameux en agitant au-dessus de la foule la toge ensanglantée du dictateur.

Au milieu de tous ces éloquents débris, s'élève majestueusement la colonne de Phocas, dans les creux de laquelle des légions de moineaux ont élu domicile et piaillent.

La vue de tous ces vieux témoins de scènes si grandes nous plongeait dans de très classiques méditations.

De l'endroit même où Cicéron se décernait le titre de sauveteur de la patrie, nous nous plaisions à faire revivre sous nos yeux, avec cette force d'évocation naturelle aux voyageurs qui s'arrêtent à Rome, ce peuple puissant qui venait, pareil aux flots de la mer, s'agiter houleusement aux pieds des rostres en sortant de son *comitium*.

Mais bientôt nous quittions ce spectacle grandiose, et nous nous arrachions à ces souvenirs attachants, pour nous enfouir dans les ténèbres de la prison Mammertine.

Un homme en soutane violette, tout à la fois gardien de l'antique *Tullianum* et sacristain de la petite église Saint-Joseph, édifiée près de la prison, nous servit de guide dans notre lugubre pèlerinage.

Il portait deux cierges dont les lumières nous étaient indispensables pour nous diriger dans l'obscurité.

Le beau ciel a disparu. Plus un rayon de soleil. Nuit profonde et froide. Des gouttes d'eau larges et glacées tombent lourdement et à des intervalles égaux des voûtes lépreuses et basses du cachot. Ces murs affreux auraient-ils des larmes pour pleurer les douleurs dont ils ont été les seuls témoins ?

Un inexprimable sentiment d'angoisse, causé plutôt par les souvenirs cruels qui hantaient ces sombres lieux que par la tristesse du milieu où nous nous trouvions, nous oppressait. C'était sous ces voûtes écrasantes, dans ces ténèbres silencieuses et sépulcrales, que le fier Jugurtha s'était tordu pendant six jours dans les horreurs de la faim. C'était là que les complices de Catilina expièrent leur crime, et que Vercingétorix attendit stoïquement la mort.

La prison se compose de deux petites pièces superposées. Nous eûmes bien vite descendu les quelques gradins qui conduisent à l'étage supérieur. Encore quelques marches, nous dit notre guide, et je vous ferai voir et toucher les anneaux de fer auxquels furent attachés Lentulus et Céthégus pendant leur strangulation.

Réjouissant spectacle !

Nous le suivîmes vers la pièce inférieure où l'on ne pénétrait autrefois que par une ouverture circulaire pratiquée dans la voûte. On y parvient aujourd'hui en suivant un escalier raide, tortueux et étroit sur les marches duquel le pied glisse à tout moment. Parfois, j'ai cru sentir sous mes pas remuer des reptiles endormis dans l'ombre.

L'obscurité devenait de plus en plus épaisse. Les lumières rougeâtres des cierges, larmes de sang sur un drap noir, éclairaient à peine.

Nous vîmes en effet les deux anneaux de fer, à demi rongés par la rouille, où furent attachés les conspirateurs.

Aucun écrit, aucune peinture ne peuvent donner une juste idée de l'horreur enfermée dans ce hideux cachot.

Le guide, désireux de gagner consciencieusement son pourboire, se crut obligé de soulever le couvercle de fer qui sépare la prison d'un égout que les anciens Romains firent passer dans ces lieux afin de rendre plus douloureuse encore l'agonie de leurs ennemis vaincus.

De cette porte ouverte et bordée de briques vermoulues qui la faisaient ressembler à une vieille mâchoire, s'échappa aussitôt une odeur si forte et si suffocante que nous faillîmes nous trouver mal ; l'*odor fœda atque terribilis* dont parle Salluste.....

De l'air ! du soleil ! Vite, fuyons ces lieux maudits où le cœur se glace.

A la vue du soleil, du ciel bleu, en entendant de nouveau chanter les oiseaux, en sentant la bienfaisante chaleur du jour nous pénétrer, nous pensâmes qu'il était bien doux de vivre au soleil, dût-on mendier son pain et cacher sa misère sous des loques comme les belles et paresseuses campagnoles que nous retrouvâmes au même endroit, toujours endormies dans leur bain de lumière.

CAPPUCINI ET MONSIGNORI

A Pierre Famel.

Qu'ils sont laids ces *Cappucini* qui, du matin au soir, traversent les rues étroites et tortueuses de Rome en marmottant, dans leurs barbes mal peignées, des prières sans fin ! Ils marchent front baissé, et les bras croisés sur la poitrine. Ne dirait-on pas qu'ils sont plongés dans de graves méditations dont tous les bruits du monde ne pourraient les distraire?

Voyageur inexpérimenté, que le nouveau séduit toujours, ne t'arrête pas pour les contempler. Ils te remarqueraient de leur œil oblique et, la main tendue, ils s'avanceraient vers toi en te demandant l'aumône d'une voix chevrotante et plaintive : « Seigneur étranger, donnez quelques baïoques pour les malheureux. Le pauvre capucin priera la madone pour vous. » Ne cherche pas à les éviter en marchant plus vite, car ils s'attacheront à tes pas. Pour ne plus entendre le claquement de leurs sandales, jette-leur les baïoques qu'ils te demandent et tu les verras sitôt revenir sur leurs pas, lentement, la tête basse, les bras croisés sur la poitrine et marmottant leurs éternelles prières.

*
* *

Je me promène sous les cloîtres du couvent fameux de la place Barberme, et je ne vois autour de moi que moines pansus et lippus à figures rabelaisiennes, sortes d'œgipans tonsurés vêtus de robes brunes. J'ai cru reconnaître dans la bande frère Jean des Entomeures et le joyeux Gorenflo, mais j'ai vainement cherché saint François d'Assise et saint Bruno. Ils marchent deux par deux, précédés par leurs énormes ventres arrondis comme des futailles et que serre délicatement une corde sous laquelle une de leurs mains est passée.

« Qu'ils sont à plaindre, ces pauvres capucins ! » me disait une vieille dame française, venue tout exprès du fond de sa province pour assister à une audience du pape. Cette respectable dévote m'affirmait avec des larmes dans la voix que ces hommes de Dieu ne se nourrissent que de riz délayé dans l'eau tiède, et que tous leurs desserts se composent invariablement de coups de lanière qu'ils se font administrer à tour de rôle et à tour de bras par leur supérieur.

*
* *

Voici l'heure d'aller au bois... Je veux dire au Monte-Pincio; aussi, du Capitole à la place du

Peuple, le Corso est sillonné de brillants équipages.

Voyez ce beau jeune homme qui s'avance, mollement étendu sur les coussins d'un riche carrosse que traînent deux chevaux blancs. Il est vêtu d'une soutane noire artistement confectionnée sous laquelle se dessine le torse d'Antinoüs.

Le carrosse aux armoiries d'or sort des écuries du Vatican, et ce bel ecclésiastique est, me dit-on, la *coqueluche* des dames romaines. « *Quest' abate fa il capriccio delle signore romane* »

C'est le plus beau des Monsignori.

Des mains finement gantées agitent discrètement sur son passage des bouquets de roses cueillis dans les jardins de la villa Borghèse. A peine daigne-t-il répondre aux saluts qu'on lui prodigue.

Quelle morgue nonchalante et de bon goût! quelle grâce suprême chez ce Don Juan ensoutané !

Sous ses cheveux frisés par le coiffeur et brillamment lustrés à l'aide des *smegmata* les plus recherchés, il rappelle le viveur élégant de la Rome impériale sortant tout moite et tout embaumé du tepidarium, pour s'offrir aux regards charmés de ses maîtresses.

*
* *

Je venais de faire mon vingtième pèlerinage à la chapelle Sixtine et je traversais la place Saint-Pierre, en maudissant du fond du cœur ce Daniel de Volterre, *il broghettone*, « le culottier » qui, obéissant aux ordres du trop pudibond Paul IV, affubla de jupons, de culottes et de robes, les splendides nudités de Michel-Ange, lorsque je dus m'arrêter pour laisser passer une procession de pénitents bleus.

Une véritable mascarade ! Quelques-uns étaient énormes ; on eût dit, leurs barbes étant dissimulées sous leurs cagoules, des femmes en mal de mère allant implorer les secours d'une sainte Radegonde italienne affectée spécialement à la direction des accouchements. Presque tous menaçaient de leurs cierges les gamins qui voltigeaient autour d'eux en les criblant de lazzi.

Moines crasseux et mendiants ! Monsignori efféminés et corrompus ! Pénitents, paresseux et grotesques ! voilà le clergé romain qui passe !.....

* *
*

— Monsieur, me disait un capitaine de carabiniers avec qui je faisais route de Velletri à Naples, notre ministère est, je vous l'affirme, rempli d'excellentes intentions et personne ne peut soupçonner M. Depretis de nourrir dans son cœur une grande tendresse pour les communautés religieuses de l'Italie. Mais il aurait tort, à mon avis, de désirer leur disparition immédiate.

— Et pourquoi cela, capitaine ? demandai-je vivement. Ne vaudrait-il pas mieux remplacer tout de suite ces ateliers de paresse qu'on appelle des couvents par des ateliers de travail ? N'est-il pas temps que l'Italie se secoue une bonne fois au soleil ?

Quand un pays se néglige, a-t-on dit, les moines s'y mettent. Je crois que l'Italie...

— Je pense comme vous, jeune homme, interrompit vivement le capitaine, mais je maintiens que le gouvernement commettrait une faute grave en fermant brusquement tous les couvents : il donnerait, en agissant ainsi, un surcroît de force au brigandage qui désole encore quelques provinces du royaume. Que deviendraient tous ces moines habitués dès leur enfance à la paresse si, tout à coup, on leur défendait de tendre la main ? Comme tous les mendiants professionnels, ils ont le travail en mépris. Je les vois déjà se dirigeant par bandes dans les Abruzzes et dans les montagnes palermitaines. Ils sont toujours fort bien accueillis par les bandits qu'ils confessent, moyennant une dîme prélevée sur les rapines, dîme toujours large, car toujours elle est proportionnée à l'absolution qu'ils administrent. J'ai déjà chassé ces intéressants associés, et je vais les chasser encore.

Le train s'arrêta.

« Napoli », cria l'employé.

Bonne chasse, capitaine !

LE BUSTE

A Paul Mariéton.

C'était au théâtre de l'Apollon. On jouait la *Marie Stuart* de Schiller au profit d'une œuvre de bienfaisance. Le rideau venait de tomber à la fin de cette admirable scène du préau, où Marie Stuart, après s'être agenouillée suppliante aux pieds d'Elisabeth, se dresse dans toute sa fierté de reine insultée, en face de son implacable rivale. Madame Ristori, marquise de Capranica del Grillo, remplissait le rôle de la reine d'Ecosse, rôle qui tout d'abord semblait ne devoir plus convenir à son âge, mais qu'elle sut tenir cependant avec un art merveilleux, et qui lui valut un des plus éclatants triomphes de sa brillante carrière.

La grande tragédienne fut couverte de fleurs. Il en pleuvait de la loge royale, il en pleuvait de partout.

C'est à ce moment que j'aperçus, dans une baignoire voisine de la mienne, un visage de femme d'une inoubliable beauté. Pâle, très pâle, d'une pâleur extraordinaire, il se détachait vivement dans l'ombre comme un buste de marbre dans la nuit.

Au milieu de l'universel enthousiasme, aucune émotion n'animait cette figure pâle. On aurait pu la croire morte, morte pour tout, si elle n'avait été éclairée par deux grands yeux noirs, larges et tristes, des yeux chargés de plaintes, des yeux douloureux :

D'où semblaient couler des ténèbres.

Parfois cependant un rapide sourire d'une expression navrante entr'ouvrait les lèvres en les tordant un peu. La ligne des épaules, un peu maigres, était d'une irréprochable pureté, et sur la blancheur de la gorge saignait une rose rouge.

Cette étrange figure, d'une beauté de rêve, m'attirait si impérieusement qu'avant la fin de la soirée, je fus me poster à la porte de la mystérieuse baignoire.

Deux superbes laquais, à l'immobilité de cariatides, en défendaient l'entrée.

Tout à coup, au moment où des applaudissements sans fin indiquaient la chute finale du rideau, un des gardiens ouvrit lui-même la porte et pénétra, à ma grande surprise, dans la baignoire.

Il en ressortait au bout de quelques instants, portant dans ses bras vigoureux le buste divin de la femme aux beaux yeux tristes.

. . . .

Ceci n'est nullement, comme on pourrait le croire, le prélude d'un conte fantastique, et ce buste, je l'appris bientôt, appartenait à une noble dame sicilienne, née cul-de-jatte.

Les valets déposèrent religieusement leur infortunée maîtresse dans une chaise à porteurs, puis s'en allèrent avec des allures prudentes de commissionnaires chargés d'un fragile et précieux fardeau.

Et, comme je m'effaçais pour les laisser passer, les grands yeux noirs rencontrèrent les miens et j'y vis, à travers mes larmes, briller un mélancolique sourire.

AU SOLEIL

A Maurice Montégut.

Un quart d'heure était à peine écoulé depuis notre départ de Sorrente, et déjà nous voguions en plein golfe de Naples..... Bientôt Capri nous apparaissait avec ses maisons blanches, ses guirlandes de vignes, et son pic altier sur lequel s'élèvent encore les ruines de la ville de Tibère.

Mes marins se mirent alors à chanter un duo dont les notes se mariaient harmonieusement au bruit cadencé des rames et aux clapotements des petites vagues que le vent du soir commençait à soulever et qui venaient se briser plaintives le long de la barque.

Leurs voix étaient bien timbrées, et d'une pénétration si douce que j'éprouvais un véritable plaisir à les entendre.

Le duo terminé, Luigi, le plus jeune des deux, entonna, en patois sorrentin, la ronde des *Camis-*

culli (nains de la mer), auxquels l'imagination des pêcheurs du golfe de Naples donne pour demeures les petites grottes profondes et bleues dont la côte campanienne est criblée de Pouzzoles à Amalfi.

Et, pendant ce temps, notre embarcation glissait si rapide que nous apercevions déjà très distinctement le petit port de l'île avec ses bateaux au repos.

Des femmes et des enfants accouraient sur le rivage en agitant des tambourins et en poussant des cris perçants.

— Que signifie ce tapage? demandai-je à mes hommes. Serait-il question de me faire une entrée triomphale?

— Peut-être bien, monsieur, me répondirent-ils avec un léger sourire.

Cette réponse ne pouvait satisfaire ma curiosité, et déjà je mettais la main à mon gousset, geste éloquent dans tous les pays du monde, mais que l'Italien, si souvent mystérieux par intérêt, interprète avec une vivacité d'esprit vraiment extraordinaire, lorsque le hasard me fit tourner la tête du côté du golfe de Baïes.

Le soleil se couchait derrière le cap Misène. L'horizon, naguère si bleu, était devenu la proie d'un immense incendie dont l'océan reflétait les ardentes splendeurs. C'était comme une pluie de rayons. Chaque vague semblait balancer à sa crête l'image étincelante d'une étoile. Puis ce fut un embrasement général, au milieu duquel je ne distinguai plus que les grands cyprès du Pausilippe, dont les noires silhouettes se détachaient sur fond d'or. J'étais perdu, noyé dans une clarté blonde. A travers ces voiles éblouissants, je m'attendais à voir tout à coup apparaître une marine architecturale du Lorrain, avec ses grands vaisseaux à l'ancre sous les corniches de palais de marbre dont les façades et les péristyles sont éternellement baignés par les vagues ambrées d'une mer toujours caressante.

Mon éblouissement fut de courte durée.

Bientôt la grande ligne courbe du golfe m'apparut de nouveau, mais vague et déjà estompée par les premiers voiles violets du soir qui, à Naples aussi bien que de l'autre côté de la Méditerranée, succède presque sans transition crépusculaire à la disparition du soleil.

Quelques étoiles brillaient déjà au ciel lorsque notre barque talonna sur le sable de la grève.

Presque aussitôt, quatre jeunes filles solidement bâties retroussèrent gaillardement leurs jupes, et, dévoilant avec une hardiesse toute primitive, des formes dont la *Vénus* des Studji eût été jalouse, entrèrent dans l'eau et vinrent à notre rencontre en donnant tous les signes d'une grande joie dont je ne pouvais encore pénétrer la cause.

A coup sûr, mon étonnement devait être aussi apparent que les rondeurs callipygesques de ces demoiselles, car mes marins riaient aux larmes en me regardant, et semblaient jouir de grand cœur du succès de leur discrétion.

Mais leur gaieté devint délirante lorsque deux de ces audacieuses insulaires, les plus grandes et les plus vigoureuses, m'appréhendèrent au corps, et se partagèrent avec leurs compagnes le précieux fardeau de mon personnage, avant que j'eusse songé à opposer à leur entreprise une résistance qui, d'ailleurs, eût été aussi vaine que ridicule. J'avais eu à peine le temps de jouir de toute l'originalité de ce mode de débarquement que mes quatre porteurs en jupons me déposaient sain et sauf sur la plage, au milieu du ronflement des tambourins, du grincement des guitares et des cris de joie d'une multitude déguenillée accourue de tous les coins de l'île pour m'accabler de souhaits de bienvenue, fort peu désintéressés d'ailleurs.

**

Mon séjour à Capri fut de courte durée.

Le surlendemain du soir de mon triomphal débarquement, et avant le lever du soleil, je rejoignais mes marins qui m'attendaient à bord de leur barque immobile dans les eaux calmes du petit port, le seul point abordable de l'île. Derrière moi, marchait un jeune insulaire chargé d'un couffin rempli de quelques bouteilles de cet excellent vin blanc de Capri où chantent et brillent toute la gaieté et tout l'or du soleil.

**

Pendant que je m'essoufflais à gravir ce terrible escalier de 552 marches taillées dans le roc vif et qui conduit de la Marine à Anacapri, mes deux compagnons de route s'étaient, en véritables Italiens, payé un large repos.

Aussi, j'avais à peine saisi la barre du gouvernail que, sous l'effort de leurs bras puissants, la barque partait rapide.

En route pour Amalfi !

Capri nous domine tellement de sa masse que nous demeurons longtemps dans l'ombre fraîche que projettent sur la mer ses promontoires énormes, où les murs déchiquetés des temples et les blanches ruines des villes impériales semblent accrochés comme des lambeaux de dentelles que le moindre coup de vent va emporter. Il me tarde de m'éloigner de cette grande montagne encore enveloppée de nuit et dont notre barque, malgré sa rapide allure, paraît si lente à s'écarter. Ne dirait-on pas qu'elle nous poursuit, le front penché sur les flots pour mieux nous voir, nous les fuyards microscopiques ? Cette impression nocturne me fait songer à Polyphème courant après le vaisseau d'Ulysse.

Mais voici le soleil ! Adieu, fantômes ! Tout s'éclaire. Ses flèches d'or déchirent les voiles de la grande voluptueuse endormie dans les étoiles, et l'antique Caprée, l'île des chèvres lascives et des tibériades, apparaît dans sa splendide nudité, le front couronné de pampres, toute bleue dans l'azur.

Je fais signe à mes rameurs de s'arrêter, et, tandis que notre canot va à la dérive vers les *îles des Sirènes*, nous nous levons chacun notre verre à la main, et, sous une pluie de rayons, je porte solennellement un toast au dieu des métamorphoses.

Puis, pendant que la barque vogue à son gré,

toujours entraînée par les courants vers les trois écueils qui furent Agloophone, Lysie et Pisinoë, je commande aux marins de border leurs avirons, de retenir leur souffle, et je fais moi-même cette invocation à voix très haute : « Doux soleil dont la lumière éclaire, réchauffe et transfigure toutes choses, fais que, pour un moment, ces tristes îlots sur lesquels viennent se tordre et pleurer les vagues reprennent leurs formes premières ! »

Mais les trois rochers, aussi durs que les cœurs des insensibles Argonautes, demeurent immobiles et menaçants. Et, l'âme attristée, je m'éloigne, et jamais je n'entendrai les mélodieuses voix des sirènes me dire à travers les profondeurs bleues :

« Jeune voyageur, viens admirer la douce harmonie de nos chants. Tu continueras ensuite ta route après avoir eu ce plaisir et après avoir appris de nous une infinité de choses. »

A midi, je débarquais à Amalfi d'où je congédiai mes rameurs.

*
* *

La puissante république d'autrefois, « l'Athènes du moyen âge », la rivale de Venise, Amalfi, dont les lois maritimes furent pendant plusieurs siècles celles de toute l'Europe, n'est aujourd'hui qu'un grand village de 3,000 habitants, village fort pittoresque, il est vrai, et célèbre dans toute l'Italie par son macaroni, ses usines à papier et ses citrons.

La côte escarpée sur laquelle se développe Amalfi

est couverte d'une riche végétation faite de bois d'oliviers, d'orangers, de myrtes, de citronniers. Ces derniers forment de véritables forêts, et je les y ai vus si chargés de fruits que les collines sur lesquelles ils s'élèvent luisaient comme des blocs d'or gigantesques, lorsque le soleil les frappait de ses rayons.

Que reste-t-il aujourd'hui de l'ancienne magnificence d'Amalfi? Les flots eux-mêmes semblent avoir juré la ruine de cette florissante cité. Là où de nombreux vaisseaux manœuvraient à l'aise dans un port immense, on n'aperçoit plus que de rares barques de pêcheurs entassées sur une grève étroite que la mer recouvrira bientôt. Quelques années encore et les derniers établissements maritimes de ce peuple de navigateurs auront été balayés par les vagues.

Les rares vestiges de la splendeur passée se trouvent dans la cathédrale. Ce sont de belles colonnes de granit, un vase antique de porphyre servant de baptistère et deux sarcophages très remarquables.

Et cependant, à la vue de cette côte d'Amalfi où la nature seule triomphe aujourd'hui, on ne peut se défendre d'un vif sentiment d'admiration pour les mémorables événements qui s'y passèrent. N'est-ce pas, en effet, sur ces rochers que Flavio Gioja inventa la boussole et que naquit Mazaniello? C'est là aussi, si je ne me trompe, que furent retrouvés les Pandectes.

Ainsi au-dessus de cette ville déchue, et qui semble devoir être bientôt envahie par les forêts et les flots, apparaissent les causes les plus puissantes de la civilisation et des révolutions modernes, les lois, la navigation, la souveraineté populaire.

Dans cette cité aux grands souvenirs, je déjeunai fort copieusement d'une bouillabaisse qui, sans être absolument classique, n'en était pas moins exquise, de deux côtelettes enlevées à un jeune mouton nourri sur les flancs des coteaux parfumés qui dominent la mer, et d'un rouget très frais dont le foie avait été soigneusement écrasé dans une sauce faite d'huile d'olive, de jus de citron, de poivre rouge, de vin blanc et de muscade râpée. Mon dessert se composait de grenades, d'oranges et de fromage de chèvre. J'arrosai le tout d'un lacryma-christi vraiment supérieur.

Puis, mon sac sur le dos, mon bâton d'olivier à la main, je dis adieu à la ville des Pandectes et à la jolie petite Ninetta qui m'avait versé les larmes d'or du Christ; pleurs divins qui, en passant par notre gosier, se changent si vite en rires joyeux et en sentiments très humains.

Les joues de la petite servante étaient si fraîches, si fleuries de roses que j'y mis deux baisers. J'osai même en placer un troisième tout à côté d'une autre rose qui fleurissait à son corsage.

Et elle me laissait faire en rougissant un peu et en riant beaucoup.

« *A rivederlo Ninetta!* »

Voilà de cela bientôt vingt ans!

Où sont les roses ?

*
* *

Le soleil ne s'était pas encore levé derrière les montagnes de la Calabre, qui ferment du côté de l'Orient l'horizon de la plaine immense de Pœstum, quand je fis faire halte à mon cheval à quelques mètres des trois temples. Devant ces grandes ruines, derniers vestiges d'une ville dont personne ne nous dira jamais l'histoire, je demeurais immobile et pensif malgré les obsédantes objurgations de mon guide loqueteux, qui me suppliait à genoux, mains jointes et avec des phrases haletantes, dictées par une prévenance d'un désintéressement problématique, de prendre garde à *la malaria* et de ne pas demeurer sans mouvement dans les brouillards froids du matin.

Ces temples, tous trois d'ordre dorique et si souvent décrits dans leur ruine et dans leur reconstitution, s'élèvent presque de front sur le bord de la mer. Leur aspect est singulièrement majestueux. Le plus grand des trois, qui fut, disent de très savants auteurs, consacré à Neptune, a la forme d'un grand quadrilatère de cinquante-six mètres environ de longueur, sur vingt-cinq de largeur. Mais si les dimensions extérieures de l'édifice sont considérables, il n'en est pas de même de celles de l'enceinte sacrée qui, encombrée par une double rangée de grosses colonnes, par de nombreux autels, par la cella et ses quatre murs protecteurs, ne m'a pas semblé destinée à contenir la foule des fidèles.

Faut-il en conclure, avec les auteurs très chrétiens, que « les églises n'ont surpassé en étendue les temples de polythéisme que parce que les croyances nouvelles avaient besoin d'un plus vaste espace pour un plus grand Dieu ? » Ne faut-il pas croire plutôt que, dans les cérémonies religieuses de l'antiquité, la masse des fidèles se tenait autour de l'enceinte sacrée et que la nature infinie, avec son immense dôme d'azur, était le seul temple digne de réunir dans une commune adoration tous ces innombrables croyants d'autrefois dont les divinités remplissaient l'Olympe de leur toute-puissance et dont la grâce, la force et la beauté vivaient dans l'infinité des choses ?

Fut-elle phénicienne, l'origine de Pœstum, ou grecque dorique, ou grecque sybarite ? Je l'ignore et il m'importe peu. Mais je sais qu'à travers ses dernières ruines j'ai vu, dans la tristesse de mon âme, passer de grands souvenirs aux formes vagues, et que j'ai entendu, au milieu de l'éternel silence qui règne sur cette nécropole engloutie, retentir tour à tour les marches triomphales des soldats de Pyrrhus, des légions romaines, des hordes sarrazines et des Normands de Guiscard. Puis, aux cris de joie des barbares du Nord, temples, portiques, palais se sont écroulés avec un bruit terrible, et les conquérants stupides, attachant à la queue de leurs chevaux les blanches statues des déesses mutilées, les ont traînées au pied des autels de leur Saint-Mathieu de Salerne, à travers la poussière rougie par le sang des morts, et par la pourpre des roses merveilleuses à jamais écrasées.

Hélas! au pied de ces ruines ne fleurissent plus que les tristes asphodèles et les glaïeuls fétides! Qu'êtes-vous devenues, plaines couvertes de roses? « Biferi que rosaria Poesti! » Je marche à travers un désert fangeux.

J'y chercherais vainement une écharpe pour Flore ou un bouquet pour la coupe d'Hébé.

Plus de jardins embaumés, mais des marécages puants et pestilentiels d'où s'exhalent des senteurs mortelles et où se vautrent lourdement, au milieu de reptiles de toutes sortes, des buffles à demi-sauvages, aux gros yeux sanglants. Et c'est au milieu de cette désolation que se dressent les vieux temples dont l'impitoyable temps emporte chaque jour quelques lambeaux. Le chouca chauve à bec rouge et l'épervier ont fait leurs nids dans les fissures des corniches et dans les creux de l'architrave; les ronces et le lierre montent à l'assaut des murs tremblants; sur les fûts des colonnes grimpent d'énormes lézards verts, et sur les grandes dalles du sanctuaire glissent des aspics à tête plate et de longues couleuvres.

C'est en présence d'une aussi lamentable ruine que l'Empereur Julien dut pleurer son rêve mort.

Que Poséidon me pardonne, mais à l'endroit même où se dressait sa grande image sur l'une des pierres de la cella, je me suis permis de griffonner au crayon ces quatorze vers que les couleuvres et les lézards ont déjà dû effacer dans leurs courses:

Les glaïeuls ont chassé la rose sans rivale,
Et de leur vert manteau, qu'agite un vent de mort,
Le souffle fatigué du buffle noir qui dort,
Comme un soupir géant péniblement s'exhale.

Dressant vers le ciel bleu dans un suprême effort
Son fronton chancelant que ronge la rafale,
Le vieux temple païen attend l'heure fatale,
Pendant que sur ses murs l'aspic rampe et se tord.

Je me sens le cœur plein d'une immense détresse,
Au milieu de ces champs où la Mort est maîtresse
Et qui furent peuplés de rosiers et d'autels,

Et je marche pensif sur ces terres funèbres
Où gisent à jamais dans les mêmes ténèbres,
La fleur qui vit un jour et les dieux immortels.

CHEZ LES BELGES

A Charles le Goffic.

Pour la troisième fois je viens de revoir Anvers sous une pluie battante. Une fatalité climatérique me poursuit lorsque je promène ma curiosité artistique sur les bords de l'Escaut, que je n'ai encore entrevu qu'à travers le brouillard épais d'un froid déluge, d'où s'échappaient, comme des beuglements douloureux, les signaux prolongés des sirènes, mêlés aux sifflements aigus des lourds paquebots.

Ah! cette promenade mélancolique et rageuse, le parapluie large ouvert, le pantalon haut retroussé, dans les rues de l'Exposition, toutes transformées en immondes cloaques, où grouille une foule bariolée de Levantins antipathiques, de Turs bedonnants et graves, de Congolais grelottants sous leurs caleçons rayés, et accroupis devant leurs huttes.

Et de tout ce monde pitoyable, de tout ce décor de carton lavé à grande eau, de ces édifices tremblants et détrempés, montent, comme une rumeur babélique vers le ciel inclément, les cris rauques des Aïssaouas en délire, les glapissements des nègres, et les musiques énervantes des cafés maures et des divers établissements chorégraphiques où des bayadères, d'un orientalisme très vague, troublent la sérénité de tous ces braves et placides Flamands par des rotations nombrilesques tout à fait vertigineuses.

C'est comme une épave hurlante qui serait venue échouer des bords de la Seine aux bords de l'Escaut, après avoir été roulée, de 1889 à 1894, dans des flots de boue.

Puissions-nous ne plus revoir ces mêmes gens au pied de la Tour Eiffel en 1900 ! Assez d'orientalisme d'importation ! A la longue, l'odeur des pastilles du sérail et des flacons d'eau de rose donne la nausée.

*
* *

Fuyons, fuyons ! après avoir jeté un dernier regard aux cavaliers de Pawnie-Bill et aux charmantes et intrépides nageuses du capitaine Boyton, galopant et barbotant avec une conscience des plus méritoires, en présence de quelques Anglais impassibles sous leurs parapluies ruisselants.

*
* *

Gand. Il pleut toujours.
Après une station dans la vieille et belle église de Saint-Bavon, devant l'*Agneau mystique* des frères

Van Eyck, outrageusement repeint, je me fais conduire, au trot d'un cheval étique, à travers des ruelles fort mal pavées, au *grand Béguinage* situé dans la banlieue de la ville. « Visitez le Béguinage de Gand, à l'heure des Vêpres, m'avait-on dit ; vous verrez, rassemblées dans l'église de la communauté, six cents béguines. C'est à la fois le plus pittoresque et le plus troublant des spectacles. » Et je rêvais déjà de nonnes aux blanches figures, aux longues paupières, aux mains fluettes et diaphanes, aux yeux couleur de violettes, comme dans le Missel de Juvénal des Ursins, ou dans les tableaux gothiques de Van Der Weyden.

« Fouette, cocher, l'heure de l'office avance. »

Dans l'air mouillé tinte la cloche du salut. Me voici dans l'église.

Les six cents béguines sont toutes agenouillées, profondément courbées sous la bénédiction du prêtre, qui passe dans un grand geste de main au-dessus de la foule recueillie. Brusquement, les béguines se redressent. Chacune enlève, avec une surprenante rapidité, le voile qui lui couvre la figure et les épaules, et, l'ayant plié sous forme de coiffe napolitaine, le pose sur sa tête.

Ce fugitif mouvement de voiles est d'un effet très curieux, et fait songer au vol tournoyant de centaines de mouettes.

Puis la sortie s'opère, et chaque nonne se dirige vers la petite maisonnette de briques, au pignon dentelé, où elle vit solitaire, priant Dieu et fabriquant de très jolies dentelles, dans une paix profonde dont le silence est seulement troublé par les cris rauques des choucas, qui voltigent autour des grands arbres du parc.

O décevante curiosité ! Encore une illusion qui s'éteint ! Je ne vois passer devant mes yeux, très attentifs, que de vieilles femmes à l'allure vulgaire, la plupart fort laides, et d'une laideur si caractérisée que je me crois un moment au tout récent concours de grimaces du quartier Marolle, à Bruxelles !

« A Bruges c'est mieux », me dit-on. « C'est plus recueilli et plus distingué. » Partons.

M'y voici, et, malgré les recommandations de Rodenbach, je débarque dans la gare gothique de la vieille ville, un dimanche.

Hélas ! les tardives et impérieuses modifications apportées à mon itinéraire l'ont ainsi voulu.

Et, pour comble d'infortune, j'arrive le jour même du sacre du nouvel évêque ; de telle sorte qu'avec ses drapeaux tricolores qui recouvrent les façades des maisons et claquent à tous les vents, ses bourgeois endimanchés dont la foule joyeuse encombre les rues, *Bruges la Morte* m'apparaît comme un faubourg parisien le 14 juillet.

— C'est un voyage à refaire.

Mais j'ai pu cependant m'isoler dans le joli Béguinage de cette ville, qui, situé tout au bord du *Lac d'Amour*, enclos par les eaux limpides et calmes de la Lys, semble dormir éternellement sous le dôme vert des grands arbres qui l'abritent. Et, faveur toute spéciale, j'ai pu m'entretenir assez longuement avec une des saintes habitantes de ce paradis flamand. Oh ! une vraie béguine, celle-là, de haute noblesse et d'aristocratique allure : teint pâle et légèrement jauni par la claustration, front bombé, yeux à fleur de tête, lèvres délicatement décolorées, au sourire mélancolique, mains fines et longues, voix lente et grave...

C'est sœur Gudule du *Voile*.

Et que de choses intéressantes elle m'a contées de cette voix mélodieusement rythmée, et franchement enjouée, lorsqu'avec une ironie très sensible elle parlait des béguines de Gand, puis sérieuse lorsqu'elle répondait à mes questions sur la discipline de l'ordre.

« Mademoiselle (c'est le titre qui leur convient), savez-vous qu'on s'occupe beaucoup de vous, en ce moment, à Paris, et qu'un jeune poète de Bruges nous initie, avec beaucoup d'art, aux mystères de votre existence ? »

Et la béguine de répliquer avec un indéfinissable sourire : « Je le sais, et c'est vraiment beaucoup d'honneur qu'on nous fait là, monsieur. Mais notre existence, sans être absolument mystérieuse, échappera toujours, dans quelques-uns de ses détails, aux recherches d'un étranger, fût-il un poète de talent. Je crois que nous connaissons mieux M. Rodenbach qu'il ne nous connaît. »

Il eût été indiscret de ma part d'insister davantage et, après une double révérence, je fus revoir, dans l'hôpital de Saint-Jean, la châsse de la sainte Ursule du Memling, où je crus reconnaître, parmi les onze vierges martyres, la petite béguine de tout à l'heure, avec ses longues paupières baissées, ses mains fines et son sourire doucement railleur.

Le modèle de Memling n'a pas changé.

LUSITANIA

A Henri Roujon.

C'est assurément sur les rives des fleuves que les rimes les plus hyperboliques ont de tout temps été cueillies. Où sont les bois superbes qui couvraient les bords de l'Ilissus? Que sont devenus ces bosquets de myrtes du « ruisseau d'Éden » qui autrefois abritèrent le baptême d'un dieu? Fut-il jamais d'eaux plus troubles que celles du « limpide Arno », où ne se reflètent même pas les lourdes et mornes façades des vieux palais pisans? Tibre jaunâtre et nauséabond qui sembles rouler encore dans tes ondes paresseuses les pourritures des gémonies, où sont tes bocages virgiliens et tes eaux murmurantes et fraîches, clairs miroirs des blanches Amaryllis?

J'ai suivi les bords du Rhône jusqu'à la mer bleue, sans jamais traverser les bois d'orangers et de citronniers chantés par Pétrarque et à l'ombre desquels se promenait la gracieuse dame de ses pensées.

Aux chercheurs de causes à méditer sur ces tristes transformations des fleuves sacrés auxquels la chanson des poètes semble avoir porté malheur !

Ainsi s'en allaient mes rêveries pendant que je roulais en wagon, d'Abrantès à Lisbonne, tout au bord du Tage et presque parallèlement au cours du fleuve. Parfois même, les roues de la voiture effleuraient ses rives, et je voyais défiler sous mes yeux, à travers les premières ombres de la nuit, d'arides paysages faits de rocs taillés à pic et de monticules sablonneux pareils à de grands tas de cendres entre lesquels fuyaient tumultueusement les eaux bourbeuses du fleuve, de ce fleuve enchanté « dont les flots pailletés d'or coulent toujours, m'avait dit Camoens, entre deux forêts de fleurs ».

Je dois déclarer cependant qu'avant d'arriver à l'importante station de l'*Entroncamiento*, point de jonction de la ligne de chemin de fer du Nord, j'aperçus, émergeant du milieu du Tage, dont la largeur varie à tout instant, une île verdoyante et fleurie. Sur cette île se dressaient de superbes ruines, où j'ai cru découvrir, malgré la rapidité de mon examen, les restes d'une imposante construction mauresque qui fut peut-être le palais d'été d'un émir puissant chargé du gouvernement de l'Alemtejo, sous les ordres du calife de Cordoue.

C'est en me livrant à ces hypothèses historiques, évoquées par la subite apparition du vieux château, où mon imagination fit revivre un instant toutes les voluptueuses séductions d'un harem enchanté, que je m'endormis, pour ne plus me réveiller qu'à Lisbonne.

. . . .

Si j'éprouve, en écrivant ces lignes, une sorte de sentiment nostalgique, un regret cuisant d'un passé déjà lointain et au fond duquel je vois vaguement s'ébaucher, tout au bord d'un large fleuve, une grande ville que j'ai joyeusement traversée en ayant aux lèvres la libre chanson de la vingtième année, je dois aussi confesser que l'impression première que je ressentis en débarquant à Lisbonne fut des plus pénibles. Tout autour de moi, l'air était empesté par d'affreuses odeurs qui montaient des bouches des égouts, dont les eaux très hautes du Tage arrêtaient depuis plusieurs jours l'écoulement. Ce fait se produit, paraît-il, assez fréquemment. Les habitants, qui devraient se souvenir de la peste de 1568, paraissent ne pas se douter des graves inconvénients qui pourraient en résulter. Et cependant cette terrible épidémie fit plus de soixante mille victimes, rien que dans la ville. Le gouvernement, aussi bien d'ailleurs que la municipalité de Lisbonne, dont les ressources budgétaires suffiraient à peine à la reconstruction des égouts, entretiennent secrètement, sans doute, le stoïcisme ou plutôt l'indifférence populaire, malgré les plaintes et les avertissements des médecins.

Il pleuvait à torrent, et sous ce ciel en deuil, dans cet air empesté, à travers ces routes boueuses dont on a certainement négligé d'entretenir les pavés depuis le tremblement de terre de 1755, un vague ennui m'envahissait, et je me surprenais déjà à regretter d'avoir franchi la frontière espagnole et quitté la vallée odorante et fraîche du Guadalquivir, quand un joyeux spectacle vint dissiper fort à propos les nuages qui s'amoncelaient sur mon front.

Un enterrement passait.

« Rien de plus étrange pour celui qui débarque à Lisbonne, nous dit madame Rattazzi dans son volume sur le Portugal, que de rencontrer dans les rues les appareils qui servent à conduire les morts à leur dernière demeure. Il y a plusieurs classes de convois, tout comme en France; mais en Portugal le pauvre lui-même fait cette dernière étape dans un véhicule doré sur toutes les tranches. Ce sont, pour les enterrements ordinaires, des voitures à deux roues en forme de cabriolet, avec des brancards fort longs, entre lesquels se trouvent un mulet, un postillon avec des bottes à l'écuyère, un habit à la française et un chapeau plus large du sommet que de la base. Sur le devant de ces cabriolets, entre le derrière du mulet et le tablier, se trouvent deux portants en fer sur lesquels on assujettit le cercueil. Tout cela a un air de gaîté qui fait plaisir à voir, et, la première fois que j'ai rencontré ce cortège qui revenait à vide, j'ai cru qu'il s'agissait de la mascarade du Bœuf gras ou d'une farce analogue. Il n'y a pas de voitures de deuil pour les invités : ils suivent dans leurs voitures ou dans des fiacres. Le cimetière s'appelle *Prazeres* (Plaisirs.).

» Lorsqu'une personne meurt, la famille n'envoie pas de lettres de faire-part : elle fait une annonce dans les journaux, et tout est dit, attendu que l'annonce se termine invariablement par ce cliché : *On ne fait pas d'invitations spéciales, la famille se trouvant dans un état de consternation indicible.* »

Je ne saurais trop préciser à quel ordre de la société appartenait le défunt qui roulait sous mes yeux en si riant équipage, mais je lui souhaitai du fond du cœur une félicité éternelle dans l'autre vie, en retour du moment de gaîté qu'il m'avait procuré dans celle-ci.

Complètement déridé, mais trempé jusqu'aux os, je me dirigeai vers mon hôtel, pénétré d'admiration pour le stoïcisme indolent et joyeux de ce peuple qui respire du matin au soir des miasmes pestilentiels avec autant de bonne humeur que si c'étaient des parfums de roses, se casse les jambes dans ses rues malpropres et mal pavées sans se plaindre, conduit ses morts à leur dernière demeure dans des voitures de gala dirigées par des cochers costumés en singes savants, et appelle ses cimetières des lieux de plaisir (*Prazeres*).

Qu'on vienne après cela révoquer en doute la gaîté portugaise !

. . . .

Jamais origine ne fut plus discutée que celle de Lisbonne, à laquelle le sentiment populaire donne comme date initiale une escale prolongée d'Ulysse et de ses compagnons sur les bords du Tage.

Les étymologistes pourront d'ailleurs très facilement constater que les noms de la vieille cité lusitanienne, tout en se modifiant très fréquemment à travers les siècles, pour des causes assez inexpliquées, semblent toujours dériver de celui de l'héroïque voyageur que l'opinion du peuple lui donne comme fondateur, car, avant de s'appeler Lisbõa, elle a tour à tour porté les noms d'Elisea, d'Ulisea, d'Ulisipolis, d'Ulisipo, d'Olisipo, d'Olisipoua, d'Olisipoa, d'Ulixiponna et d'Exupóna...

Mais ce sont là des choses fort lointaines...

D'après une vieille légende allemande, un chevalier ayant voulu voir, à Jérusalem, la plus belle cité de l'Europe dans un miroir magique, aussitôt *Lisbonne la Grande*, comme on l'appelait alors, vint se peindre à ses yeux éblouis.

C'est qu'en effet, s'il faut ajouter foi aux assertions d'écrivains très accrédités, tels que Fernando Lopes (*Agiologio Lusitano*), Lisbonne jouissait au treizième et au quatorzième siècle d'une grande réputation de magnificence. Il est vrai de dire que d'autres historiens portugais ont élevé quelques doutes sur la splendeur supposée de la Lisbonne féodale. Nous nous dispenserons de chercher à nous former une opinion à ce sujet. Laissons dormir en paix la vieille ville dans les entrailles de la terre, où elle a été engloutie presque complètement avec ses palais et ses trésors, et contentons-nous d'esquisser aussi fidèlement que possible un croquis léger d'après la Lisbonne nouvelle, que le marquis de Pombal, par la puissance de son génie, a, pour ainsi dire, fait jaillir du sol, sur des plans nouveaux.

* * *

L'aspect général de la ville est des plus pittoresques. Elle n'a pas moins de deux lieues de longueur, et s'élève en amphithéâtre, en affectant une disposition à peu près demi-circulaire, sur la rive droite du Tage.

A la fin du dix-septième siècle, elle méritait encore le surnom d'*Urbs septicollis;* mais, grâce à son rapide développement, elle a embrassé, dans son enceinte encore indéterminée, plusieurs éminences nouvelles, qui détruisent son analogie topographique, dont les Portugais étaient si fiers, avec celle de la Rome antique.

Le spectacle de Lisbonne vue du Tage par un clair soleil de printemps est vraiment superbe. Un poète l'a tour à tour comparée à une belle coquette vêtue d'une robe blanche ornée de roses et penchée sur son miroir, et à un immense éventail largement déployé et décoré de bouquets de fleurs. Ces deux images, bien que très différentes, sont d'une assez grande fidélité métaphorique, et nous avouons bien volontiers que notre admiration fut très vive, lorsque, du milieu du fleuve que nous traversions pour nous rendre à Evora, située sur l'autre rive, nous avons aperçu Lisbonne dans la pleine lumière d'un beau midi de mai, avec ses larges quais indéfiniment allongés dans une courbe gracieuse et ses innombrables maisons blanches qui semblent monter à l'assaut du ciel et font songer de loin aux marches géantes d'une Babel inachevée. Çà et là, au milieu de cette forêt de pierres, apparaît un jardin plein de verdure et de roses, gai sourire de la nature qui anime la froideur marmoréenne de la cité et lui donne réellement cet air de coquetterie féminine sans lequel elle apparaîtrait aux yeux du voyageur comme le blanc fantôme de la vieille cité disparue.

Mais à peine êtes-vous débarqué, que votre admiration tombe pour faire place à une pénible surprise. Le charme est rompu. Voici vraiment le royaume du banal et du laid. D'énormes constructions de briques, auxquelles des architectes partisans convaincus de l'application de l'art à l'industrie ont cru devoir donner des formes classiques, s'alignent sur le bord du fleuve, et de leurs fenêtres ogivales s'échappe, au lieu du parfum de l'encens, l'âcre odeur de détritus de sardines et d'huile chaude, qui, mêlée à celle des égouts dont les bouches puantes s'ouvrent sur le Tage, chasse tous les flâneurs vers la ville haute. Ces quais spacieux, qu'une municipalité intelligente pourra un jour transformer en une merveilleuse promenade, ne sont guère fréquentés que par les *gallegos*, les *varinas* et les matelots des navires de commerce mouillés dans le fleuve, qui à cet endroit ne mesure pas moins de deux lieues de large.

Les Lisbonnais désignent communément sous le nom de *gallegos* les portefaix, les commissionnaires, les porteurs d'eau. Les individus qui remplissent ces fonctions, auxquelles le plus misérable Portugais dédaigne de se livrer, sont presque tous originaires de la Galicie. Ils sont robustes, économes et laborieux. Leur physionomie rappelle celle des montagnards de la Savoie et de l'Auvergne, qui, comme eux, sont poussés vers les grandes villes par une similitude de goûts pour les travaux grossiers et pénibles. D'ailleurs les gallegos n'émigrent pas seulement à Lisbonne : on les rencontre aussi à Madrid et dans d'autres villes importantes d'Espagne. Leurs penchants pour les besognes infimes leur attirent aussi bien le mépris des Espagnols que celui des Portugais, et le dernier loqueteux de Castille ou d'Andalousie n'hésite pas à répondre à un accueil qui ne lui semble pas assez digne de ses nobles haillons : *Me trata V. S. como Gallego.* « Vous me traitez comme un Galicien. » Au demeurant, utiles et laborieux travailleurs, qui, à l'instar de nos braves Auvergnats, jouissent universellement d'une légitime réputation de probité. Leur physionomie ne diffère guère de celle de nos gallegos parisiens : c'est toujours le type traditionnel du commissionnaire du coin, avec sa courte veste de velours, ses petits favoris en patte de lièvre, ses larges épaules et sa trogne souriante et fleurie. Ici la casquette est remplacée par un immense bonnet vert.

Les *varinas* (marchandes de poisson) forment avec les gallegos la population la plus pittoresque, j'allais dire la plus intéressante de la ville. Pendant que leurs pères, leurs mères, leurs frères, se livrent, dans les dangereux parages de la barre du fleuve, à la pêche à la sardine, elles courent par les rues pour vendre le poisson, chargées d'une vaste corbeille plate, qu'elles portent très adroitement et avec grâce sur la tête. Le costume de la varina est assez original et mérite un petit bout de description. Il se compose d'un petit chapeau de feutre aux bords larges et retroussés, sur lequel repose le panier au poisson. La poïtrine et les épaules disparaissent sous les plis d'un léger châle de couleur voyante, et sur les hanches, au-dessous de la taille, s'enroule plusieurs fois, en tours serrés, une large ceinture de laine. Leur jupon, souvent très court, permet d'admirer des jambes d'une réelle élégance de formes.

La varina a pour les bijoux une insatiable passion, et sur cette terre où elle peine du jour naissant à la tombée de la nuit, déchirant ses pieds nus en escaladant les ruelles mal pavées de l'ancienne ville, son pesant fardeau sur la tête, elle n'a, la pauvre fille, d'autre idéal que celui d'accrocher à ses oreilles, les jours de fête, des boucles en or rehaussées d'ancres en émail bleu, et d'étaler sur sa robuste poitrine des croix ou d'énormes cœurs en filigrane.

La vive allure de la varina, son ardeur au travail, sa continuelle activité, contrastent étrangement avec l'indolence de la Portugaise, qui du matin au soir bâille à sa fenêtre, vaguement somnolente au milieu d'un morne désœuvrement. Jamais une Portugaise n'aida son mari dans ses travaux. J'oserai même affirmer qu'elle n'y songea jamais, et l'on pourrait faire plusieurs fois le tour des magasins de Lisbonne sans découvrir une Portugaise derrière un comptoir. C'est à croire, en vérité, comme l'affirment d'ailleurs certains ethnographes, que la vaillante fille des pêcheurs du Tage est d'une autre race que ces incorrigibles paresseuses, qui regardent machinalement s'écouler les inutiles heures de leur vie dans le mortel silence de leur *home* sans confort et sans goût.

Le large chapeau des varinas semble être le dernier vestige de l'ancien costume national du Portugal. Les femmes de la société, continuellement tentées par les étalages des modistes et des couturières françaises installées en conquérantes dans les principales rues de la ville, ont depuis longtemps adopté nos modes parisiennes. Nous le regrettons pour notre part; mais du moins n'est-il plus permis au voyageur médisant de se livrer à des réflexions du genre de celles que soumettait officiellement à son gouvernement un certain ambassadeur vénitien qui visita Lisbonne sous le règne João III : « Les femmes portugaises, dit-il, sont remarquables par leur beauté et par l'élégance de leurs proportions. Leur maintien est agréable, leurs traits gracieux. Elles ont les yeux noirs et scintillants, ce qui accroît leur beauté... Le vêtement des femmes de Lisbonne consiste en une grande cape de laine ou de soie (selon la condition), dont elles s'enveloppent entièrement le corps, en se cachant même le visage. Elles vont ainsi où bon leur semble, si parfaitement déguisées que leurs propres maris ne peuvent les reconnaître ; privilège dont elles tirent plus de profit qu'il ne convient à des femmes bien nées et bien morigénées... »

Pourquoi faut-il que depuis le voyage de l'ambassadeur de Venise les traits du visage des dames portugaises aient subi des modifications aussi désavantageuses que celles de leurs costumes ?

J'ai pu cependant apercevoir encore quelques vieilles femmes du peuple drapées dans de longs manteaux de couleur sombre et coiffées d'un mouchoir de linon très clair et fortement gommé. Ce long manteau aux larges plis n'est-il pas une suprême réduction de la grande cape de laine dont parle notre ambassadeur, et ce mouchoir, la dernière transformation du gracieux *lenço* du siècle dernier, dont les deux bouts se rejoignaient à l'aide d'une agrafe d'or ou d'argent ?

Les hommes, chez lesquels aussi tout vestige de costume national a disparu, ont, comme les femmes, l'amour du clinquant. Leurs doigts sont presque toujours surchargés de bagues, et sur leur ventre, souvent arrondi comme leurs pipes de porto, resplendissent des chaînes d'or grosses comme des câbles, et agrémentées de paquets de breloques.

Le Portugais est très friand de tout signe extérieur capable d'attirer sur son cher personnage l'attention du public. C'est ici qu'on voit s'étaler sur la neige des gilets les plus éclatantes cravates et s'épanouir aux boutonnières les plus invraisemblables rosettes. Je me suis laissé dire que la plupart des promeneurs que je voyais flâner les dimanches sur les promenades de la ville, la cravache à la main et les talons richement éperonnés, n'avaient jamais mis le pied dans un étrier : l'éperon est pour eux, paraît-il, une sorte de décoration nobiliaire qu'ils s'attribuent très généreusement, un reste des privilèges de la vieille chevalerie. Quel est le Portugais, fût-il *almocreve* ou *calafate* (muletier ou calfat), dont les aïeux n'ont pas porté les éperons d'or à la bataille d'Ourique ou d'Aljubarrota ? J'ai remarqué que beaucoup de fonctionnaires de l'État travaillaient tout éperonnés, comme pour un jour de bataille. Lorsque ces chevaliers du grattoir, ces *ficados* aux brassards de lustrine, rendront paisiblement à Dieu leur belle âme bureaucratique, on déposera sans doute aussi leurs éperons sur leurs tombes.

Mais avons-nous le droit de parler si longuement des légers ridicules d'un peuple dont les qualités morales sont solides et nombreuses, et qu'on pourrait, si ce n'étaient sa regrettable indolence et son invraisemblable « égotisme », donner comme modèle aux autres nations ? Car le Portugais est naturellement bon, hospitalier, honnête en affaires, généreux et brave. Et nous sommes certain qu'on verrait encore aujourd'hui cet héroïque petit peuple, au fond duquel sommeille une puissante énergie nationale, et qui fut maître autrefois, par ses prodigieuses entreprises, de tout le commerce de l'Orient, se lever tout entier contre l'envahisseur avec la même ardeur qu'en 1388 et 1809, si son indépendance était de nouveau menacée.

En attendant l'heure des grandes luttes, que rien heureusement ne présage, le Portugais rêve gravement des prouesses de ses ancêtres en contemplant l'étoile de ses éperons. Il s'exerce aussi, sous la casaque brillante du pompier, dans des luttes quotidiennes contre le feu, à triompher de ces maudits Espagnols qu'il brûle d'anéantir depuis si longtemps.

C'est à Porto que l'usage des pompes à incendie est le plus en vogue. Il n'est pas rare de les voir traverser la ville plusieurs fois dans la même journée. Elles passent, avec un bruit d'enfer, emportées dans le galop de magnifiques pur-sang que conduisent des jeunes gens vêtus comme l'archange saint Michel, et dont la bruyante gaîté contraste singulièrement avec la gravité de leur mission.

Un habitant de la ville, devant qui je m'étonnais de cet extraordinaire mouvement de pompes, m'apprit, à ma grande surprise, qu'à Porto, où presque toutes les maisons sont construites en granit, les incendies étaient fort rares, et que ces pompiers éblouissants, qui se recrutent parmi les jeunes gens des meilleures familles de la ville, n'ont pas de plus agréable distraction que de se montrer aux yeux du public sous leurs brillants costumes.

C'est un moyen comme un autre de faire parade de leurs allures martiales et de manifester ouvertement leur désir de renouveler les héroïques exploits des vieux *ficados*. On va même jusqu'à prétendre que plusieurs vieilles fermes des environs de Porto ont été incendiées par leurs soins et que la joie guerrière que ces braves jeunes gens éprouvaient à lutter à coups de pompes contre les flammes compensait largement les dommages et intérêts qu'ils s'étaient engagés d'avance à payer aux incendiés volontaires.

Messieurs les Espagnols n'ont qu'à se bien tenir.

*
* *

La pénible impression qu'on éprouve en débarquant sur les quais s'efface un peu à mesure qu'on s'enfonce dans la ville haute, en gravissant, non sans fatigue, la pente rapide des rues, presque toutes outrageusement pavées comme les *callecitas* des villes andalouses. Les jardins ont disparu derrière les hautes murailles. Par-ci par-là, quelques petites places bordées d'arbres poussiéreux et malingres et ornées de statues d'une conception et d'une exécution médiocres, élevées à la gloire de José Ier, de Camoens, du duc de Terceira, de Pedro IV. Il n'y a pas de véritables promenades publiques à Lisbonne, car il est difficile de donner ce nom à quelques squares, fort bien entretenus il est vrai, comme le Rocio, la place Camoens, la place du Prince-Royal, le jardin d'Estrella et le Passeio publico, mais beaucoup trop insuffisants pour une ville de 350,000 âmes.

Lorsqu'on a vu une maison à Lisbonne, on les a toutes vues.

On trouverait difficilement dans la vieille capitale

lusitanienne une de ces jolies habitations andalouses aux galeries intérieures pleines d'ombre fraîche, aux *patios* fleuris de roses, de jasmins et de tubéreuses, et où le rêve s'endort si doucement au bruit du jet d'eau.

Si l'Espagnol, malgré sa haine séculaire pour le *Moro odioso*, a eu le bon goût de respecter jusqu'ici les excellents conseils d'architecture, pratique et artistique à la fois, du providentiel conquérant de son pays, le Portugais, dans sa féroce « hispanophobie », s'est cru obligé, m'a-t-on dit, de s'enfermer dans des cases ridicules, sans cour intérieure, et dont la plupart des pièces sont privées d'air et de lumière, pour éviter de s'entendre attribuer une similitude de goûts avec son voisin exécré. Mais j'aime mieux croire que c'est au marquis de Pombal qu'appartient l'idée de la construction lisbonnienne si banale dans sa plate uniformité, idée issue d'ailleurs d'une très patriotique prévoyance.

Afin d'épargner dans l'avenir à Lisbonne, où les tremblements de terre sont fréquents, une catastrophe pareille à celle de 1755, le grand ministre avait pensé qu'il serait nécessaire d'établir un système fixe d'architecture qui permît, en cas de tremblement de terre, à la maçonnerie seule de s'écrouler, tandis que la charpente, maintenue par ses tenons et ses accessoires, demeurerait debout comme un toit protecteur. Et c'est pour cela sans doute qu'au lieu d'édifier une seule maison, on en construit deux ; car, dès que la charpente est élevée, on l'emprisonne dans des murs de pierre, ce qui donne à chacune des constructions une indépendance relative. Les maisons de Lisbonne n'ont jour sur la rue que par devant et par derrière : aussi le centre du logis, qui est une sorte de carrefour, de corridor aboutissant aux pièces des façades, est toujours dans une obscurité complète.

Ce qui précède indique assez que les occasions doivent être rares pour les malheureux architectes lisbonnais de donner une forme aux fantaisies de leur imagination, puisque la lourde conception des maîtres-maçons suffit au développement quasi mécanique de la Lisbonne moderne.

Nous sommes donc obligé de confesser que rien n'égalerait en monotonie une promenade dans les rues escarpées de la capitale du Portugal, si parfois, trop rarement, l'œil du voyageur n'était arrêté par de riches revêtements de vieilles faïences qui égayent singulièrement la physionomie banale des habitations.

Les églises de Lisbonne ressemblent presque toutes aux lamentables églises italiennes du dix-septième siècle : même style rococo, même faux éclat intérieur. Pas une, voire même la basilique de Santa-Maria, ne mérite quelques lignes de description. Quant aux trois palais royaux d'*Ajuda*, des *Necessidades* et de *Belem*, ils sont d'une navrante banalité architecturale. L'aspect de nos nouvelles casernes est plus séduisant. Il faut convenir que dans ce bon pays de Portugal les Majestés divines et royales sont médiocrement logées !

Les églises et les couvents de Lisbonne renferment d'assez nombreuses peintures, qui, bien qu'attribuées pour la plupart à ce fameux *Gran Vasco*, dont la gloire artistique n'a d'égale au monde, d'après les Portugais, que celle du chantre des *Lusiades*, n'offrent en général que fort peu d'intérêt. Les tableaux de Gran Vasco se chiffrent par centaines. Ils sont disséminés dans les églises, dans les musées, dans les galeries particulières du royaume. L'Académie des Beaux-Arts, à Lisbonne, en compte, à elle seule, plus de cinquante. Tout méchant panneau grossièrement enluminé est un Gran Vasco, pour peu qu'il représente les Fiançailles de la Vierge, l'Adoration des Mages et le Martyre de saint Sébastien. Que j'en ai vu de ces saintes croûtes, toutes impitoyablement attribuées à cet artiste infortuné !

Il faut cependant bien en dire deux mots de ce Gran Vasco, qui a été élevé par la tradition populaire à une si grande hauteur, puisqu'on ne peut faire un pas dans le Portugal sans entendre célébrer son œuvre et chanter sa gloire.

J'ai donc voulu faire sérieusement connaissance avec l'artiste national, et, à travers des chemins plus pittoresques que carrossables, je me suis rendu à Viseu, le pays natal de Vasco Fernandez (surnommé Gran Vasco), la ville sainte de la peinture portugaise. J'y ai vu grand nombre de panneaux gothiques en partie mangés par les vers, et pour la plupart indignes d'une réputation si universellement reconnue des bords du Minho aux montagnes des

Algarves ; œuvres impersonnelles et lourdes, d'un coloris pesant et d'un dessin sans vigueur, dues sans doute aux pinceaux inexpérimentés de quelques élèves portugais de Luca van Leiden et de Golzius, qui firent école en Espagne au seizième siècle. J'ai eu aussi l'heureuse fortune d'apprendre, en fouillant dans les archives poussiéreuses de l'église de Viseu, que Vasco Fernandez naquit en 1552, et qu'il était fils du peintre François Fernandez... mais je n'ai pu savoir la date et le lieu de sa mort. Nul détail de sa vie d'artiste n'est parvenu à la postérité, l'existence légendaire de ce peintre « illustre », quoique inconnu en dehors de son pays, n'a été officiellement établie qu'à la fin du siècle dernier. Ajoutez à cela qu'il est impossible de découvrir sur les travaux attribués à Gran Vasco aucune lettre, aucune inscription, aucun caractère indicateur, etc., et vous comprendrez facilement le silence presque absolu des historiens de la peinture devant l'impersonnalité troublante de l'œuvre qui porte son nom.

*
* *

Nous ne pouvons établir ici un parallèle entre les tempéraments portugais et espagnols, si dissemblables malgré la commune frontière. Le sujet est trop vaste pour notre modeste cadre d'étude, où la psychologie ne doit apparaître qu'en passant. Qu'il nous soit permis cependant de dire combien nous avons été frappé par le contraste profond qui existe dans les pratiques pieuses chez les deux nations de la presqu'île Ibérique ! Pendant nos longues promenades à travers les églises et les cloîtres de Lisbonne et des autres villes portugaises, notre attention n'a presque jamais été sollicitée par ces ardentes manifestations de foi religieuse si communes en Espagne et souvent si touchantes. Oh ! ces agenouillements extatiques sous les longues mantilles noires, à l'ombre des lourds piliers humides !

Dans une des églises les plus curieuses et cependant les moins connues de Cordoue, à *Nuestra Señora de la Fuentesanta*, j'ai été, un jour, témoin d'un de ces actes de ferveur chrétienne dont le peuple espagnol est encore si coutumier, et auquel toujours il donne instinctivement une forme d'une exaltation vraiment saisissante.

Je venais d'entrer dans la vieille église, qui, toute dorée et comme cuite par les soleils de plusieurs siècles, toute rongée par les rafales des vents brûlants, et presque branlante de vieillesse, s'élève assez loin de la ville, dans un faubourg escarpé, au fond d'un jardin enclos de hautes murailles moussues et plein de superbes orangers et de citronniers, de lilas en fleur et d'iris bleus, au milieu desquels s'écoulent les eaux limpides de la *Fuentesanta* (la Fontaine sainte).

Autour de moi, sur les murs intérieurs, au plafond, le long des piliers... ce n'étaient qu'ex-voto étranges et images commémoratives d'une miraculeuse guérison.

Nuestra Señora de la Fuentesanta ne renferme pas moins de 3,000 de ces naïves enluminures représentant presque toutes la patronne de ce saint lieu apparaissant sur un nuage, dans une chambre très bourgeoisement meublée, à un moribond, sur lequel elle étend ses mains providentielles, pendant que le médecin regarde avec mélancolie, et dans une attitude affaissée, les impuissantes tisanes qui fument sur la table de nuit. Puis ce sont des nattes de cheveux, même des chevelures entières, qui pendent comme des scalps au milieu de bas brodés, de robes de soie, d'œufs d'autruche, de crocodiles et de lézards empaillés, de bébés et de taureaux en cire...

J'en étais là de mon pieux inventaire, lorsque j'entendis près de moi, dans l'ombre, un soupir profond.

Une femme vêtue de deuil et coiffée d'une longue mantille se traînait sur ses genoux à travers l'église, s'arrêtant devant chacune des images de la Passion. Elle était pâle, très amaigrie, et semblait accomplir avec peine un douloureux pèlerinage. Le sacristain qui m'accompagnait s'approcha de moi et me dit à l'oreille : « La pauvre femme prie pour son petit enfant, qui se meurt. »

Dès ce moment mon regard ne quitta plus cette malheureuse au cœur saignant qui meurtrissait ses genoux sur les dalles de l'église. Volontiers je me serais agenouillé aussi, pour joindre mes prières à celles de cette mère désolée, devant Nuestra Señora de la Fuentesanta, qui, vêtue d'une robe de soie ornée de perles, les épaules couvertes d'un long manteau blanc brodé d'or, la tête pompeusement ornée d'un large chapeau rose agrémenté de plumes d'autruche, les pieds chaussés de mignons escarpins de satin, finement gantée de violet clair, avec des bagues aux doigts, regardait de son œil froid de poupée coquette cet immense désespoir.

Longtemps la pauvre mère se traîna péniblement devant les douloureux symboles. Elle fit sa dernière station au pied d'un christ tout à fait étrange, grossièrement taillé dans le bois par le ciseau inexpérimenté d'un précurseur de Berruguete et de Gaspar Becerra. Il était à moitié recouvert d'un antique costume de toréador de l'époque héroïque de Pedro Romero, et une longue mèche de cheveux véritables pleurait sur son visage pâle, où s'ouvraient démesurément deux orbites saignantes.

Je la vois encore, la malheureuse, les bras ouverts, en croix, devant la sinistre image.

Elle adressa presque à haute voix, d'une voix sourde trempée de larmes, une suprême prière au crucifix, et elle ne s'arrêta dans son appel déchirant que lorsque ses bras, fatigués, retombèrent lourdement le long de son corps, comme deux branches coupées. Puis elle se redressa avec effort, et s'échappa presque en courant de la vieille église, les mains jointes et priant encore...

Ces manifestations si saisissantes du sentiment religieux sont fort rares en Portugal, où les églises, relativement peu fréquentées, ont plutôt l'air de fraîches promenades que de mystiques sanctuaires. Les fidèles, influencés sans doute par la conduite du clergé portugais, qui publie trop manifestement son impuissance à triompher des faiblesses de la nature humaine, ne s'y arrêtent qu'en passant : aussi semble-t-il que leur très mondaine dévotion ne prend sa source que dans le seul désir de ne pas interrompre le cours d'une antique tradition.

Il existe cependant à Lisbonne quelques monuments dignes d'attirer l'attention du visiteur, entre autres la tour de Belem (une pure merveille) et le monastère des Hiéronymistes. Tous deux sont situés à l'ouest de la ville, dans le même quartier, sur le bord du fleuve. La tour de Belem date de la fin du quinzième siècle. L'ordre de construction fut donné par dom João II, et l'exécution définitive eut lieu sous le règne de dom Emmanuel. D'après la chronique de Garcia de Resende, qui fut lui-même l'architecte de ce monument remarquable, « le Roi avait compris qu'il fallait construire une tour sur la rive droite du Tage, un peu au-dessous de Lisbonne, pour que son feu pût se croiser avec celui de la *torre Velha* ». En artiste intelligent, Resende exécuta un dessin dans lequel se trouvaient harmonieusement combinés les courbes les plus pures de l'art gothique et les angles les plus menaçants de l'architecture militaire. La vieille tour de Belem, qu'aucun tremblement de terre n'a jamais pu ébranler, aussi solide aujourd'hui qu'au lendemain de sa construction, s'élève sur un petit promontoire qui s'avance dans le Tage. Le style général de cette construction est gothique pur. Le terre-plein sur lequel elle s'élève est fortifié et casematé. Sa forme est carrée et un peu massive, mais les élégantes tourelles en poivrière qui ornent ses angles et ses gracieuses fenêtres et balcons sculptés adoucissent et éclairent sa sombre silhouette, comme un sourire une figure trop rébarbative.

Tout près de ce monument s'élève le fameux couvent des Hiéronymites, dont les fondements furent jetés dans l'année 1500, sous la direction des architectes João Castilho et Boitaka. Mais son achèvement demanda de longues années, et bien des architectes présidèrent à sa complète édification. Il possède néanmoins un caractère original, grâce au style bizarre qui prédomine dans sa construction ; style essentiellement composite, très à la mode sous le règne de dom Manoel, qui se reproduit dans plusieurs monuments de la même époque et qui se dégage avec une étrange richesse de détails du mariage intime de l'art gothique, du trèfle mauresque, de l'arabesque indienne et du pilastre délicatement ouvragé de la Renaissance.

La façade du monument, qui regarde le midi, peut se diviser en cinq parties distinctes, dont l'une, la porte principale, ornée de fleurons et de statues, est un vrai chef-d'œuvre de richesse gothique. Elle est faite de cette pierre calcaire si abondante aux environs de Lisbonne, et qui acquiert au soleil un beau ton doré tirant sur le rouge. L'église n'a guère plus de 32 mètres de large sur 70 mètres de long. Elle renferme plusieurs tombeaux de monarques et

de personnages illustres, entre autres ceux de dom
Manoel, de João III, de dom Sebastião, de doña
Catharina, des infants de dom Luiz et de dom
Carlos, d'Affonso VI. Quelques-uns de ces monuments funéraires sont ornés de curieuses sculptures,
fort bien conservées. On ne peut en dire autant,
malheureusement, de celles qui ornent les magnifiques mausolées de dom Pedro et d'Inès de Castro,
dans le monastère d'Alcobaça, où nous avons rougi
de notre nationalité en écoutant le moine qui nous
servait de guide nous conter qu'elles avaient été
mutilées par les soldats de Junot. Ces brutes
héroïques, insensibles aux souvenirs douloureusement poétiques qui s'y attachent, les ont criblées de
coups de baïonnette, et peu de personnages des
bas-reliefs sont intacts. L'une d'elles, ayant réussi
à se hisser sur le tombeau où la statue de marbre
d'Inès s'allonge, raide et les mains jointes, soutenue
par quatre lions accroupis, a, d'un terrible revers
de sabre, fait sauter le nez de la douce martyre,
qu'une implacable fatalité poursuit à travers les
siècles jusque dans le calme de la mort.

Mais la plus intéressante partie du monastère de
Belem est sans contredit le cloître. Je ne connais
rien de plus bizarre, en fait de motifs architectoniques, que ces lourds arceaux qui s'appuient sur de
frêles colonnettes fouillées comme de la dentelle, et
dont les sommets, après s'être bifurqués à quelque
distance de l'arc, le rejoignent par des enroulements
étranges d'où naissent des rosaces et des mascarons
de toutes dimensions qui viennent s'écraser contre

la pesanteur massive du mur. Cette décoration claustrale, qui n'a rien d'austère, et dont les folles arabesques devaient contraster avec la grave démarche des Hiéronymites en prières, est peut-être curieuse et originale, mais, à coup sûr, elle manque de grandeur.

Et cependant, malgré la banalité presque générale de ses modernes constructions et le mauvais entretien de ses rues, malgré l'aspect étriqué de ses places publiques, presque toutes ornées de statues médiocres, Lisbonne conserve la noble physionomie d'une grande cité; mais elle la doit uniquement au pittoresque de sa topographie montagneuse, et surtout à sa merveilleuse situation sur les rives du Tage, qui est lui-même une sorte de grande cité mouvante où sont mouillés, bords à bords, d'innombrables navires marchands de tous les pays du monde, et d'où s'élève, du matin au soir, au milieu de la vapeur noire des machines, une immense rumeur de travail.

Les rues de la ville haute ne sont guère mouvementées, et leur physionomie paraît encore plus morne, pour l'étranger qui les traverse après avoir visité les quais, où s'agite sans cesse la foule des gallegos et des varinas, et que sillonnent de nombreux tramways.

On rencontre aussi, à la fin de la journée, beaucoup de promeneurs dans les grandes rues do Ouro (de l'Or), da Prata (de l'Argent), Augusta et de Chiado. Ce sont les *alamedas* lisbonniennes, et, à vrai dire, les flâneurs y trouvent facilement leur compte ;

car les devantures des magasins y sont très brillantes et assez souvent renouvelées. A côté des exhibitions tapageuses de modistes qui viennent écouler audacieusement, sur les bords du Tage, des stocks de chapeaux invraisemblables, dont quelques-uns paraissent appartenir aux époques de la princesse de Polignac et de la reine Marie-Amélie, j'ai vu dans les rues do Ouro et Augusta de délicieux étalages de bijoux en filigrane et des dentelles de Peniche et de Setubal d'une grande finesse et d'un dessin très pur dans sa fantaisie originale.

*
* *

Mais, dans la capitale du Portugal, comme à Madrid, c'est à la *plaza de Toros*, à l'arène de Santa Anna, que le voyageur doit se rendre un jour de courses, s'il veut embrasser d'un rapide coup d'œil l'aspect général du peuple. Il y trouvera, entassés sur les gradins de la vieille arène, aussi légèrement construite qu'un cirque de passage, en prévision, sans doute, de futurs tremblements de terre, les gallegos aux bonnets verts, les pêcheurs aux bérets rouges, les paysans aux vestes multicolores et aux larges chapeaux, et aussi la corporation au grand complet des varinas, toutes, vieilles et jeunes, parées comme des idoles. Sur leurs vastes poitrines luisent, comme des soleils, d'énormes cœurs de filigrane d'or, point de mire des *olhadas* les plus foudroyantes.

Rien d'amusant comme ces olhadas, qui n'ont de commun que la musique du terme avec les rapides œillades à la française, la brûlante *ojeada* espagnole et les langoureuses *occhiate* italiennes, toutes d'une expression relativement discrète.

En Portugal, les sentiments amoureux, alors même qu'ils n'ont pas été verbalement exprimés, se manifestent d'une façon si apparente que la femme aimée ne peut demeurer longtemps ignorante de la passion qu'elle a inspirée.

L'olhada portugaise a quelque chose de si pénible à la fois et de si douloureux, avec son interminable renversement d'yeux et la contraction des traits qui en résulte, qu'on a pu la comparer à la grimace faite par un malheureux qui cherche à se débarrasser d'une arête de poisson prise dans son œsophage.

La femme qui demeurerait insensible à de pareils témoignages de tendresse serait de marbre. On la rencontre rarement d'ailleurs à Lisbonne, m'a-t-on dit.

Le jeu de l'olhada n'appartient pas seulement au peuple. L'homme du monde ne procède pas autrement pour faire connaître sa flamme, et une jolie femme qui passerait devant la *casa Havaneza*, sur le Chiado, entre quatre heures et six heures de l'après-midi, provoquerait aussitôt de terribles roulements d'yeux sur toute la ligne des oisifs élégants rassemblés à cet endroit.

Lors même qu'elle marcherait les paupières baissées devant ce feu roulant de déclarations muettes, chacun de ces artilleurs de l'amour s'imaginerait avoir visé juste et s'attribuerait la victoire.

La modestie ne fut jamais une vertu lusitanienne,

surtout dans les choses de l'amour. La liste de Leporello ne pourrait contenir les noms des victimes du plus dédaigné des Portugais.

Il m'est arrivé maintes fois en Espagne, lorsque je m'égarais le soir dans les rues tortueuses des villes andalouses, à Cordoue notamment, de ralentir ma marche pour écouter les duos d'amour avec accompagnement de mandoline et de guitare, murmurés par un *novia* et sa *novia* (1).

Debout dans la rue, si sa fiancée était au balcon, ou appuyé au mur, si elle se tenait près de la fenêtre grillée du rez-de-chaussée, le jeune homme exhalait mélancoliquement ses plaintes dans un air de *malaguena*, ou chantait gaiement ses espérances sur un rythme de *séguédille*. Parfois un baiser sonore envoyé du bout des doigts, un éclat de rire perlé accompagné d'un claquement de castagnettes, un *muy bien* répondaient à ces déclarations harmonieuses.

En Portugal, les olhadas tiennent lieu de chansons, d'airs de guitare et de mandoline.

Etant un soir chez le vicomte de S..., chargé d'affaires d'une des puissances du Nord à Lisbonne, j'assistai à une de ces sérénades silencieuses où les Portugais excellent.

La chaleur était accablante, et bien que l'air fût saturé de moustiques et rempli de bourdonnements insupportables, nous nous étions tous réunis sur le large balcon, où les fauteuils avaient été roulés.

(1) Fiancé et sa fiancée.

Tout en savourant un excellent havane dont je soufflais violemment la fumée contre les bataillons ailés des mouches agressives, j'agitais délicatement mon éventail autour de la tête charmante de la marquise de T..., la plus jolie des ambassadrices des deux mondes, l'isolant dans un cercle protecteur contre les vilaines bêtes que les roses de son teint attiraient visiblement.

Très absorbé par l'exercice de ventilation auquel je me livrais et surtout par la contemplation alternative et soupirante des étoiles du ciel et des yeux de la marquise, je prêtais, je l'avoue, une attention distraite à la conversation générale...

— Connaissez-vous la signification du mot portugais *olhar* ? me dit-elle tout à coup de sa voix pénétrante et flûtée, avec son joli accent slave.

Et, pendant que je répondais affirmativement en rougissant jusqu'aux oreilles, elle cachait ses lèvres sensuelles et moqueuses dans la fraîcheur parfumée d'un sorbet.

— Je m'en doutais, reprit-elle ; mais je suis convaincue qu'une sérieuse leçon du maître qui se trouve en ce moment sous notre balcon ne pourra que vous être utile, si vous voulez un jour *olhar* avec succès les dames portugaises, pour qui une œillade imparfaitement exécutée a la même valeur qu'un madrigal maladroitement tourné pour vos Parisiennes.

Je m'inclinai en signe de remerciement, et je portai mon attention sur un individu que le doigt de la marquise m'avait indiqué, et qui, adossé à un bec de gaz, regardait, immobile, une des fenêtres situées au-dessus du balcon. L'attitude de la tête légèrement renversée le faisait ressembler à un de ces caniches qui attendent, patiemment assis sur le derrière et le nez en l'air, le morceau de sucre qu'un ami généreux leur jette chaque jour à la même heure.

Une de ses mains était posée sur son cœur, l'autre s'appuyait sur sa canne. Ses yeux roulaient comme ceux d'une poupée parlante et de ses lèvres entr'ouvertes s'échappaient des soupirs haletants.

— Ce malheureux paraît souffrir atrocement, dis-je à la marquise...

— Ne le plaignez pas, monsieur! c'est un affreux don Juan, connu de tout Lisbonne. Ses *olhadas* sont, paraît-il, triomphantes, et, sans nul doute, la dame à qui elles s'adressent ce soir n'y résistera pas plus d'une semaine... C'est la troisième attaque seulement. Observez bien, monsieur! observez bien! La leçon est bonne.

Et j'observai consciencieusement jusqu'au moment où un bruit de volets qui se ferment mit fin aux déclarations muettes du don Juan portugais, qui subitement pirouetta sur ses talons et disparut en sifflotant un air de victoire.

*
* *

Ce fut sous le règne de José Ier, le Philippe IV tauromachique du Portugal, qu'on tua le dernier taureau dans les arènes de Lisbonne. Le Roi assistait à presque toutes les courses, entouré des plus charmantes femmes de la cour ; et les gentilshommes portugais se faisaient un honneur de combattre la bête sous les yeux de leur souverain et de son gracieux entourage. Pendant une de ces courses. présidées par le Roi en personne, le duc d'Arcos tomba mortellement atteint d'un coup de corne dans le bas-ventre. Son père, le marquis de Mirialva, grand-écuyer du roi, s'élança dans l'arène, et, ramassant l'épée abandonnée par son fils, la plongea entre les deux épaules du taureau et le tua du coup. A la suite de cette catastrophe, le marquis de Pombal déclara qu'il était temps de mettre fin à ces sortes de jeux, « le Portugal n'étant pas assez peuplé pour donner un homme pour un taureau ».

José Ier, habitué à se rendre aux impérieux conseils de son premier ministre, céda, bien à regret, et à partir de cette époque les courses perdirent leur côté dramatique et devinrent ce qu'elles sont encore de nos jours.

En Portugal, le taureau, toujours *embolado* (1), est couru dès son entrée en scène par un cavalier en costume du dix-huitième siècle, qui, armé d'une longue banderille (*farpa*), et monté sur un excellent cheval, s'évertue à fatiguer la bête en voltigeant autour d'elle, et à exciter sa colère en lui accrochant aux épaules le plus grand nombre possible de ses *farpas*.

Au cavalier *in plaza* succèdent les *forcados*,

(1) En terme tauromachique un taureau est dit *embolado*, lorsque ses cornes sont mouchetées.

sortes de colosses aux membres énormes, recrutés parmi les portefaix du port, et dont le jeu consiste à immobiliser le taureau en s'accrochant à ses oreilles, à sa queue, à chacun de ses membres..... comme des chiens de meute. Ce résultat obtenu, le taureau est reconduit au *toril* par la troupe trottinante des *cabestros*, et ses vainqueurs viennent, avec des altitudes de mendiants de profession, tendre au public leurs vastes bonnets verts de forçats, dans lesquels pleuvent les *batacos* (1). Tel est le brutal exercice qui remplace en Portugal, dans la vieille arène de Santa Anna, aussi renommée à la fin du dix-huitième siècle que celles de Séville et d'Arunda, le noble, élégant et savant coup d'épée du torero espagnol.

⁂

. . . .

Voici Cintra, la lumineuse montagne, l'*Eden glorious*, le *Trône du Printemps*, la *huitième Merveille du monde*, comme l'a tour à tour appelée lord Byron dans une de ses strophes les plus inspirées de *Don Juan*.

Cintra est située à 34 kilomètres de Lisbonne, sur le versant occidental d'une chaîne de montagnes volcaniques. On s'y rend par une route large, blanche, poudreuse, bordée d'arbres rachitiques, de platanes maladifs, d'aloès gigantesques et sillonnée par des chariots d'aspect mérovingien chargés de fruits exquis cueillis à Collarès, « le jardin

(1) Menue monnaie portugaise.

du Portugal », et que des bœufs aux cornes démesurément longues traînent lentement vers Lisbonne.

De chaque côté de la route s'étendent de maigres champs de maïs couverts de cailloux aux reflets métalliques, pareils à des scories de lave.

Jusqu'au pied de la montagne à l'ombre de laquelle s'élève la petite ville blanche de Cintra, la campagne est monotone et pauvre, et le voyageur se trouve transporté tout à coup, sans transition, d'une plaine brûlante et désolée sous les frais ombrages des plus beaux arbres de la création. Ce sont des chênes-liège aux branches difformes et à l'épais feuillage, des platanes et des eucalyptus énormes dont les troncs écorchés se détachent dans la nuit des chemins creux comme des fûts de vieilles colonnes doriques, des pins dont le soleil a doré l'écorce, des ormes aussi vieux que la terre, des cyprès enguirlandés de chèvrefeuille et pleins de chansons d'oiseaux.

A l'ombre de ces arbres s'élèvent de gracieuses *quintas* entourées de jardins superbes. L'une de ces villas, *Monserratte*, appelée aussi « la Maison de l'Anglais », propriété du richissime M. Cook, est une merveille. C'est un blanc palais de fée, brodé comme une dentelle de marbre, et meublé avec un goût exquis de tout ce que l'Extrême-Orient a de plus rare et de plus somptueux.

La montagne est dominée par le château de la *Penha*, que construisirent les Maures.

Les Moines l'habitèrent ensuite, mais le laissèrent tomber en ruines. Il fut restauré par dom Fernando, qui en fit sa résidence favorite. Nous eûmes l'honneur d'y être reçu par le vieux Roi. Pendant plusieurs heures, il nous promena, comme dans un rêve, au milieu des incalculables richesses d'art entassées par lui dans sa demeure aérienne. Il dépensa des millions dans la seule restauration extérieure de ce prodigieux édifice, mais réussit à sauver d'une ruine certaine ce chef-d'œuvre d'*architecture fantastique* qui, avec ses donjons, ses poternes, ses créneaux, ses mâchicoulis, ses trèfles déliés, ses portes aux incriptions bizarres, ses murs où se tordent les plus folles arabesques, ses coupoles énormes... est le digne couronnement de cette montagne unique au monde, sur les flancs de laquelle s'amoncellent toutes les richesses de la végétation orientale.

Après nous être égaré dans les bois de camélias grands comme des chênes, d'azalées superbes, de citronniers chargés de fruits couleur d'or pâle, d'araucarias hauts comme des tours, d'eucalyptus aux feuillages poudrés, de fuchsias aux fleurs pareilles à des gouttelettes de sang; puis, après avoir longtemps marché dans des ombres fraîches où, derrière des rideaux d'hortensias et de gentianes, on entendait rire et pleurer les sources, et que baignaient de si puissants aromes que nos sens en étaient troublés, nous pénétrâmes dans l'humide forêt des cryptogames.

Qu'on se représente un amoncellement de rochers cyclopéens, entourés d'une terre noire et féconde, d'où se dégagent les odeurs primitives des terres vierges, où poussent d'énormes fougères aux troncs velus à l'ombre desquelles on pourrait bâtir. Premiers ornements de la terre, et qui vivent ici puissantes comme à l'époque où les oiseaux fabuleux n'avaient encore que la dentelle de leurs feuilles pour suspendre leurs nids.

Les étroits sentiers qui conduisent au château de la *Penha* sont si escarpés que la fatigue nous obligeait à nous arrêter souvent pour reprendre haleine. Alors nous nous étendions au pied de grands rochers couverts de ficoïdes qui pendaient comme de longues chevelures vertes étoilées de fleurs roses, et nous regardions... Sous nos pieds se déroulaient des plaines immenses brûlées par le soleil, veuves d'arbres et de verdure, et piquées çà et là de quelques blancs villages. A notre droite se développaient, à travers les transparences azurées et vibrantes de l'horizon, les lignes fameuses de Torres-Vedras et la vallée de Vimeïro où Junot fut défait par l'armée anglaise. Puis, plus loin encore, nous apercevions ce désert sablonneux qui commence au pied des maigres montagnes de Robiça, où le général la Borde, à la tête de 3,000 Français, arrêta la marche de 15,000 Anglais. Au milieu de ces plaines désolées, si blanches que les ombres des quelques nuages qui flottaient au ciel faisaient tache, s'élève triste et morose, quoique baigné de lumière, le monstrueux palais de *Mafra*, l'Escurial des rois portugais.

Quand je vois surgir dans le lointain de mes souvenirs cette divine montagne de Cintra avec son château féerique et son manteau de fleurs tout baigné de lumière et de parfums, je souffre comme à la pensée d'un paradis à peine entrevu dans une heure d'extase et à jamais perdu. Aux Italiens qui se pâment en affirmant que la réalisation du plus beau rêve est de voir Naples et de mourir, le Portugais est en droit de répondre qu'il n'est pas de sort plus enviable que de voir Cintra, puis d'y vivre éternellement. Oui, c'est vraiment là, sur cette montagne enchantée où le printemps, un éternel printemps, a dressé son trône fleuri, que l'homme peut avoir la plus pure et la plus fraîche vision du paradis terrestre, de l'*Eden glorious*.

FACHEUSE AVENTURE

A Henri de Vauréal.

Il était dix heures du matin lorsque je descendis en gare de Pombal, petite ville morte dominée par un vieux château en ruines d'un grand aspect. Ma première visite fut pour l'église où est déposé le corps de Joseph de Carvalho. Le tombeau est d'une grande simplicité et aucun ornement ne témoigne de la puissance du célèbre homme d'Etat.

Ce fut *el señor* Joaquim Bataco, le seul aubergiste de l'endroit, qui reçut ma seconde visite. Il me fit l'insigne honneur de m'admettre à la table de famille. J'avais à ma droite sa belle-mère, vieille paysanne portugaise affreusement ridée et poilue comme une feuille de cactus. Ses oreilles, sèches comme de la boutargue, s'allongeaient sous le poids de boucles d'oreilles monstrueuses, et son maigre cou, pareil à celui d'un oiseau déplumé, et où saillaient des cordes grosses comme le doigt, disparaissait en partie sous l'épais réseau de nombreux colliers en filigrane d'or.

Elle mangeait à peine, toujours avec les doigts, sans baisser la tête, et ne prononça pas une seule parole pendant le repas. On eût dit une vieille idole très laide.

Madame Bataco était assise à ma gauche. Sa jeune et puissante carnation, sa joyeuse désinvolture et son formidable appétit formaient un vivant contraste avec la maigreur centenaire, l'immobilité hiératique et presque morte de sa vénérable mère. Tout en mangeant, elle livrait ouvertement à l'appétit d'un superbe nourrisson un sein large comme un bouclier et bombé comme une calebasse.

Bataco me faisait vis-à-vis, flanqué de deux gamins d'une douzaine d'années couverts de loques et qui ne cessaient de me regarder curieusement à travers leurs cheveux mal peignés.

Le repas terminé, l'aubergiste, à qui j'avais fait part de mon itinéraire, m'offrit de m'accompagner lui-même jusqu'à Leïria, où je voulais arriver avant la nuit. J'acceptai avec empressement la proposition de Bataco, dont la belle humeur me promettait un agréable compagnon de route.

— J'ai en ce moment deux excellentes montures dans mes écuries, me dit il avec une emphase toute portugaise : une mule plus rapide qu'un cheval et un âne comme on n'en voit plus. Vous choisirez. Je crois cependant devoir vous conseiller de prendre la mule, car, si mon âne est solide à la fatigue et de bonne marche, il est très capricieux et j'ai moi-même quelquefois bien du mal à le diriger à ma guise.

Le conseil de Bataco était plein de sagesse. Je me dispensai de le suivre et j'enfourchai le baudet pour mon malheur.

Au bout de deux heures de route égayées par les joyeux propos et les chansons de Bataco qui trottait à mes côtés, assis sur le derrière de sa mule comme un écuyer de cirque, nous nous arrêtâmes sur la lisière d'une immense forêt de pins et d'yeuses au milieu des bruyères et des genêts en fleurs. Nos montures, qui s'étaient jusque-là fort bien comportées, se mirent à brouter paisiblement les maigres pâturages de la lande, pendant qu'armé de mon revolver dont le mécanisme tournant stupéfiait Bataco, je m'amusais à poursuivre des écureuils, sans obtenir d'ailleurs d'autre résultat que celui d'effrayer ces jolies petites bêtes qui, la queue en panache, voltigeaient d'arbre en arbre, légers comme des oiseaux.

Après une demi-heure de halte, nous nous remîmes en selle. Hélas ! je ne retrouvai plus chez mon bourriquot la même égalité de caractère que par le passé. Visiblement ennuyé de ne pas revenir à l'écurie, il refusa d'avancer, malgré mes supplications et les terribles menaces de son maître.

— Vous n'en obtiendrez plus rien, monsieur ; croyez-moi, prenez ma mule, me cria Bataco en mettant pied à terre.

Mais je m'obstinai encore, aussi entêté que mon âne, à résister aux exhortations de mon guide.

Je crus même devoir passer de la parole à l'action, et, pendant que Bataco me priait, les mains jointes, de descendre, je cinglai vivement les longues oreilles du bout de ma gaule.

Fatale imprudence!

A peine le maudit bourriquot avait-il senti le coup qu'il lançait vers le zénith, comme s'il eût voulu crever la voûte céleste, une ruade prodigieusement accentuée. Je perdis mon assiette et roulai dans l'épaisse poussière blanche de la route. Bataco se précipita vers moi, m'aida à me relever; et quand il se fut bien assuré, par des tâtonnements multiples opérés sur toute ma personne, que je n'avais rien de cassé, il allongea un vigoureux coup de pied au baudet, qui cette fois ne bougea pas, bien que son ventre eût résonné comme un tambour.

Après cette mésaventure, je n'hésitai plus à accepter la mule; mais j'avais à peine le pied dans l'étrier que Bataco poussait un formidable éclat de rire.

Je rougis encore en songeant à la cause de cette gaîté intempestive. Dans ma chute, mon pantalon s'était déchiré, et la partie la plus en relief de mon individu s'étalait effrontément au grand soleil, poudrée comme un visage de vieille coquette.

J'avoue que ce vulgaire accident me plongea dans une grande perplexité. J'avais laissé ma modeste garde-robe de voyage à l'hôtel à Lisbonne et je ne voulais à aucun prix poursuivre mon voyage aussi ridiculement accoutré. Que faire?

Un instant, mon dépit fut si grand que l'idée me vint de courir cacher ma honte au fond des bois. Ajoutez à cela que les passants, qui heureusement étaient rares, m'adressaient des plaisanteries de très mauvais goût, et vous comprendrez tout l'ennui que me causait cette humiliante situation.

Bataco, qui avait le cœur sur la main, m'offrit, plus généreux que saint Martin, une entrée complète dans ses vastes braies de toile dont il s'était déjà dépouillé. Mais, par un sentiment de délicatesse facile à comprendre je ne crus pas devoir accepter le pantalon de cet excellent garçon et, tout en le remerciant du fond du cœur, je l'invitai à se couvrir au plus vite. C'était bien assez de la grotesque exhibition à laquelle j'étais condamné.

L'air était imprégné de la balsamique odeur des pins résineux. Pas une brise n'agitait la cime des arbres, et la chanson claire et monotone du grillon mêlée à la complainte stridulente des cigales montait de la lande en fleurs, au milieu d'une vibration lumineuse vers le ciel bleu.

Tout en remettant sa culotte, Bataco songeait.

— J'ai trouvé, s'écria-t-il tout à coup en se frappant le front. Suivez-moi.

Il prit un petit sentier à travers la lande et, au bout de quelques minutes de marche, nous nous arrêtions près d'une maisonnette de pauvre apparence, faite de chaume et de pisé, sans cour et sans jardin, et gardée par une demi-douzaine de bouleaux cuirassés d'argent et espacés en tirailleurs.

— Attendez-moi un moment, me dit Bataco en ouvrant la porte de la maison.

A peine eut-il disparu que de frais éclats de rire

m'apprirent que le récit de mon accident était joyeusement accueilli. C'était de bon augure.

Bientôt Bataco apparut sur le seuil, la figure rayonnante et accompagné d'une toute jeune femme misérablement vêtue, mais fort belle. Elle était armée d'une aiguille et d'une pelote de fil. « Veuillez entrer, monsieur », me dit-elle en enfilant son aiguille et en rougissant jusqu'aux oreilles. J'ôtai poliment mon chapeau, je me l'appliquai sur le derrière en m'inclinant, et je pénétrai dans la maisonnette, tout en songeant qu'il serait fort peu convenable de ma part d'obliger cette providentielle et charmante personne à une contemplation prolongée de... Mais comment faire ?

Bataco devina mon embarras et me conseilla très judicieusement de me coucher dans le lit de la paysanne où je pourrais, après m'être dépouillé de mon pantalon, attendre, mollement étendu, la fin des travaux de réparation. L'idée était excellente, et avec l'assentiment de la maîtresse de la maison je m'empressai de la mettre à exécution.

Les rideaux enfumés du lit, dont la forme rappelait celle de nos vieux lits bretons, et où l'on ne pouvait pénétrer que par escalade, abritaient le sommeil d'une petite fille de deux ans. A ma brusque apparition, la pauvrette s'éveilla en poussant des cris effroyables.

Je la berçai maternellement dans mes bras, et quand je la vis bien endormie je lançai ma culotte à sa mère qui courait éperdue d'un bout de la pièce à l'autre, moitié rieuse, moitié en colère, poursuivie

32.

par les caresses indiscrètes de Bataco qu'elle menaçait en vain de la rentrée imminente de son mari occupé à ramasser des branches mortes dans la forêt.

Je dus me fâcher tout rouge pour mettre fin à ces jeux fort peu innocents et, avec un geste d'autorité, je déclarai *ex cathedra* à l'aubergiste infidèle que je raconterais cette scène inconvenante à sa robuste épouse s'il retardait plus longtemps la mise en bon état de mon vêtement.

Cette terrible menace eut pour effet de calmer les manifestations amoureuses de Bataco, et bientôt j'enfourchais ma mule, après avoir vivement remercié ma providentielle bienfaitrice, et mis une belle pièce blanche dans la main de la fillette toujours endormie.

Le mobilier de cette maisonnette, où j'avais été conduit par le plus singulier des hasards, était d'une misérable simplicité ; cependant deux objets frappèrent mon attention : un mauvais portrait enluminé du *père Raspail* et un vieux fusil à canon évasé dont la crosse avait été grossièrement sculptée par une main inhabile. Je proposai à la paysanne de me le vendre, mais elle s'y refusa, prétextant que cette arme venait de son beau-père qui s'était battu jadis pour don Miguel et que son mari espérait bien pouvoir s'en servir à son tour pour la bonne cause.

L'histoire de ce vieux fusil et les opinions politiques de son propriétaire me faisaient paraître encore plus étrange la présence du portrait de Raspail sous ce toit hospitalier de chouans portugais. J'ai pensé depuis que les traits vénérables de notre vieux démocrate représentaient aux yeux de ces braves gens l'image d'un saint quelconque, ou peut-être même du Père éternel dont Raspail avait la barbe opulente et les sourcils orageux.

AU CLAIR DE LA LUNE

A Jules Larat.

Nous atteignîmes Leïria à la nuit tombante.

Après un exécrable dîner fraternellement partagé avec Bataco, et servi par une servante laide et sale qui répondait au doux nom de *Maria de Nazareth* et dont les cheveux dénoués trempaient dans la sauce des plats, je me fis conduire à ma chambre. Elle était située sous les toits, et la porte en était si basse que je dus me baisser pour y pénétrer. La cellule de la chartreuse de Miraflorès était plus somptueusement meublée. C'était, m'affirma l'hôtelier à qui son collègue Bataco m'avait cérémonieusement présenté, la plus confortable de la maison.

J'étais si las, si courbaturé, si désireux de goûter un peu de repos, que j'en pris possession sans murmurer, et bientôt je dormais profondément. Mais il était écrit que ma culbute à l'entrée des *pinheiros* de Leïria ne serait pas l'unique aventure désagréable de cette maudite journée.

A peine avais-je fermé les yeux que je m'éveillais

en me grattant furieusement les jambes où j'éprouvais de violentes démangeaisons. Horreur! mon lit était plein de punaises. Mais j'étais bien résolu à défendre les quelques heures de sommeil que j'avais si bien méritées et je me préparai en toute hâte à la lutte. Elle fut terrible.

A genoux, dans le plus ridicule des costumes, les traits contractés, l'œil étincelant, je me démenais furieusement, armé d'une épingle et ma bougie à la main. Quel motif de tableau pour un peintre de sujets tragiques !

Ce fut d'abord un carnage effroyable, car les ennemis étaient nombreux et acharnés. Chacun de mes coups lentement pointé portait juste, et tout à l'entour de la mèche enflammée s'entassaient des cadavres qui se carbonisaient en crépitant et en dégageant une odeur très désagréable. Mais, hélas ! de tous les coins de la misérable cellule accouraient de formidables réserves, pendant que du plafond noir de vermine pleuvaient des moustiques réveillés par la lumière et le bruit du combat. Leurs bataillons ailés et bourdonnants, contre les attaques desquels j'étais impuissant à me défendre, eurent raison de ma vaillance, et bientôt je m'habillais précipitamment et j'abandonnais le champ de bataille, pestant contre l'hôtel « de la Pomme de Pin », et couvert de cloques brûlantes comme si je m'étais roulé dans un buisson d'orties.

C'est évidemment après avoir été victime de ces horribles bêtes, et sous le coup d'un accès de rage semblable au mien, que Quevedo écrivit sur les moustiques ce sonnet foudroyant qui commence par ce vers :

Ministril de las ronchas y picadas...

. . . .

Chantre des ampoules et des piqûres

et dont voici le dernier quatrain :

De casta y condition de potras eres ;
Tu vuelas, y tu picas, y tu espantas,
Y aprendes del burdado y las mugeres,
Al maquistar el suéno con las mantas (1).

« Tu es de la race des p..... tu voltiges, tu piques, tu fais peur, et tu as appris d'elles l'art de chasser le sommeil et de bouleverser les couvertures. »

Tous les gens de l'hôtel dormaient et je pus sortir sans être vu de personne. Il était une heure du matin.

*
* *

J'avoue que j'éprouvai un vague sentiment de crainte en traversant les rues silencieuses et désertes de cette ville que je voyais pour la première fois, où je n'étais connu de personne, et qui m'apparaissait, avec ses maisons toutes blanches sous le rayonnement stellaire et sous la très douce clarté de la lune, comme un vaste *campo santo* animé seulement par le bruit de mes pas. Mais je ne tardai pas à me familiariser avec ce silence inquiétant, et bientôt, guidé par le charme enivrant de cette belle

(1) *Il mostiquo de la trompetilla* (OBRAS POETICAS), *Soneto* XIV.

nuit d'été, j'allais à l'aventure devant moi, noblement drapé dans la capa que j'avais achetée à Coïmbre, le feutre sur l'oreille et improvisant à haute voix des poèmes incohérents à la lune.

A une petite distance de la ville se dressent, sur une colline, les ruines d'un vieux château qui remonte, dit-on, à l'époque de la conquête de la Péninsule ibérique par les soldats d'Eurich. Il servit plus tard de résidence au roi Diniz.

L'imposante silhouette de ce vieux débris m'avait frappé lors de mon arrivée à Leïria. Au milieu de cette nuit si lumineuse et si calme, il prenait un aspect fantastique qui m'attirait : aussi l'idée me vint-elle de le choisir comme but de ma promenade nocturne et de le visiter à la clarté des étoiles. Curiosité plus romantique qu'imprudente, car messieurs les brigands opèrent très rarement en Portugal, et on peut, de nuit comme de jour, traverser sans escorte les endroits les moins fréquentés de cet honnête petit pays sans voir luire derrière un buisson le canon d'une escopette ou la lame d'un poignard.

Un Anglais fut cependant égorgé et dévalisé, il y a quelques années, dans la sierra de Caldeiras en Algarve, et cet événement fit beaucoup de bruit dans le paisible royaume où, faute d'assassins, la peine de mort est depuis longtemps abolie.

L'émotion publique ne se calma que lorsqu'il eût été prouvé que les malfaiteurs étaient Espagnols et qu'ils avaient regagné la rive gauche du Guadiana après le crime.

Je me dirigeais donc vers le vieux château, l'âme tranquille et toute pleine des doux rêves qu'y fait éclore le mystérieux silence des nuits étoilées, quand une ombre noire se dressa brusquement devant moi. En même temps j'entendis le bruit sec que fait un fusil qu'on arme et un formidable « *Quem Vem là ?* » retentit à mon oreille.

Je m'étais, par mégarde, trop approché d'une poudrière et je venais sans nul doute d'éveiller le factionnaire.

Ce diable d'homme, dont la subite apparition m'avait fortement ému, était sinistre à voir sous son shako démesurement haut et recouvert d'une toile cirée. Une longue capote noire lui battait les jambes et les courroies blanches de son sac se croisaient sur sa poitrine comme deux tibias sur un drap mortuaire. Il était de méchante humeur et ronchonnait furieusement dans sa moustache. Je compris qu'il était inutile de chercher à entamer un dialogue avec cet étrange factionnaire dont le costume rappelait celui des fantassins de Wellington et le caractère celui des grognards de Napoléon. Je lui ôtai mon chapeau, politesse à laquelle il ne crut pas devoir répondre, et je m'empressai de poursuivre ma promenade tout en riant de la vive émotion que je venais d'éprouver.

Après une marche assez longue et très mal dirigée à travers d'étroits sentiers blancs de lumière et bordés d'aloès gigantesques dont les feuilles aiguës barraient parfois la route et me menaçaient comme des épées, j'atteignis les ruines du vieux château où mon arrivée mit en fuite des légions d'orfraies et de hulottes.

D'abord elles montèrent très haut dans le ciel, leurs larges ailes grandes ouvertes, en poussant des cris rauques ou perçants qui formaient, avec le grave coassement des grenouilles et la chanson claire et intermittente des crapauds cachés dans les roseaux voisins, le plus fantastique des nocturnes.

Mais bientôt mon allure inoffensive les rassura, et elles revinrent se percher près de moi sur les pierres en corniche des ruines, d'où elles me regardaient curieusement avec leurs prunelles d'or, immobiles comme des gargouilles.

L'air était calme et tiède, et la nuit si diaphane que j'apercevais presqu'aussi distinctement qu'en plein jour la grande ligne de l'horizon bordé de forêts, les villages disséminés dans la campagne comme des points lumineux et les moindres détails de la petite ville étendue à mes pieds.

Assis sur mon grandiose observatoire, fait des derniers vestiges d'une résidence royale, je demeurai longtemps plongé dans une sorte de rêverie extatique au milieu du mystérieux silence de la nature endormie sous la mélancolique caresse de la lune.

Parfois un phalène indiscret venait en ronflant me frôler de son vol.

J'étais si las que le sommeil vint me surprendre au moment où, les paupières à demi fermées, je voyais se dessiner vaguement une blanche et douce apparition que mes désirs venaient d'évoquer et où mon cœur s'ouvrait si large aux espérances irréalisables que je sentais le ciel y entrer avec ses millions d'étoiles.....

Une vive sensation de fraîcheur m'éveilla. Mes pieds trempés de rosée étaient glacés. Je dus pour les réchauffer courir longtemps à travers les ruines déjà remplies de chants de merles et de bouvreuils. Les oiseaux nocturnes s'étaient enfoncés dans les crevasses des vieux murs.

Une lueur pâle montait à l'horizon, et les dernières étoiles s'éteignaient en tremblant dans l'azur voilé du ciel matinal.

FIN

TABLE DES MATIÈRES

I

LE LONG DES ROUTES

La Barricade	1
Le lac	31
La Peur	44
Une visite à la Malmaison	52
L'argolla	63
Figure de prince	70
Les résignés	80
Flânerie élyséenne	88
Les glas	91
Un sauvetage	94
Dans le passé	104
Meeting d'indignation	110
Chez les païens	118
« Au revoir, cher monsieur ! »	125
L'alcool	136
Le biniou de Ploërmel	138
Le feu	145

II

SENSATIONS D'ART ET PROFILS D'ARTISTES

Rapprochement	155
Jean Carriès	159
Histoire d'une statue et d'un vieux de la vieille	167

Les femmes de Loti	175
Ratapoil sauvé	184
Un portrait	189
Paul Helleu	193
Whistler	197
Zorn	200
Théodore Chassériau	202
Liotard	207
Maurice Rollinat	220
Au pays de l'idéal et de la misère	229
Alfred Gauvin	234
Jean Baffier	238
Jules Desbois	242
Camille Claudel	246
Paul Renouard	250
Notes sur la caricature française au XIXᵉ siècle	269
Danse des morts	281

III

VIEUX FEUILLETS ET JEUNES IMPRESSIONS

De Moltke et Arminius	291
Dans le noir	305
Cappucini et monsignori	309
Le buste	314
Au soleil	317
Chez les Belges	329
Lusitania	335
Fâcheuse aventure	372
Au clair de la lune	380

ÉMILE COLIN — IMPRIMERIE DE LAGNY.

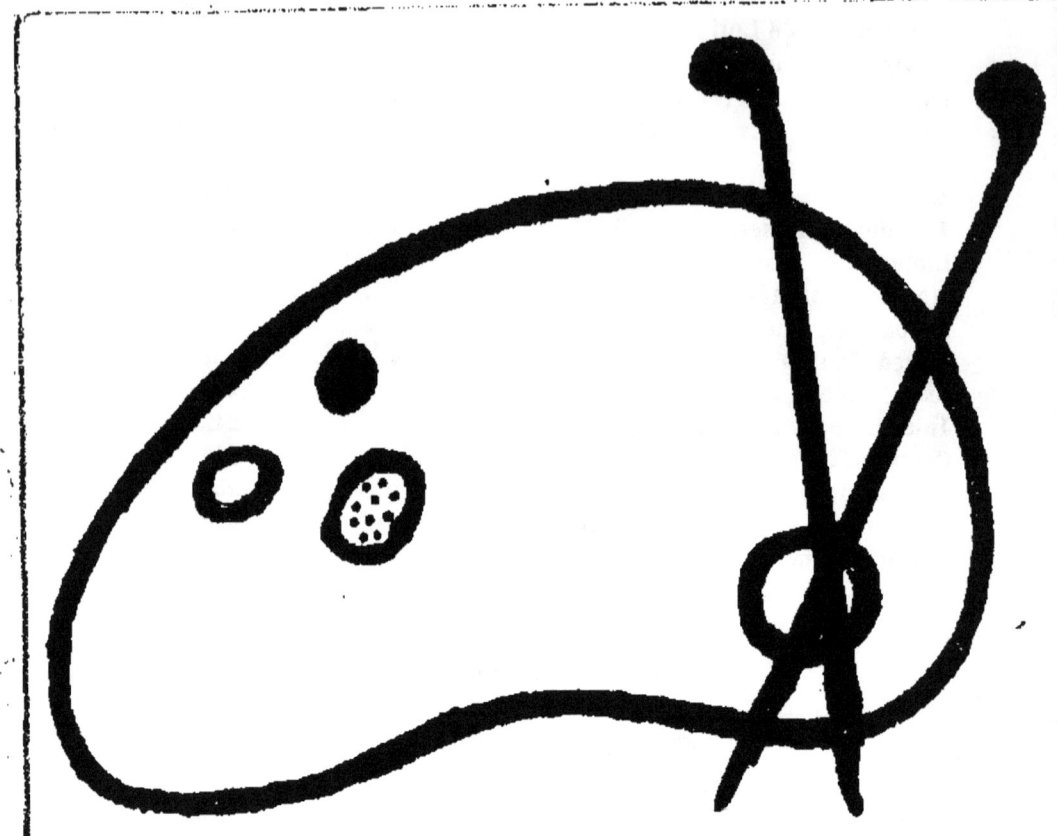

Original en couleur

NF Z 43-120-8